Die rechtliche Stellung des GmbH-Geschäftsführers und des managing directors einer englischen private limited company im Vergleich

Europäische Hochschulschriften
Publications Universitaires Européennes
European University Studies

Reihe II
Rechtswissenschaft

Série II Series II
Droit
Law

Bd./Vol. 4094

PETER LANG
Frankfurt am Main · Berlin · Bern · Bruxelles · New York · Oxford · Wien

Stephan Schwilden

Die rechtliche Stellung des GmbH-Geschäftsführers und des managing directors einer englischen private limited company im Vergleich

PETER LANG
Europäischer Verlag der Wissenschaften

Bibliografische Information Der Deutschen Bibliothek
Die Deutsche Bibliothek verzeichnet diese Publikation in der Deutschen Nationalbibliografie; detaillierte bibliografische Daten sind im Internet über <http://dnb.ddb.de> abrufbar.

Zugl.: Jena, Univ., Diss., 2004

27
ISSN 0531-7312
ISBN 3-631-52968-6

www.peterlang.de

VORWORT

Die vorliegende Arbeit wurde von der Fakultät für Rechtswissenschaft der Friedrich-Schiller-Universität Jena im Frühjahr 2004 als Dissertation angenommen. Literatur und Rechtsprechung sind bis Mai 2004 berücksichtigt.

Danken möchte ich an dieser Stelle in erster Linie Herrn Professor Dr. Walter Bayer, der diese Arbeit betreut hat und Herrn Professor Dr. Stefan Leible, der freundlicherweise die Erstellung des Zweitgutachtens übernommen hat. Schließlich bedanke ich mich auch bei meinen Sozien der Anwaltskanzlei AC Tischendorf Faust et Partner, insbesondere bei Herrn Dr. Sven Tischendorf und Frau Teresa Faust-Beyer, die mir die Zeit gelassen haben, diese Arbeit in Ruhe zu schreiben. Dank schulde ich natürlich auch meiner Frau Katja, ohne deren Geduld und Beistand die Arbeit in dieser Form nicht zustande gekommen wäre. Dank auch meinen Eltern und meiner Oma, die mich bei meinem Vorhaben immer unterstützt haben.

Frankfurt, im Oktober 2004

Dr. Stephan Schwilden

INHALTSVERZEICHNIS

ABKÜRZUNGSVERZEICHNIS

AblEG	Amtsblatt der Europäischen Gemeinschaft
Abs.	Absatz
A.C.	Law Reports, Appeal Cases (1875-date)
A.C.L.C.	Australian Company Law Cases
AcP	Archiv für die civilistische Praxis
AG	Aktiengesellschaft
AktG	Aktiengesetz
All E.R	All England Law Reports (1936-date)
App.C.	Law Reports, Appeal Cases, (1875-1880)
Art.	Article
AVB	Allgemeine Versicherungsbedingungen
BAG	Bundesarbeitsgericht
BayObLG	Bayerisches Oberstes Landesgericht
BB	Der Betriebsberater
B.C.C.	British Company Cases
B.C.L.C.	Butterworths Company Law Cases
Bd.	Band
BfA	Bundesversicherungsanstalt
BFH	Bundesfinanzhof
BGB	Bürgerliches Gesetzbuch
BGBnF	Bürgerliches Gesetzbuch in der neuen Fassung
BGH	Bundesgerichtshof
BGHZ	Bundesgerichtshof, Entscheidungen in Zivilsachen
BSG	Bundessozialgericht
bsplw.	beispielsweise
BStBl	Bundessteuerblatt
bzw.	beziehungsweise
ca.	circa
Camb. L.J.	Cambridge Law Journal
CA	Companies Act

ch.	chapter
Ch.	Law Reports, Chancery Division (1891-date)
Ch.D.	Law Reports, Chancery Division (1875-1890)
c.i.c.	culpa in contrahendo
C.L.J.	Cambridge Law Journal
Co.	Company
Conv. & Prop. Law	Conveyancer and Property Lawyer
C.S.L.J	Company and Securities Law Journal
DB	Der Betrieb
ders.	derselbe
d.h.	das heißt
Diss.	Dissertation
DnotZ	Deutsche Notar-Zeitschrift
DStR	Deutsches Steuerrecht
DZWiR	Deutsche Zeitschrift für Wirtschaftsrecht
EG	Europäische Gemeinschaft
EStG	Einkommenssteuergesetz
etc.	etcetera
ff.	folgende
GmbH	Gesellschaft mit beschränkter Haftung
GmbHR	GmbH-Rundschau
GRUR	Gewerblicher Rechtsschutz und Urheberrecht
HGB	Handelsgesetzbuch
H.L.	Law Reports, House of Lords
H.L.C.	House of Lords Cases (clark) (1847-1866)
Hrsg.	Herausgeber
I.C.A.	Irish Companies Act
InsO	Insolvenzordnung
J.B.L.	The Journal of Business Law
Jg.	Jahrgang
JurBl	Juristische Blätter

JuS	Juristische Schulung
JZ	Juristenzeitung
K.B	Law Reports, King`s Bench (1981-date)
KG	Kommanditgesellschaft
KSchG	Kündigungsschutzgesetz
LAG	Landesarbeitsgericht
Law Com.	Law Commission
LG	Landgericht
L.Q.R.	Law Quaterly Review
L.R.Ch.App.	Chancery Appeal Cases (1865-1875)
Ltd.	Limited
Mio.	Millionen
M.L.R	Modern Law Review
Mon.U.L.R.	Monash University Law Review
Mrd.	Milliarden
NJW	Neue Juristische Wochenschrift
NJW-RR	Neue Juristische Wochenschrift - Rechtsprechungsreport
N.L.J.	The National Law Journal
No.	number
Nr.	Nummer
NZG	Neue Zeitschrift für Gesellschaftsrecht
N.Z.L.R.	New Zealand Law Reports
OHG	Offene Handelsgesellschaft
O.J.L.S.	Oxford Journal of Legal Studies
OLG	Oberlandesgericht
Otago L. Rev.	Otago Law Review
p.	page
para.	Paragraph
PrC	Private Company
PuC	Public Company
Q.B.D.	Law Reports, Queen`s Bench Division (1875-1890)

Q.D.	Law Reports, Queen`s Bench Division (1891-date)
RabelsZ	Zeitschrift für ausländisches und internationales Privatrecht, begründet von Ernst Rabel
RdA	Recht der Arbeit
Rdn.	Randnummer
RG	Reichsgericht in Zivilsachen, Amtliche Sammlung
RIW	Recht der Internationalen Wirtschaft
S.A.C.A.	South African Companies Act
s.	Seite
S.C.	Session Cases, House of Lords (ab 1906)
sec.	section
SGB	Sozialgesetzbuch
S.J	Solicitor`s Journal (ab 1857)
sog.	sogenannte
StGB	Strafgesetzbuch
T.L.R.	Times Law Reports (1884-1952)
U.B.C.L.	University of British Columbia Law Review
v.	versus
VersR	Versicherungsrecht
vgl.	vergleiche
vol.	volume
Vorb.	Vorbemerkung
WiB	Wirtschaftliche Beratung
W.L.R.	Weekly Law Report
WM	Wertpapier-Mitteilungen
WuW	Wirtschaft und Wettbewerb
z.B.	zum Beispiel
ZfBR	Zeitschrift für deutsches und internationales Baurecht

ZGR	Zeitschrift für Unternehmens- und Gesellschaftsrecht
ZHR	Zeitschrift für das gesamte Handels- und Wirtschaftsrecht
ZIP	Zeitschrift für Wirtschaftsrecht
ZPO	Zivilprozessordnung

EINLEITUNG

Mit der Errichtung der Europäischen Union und den immer schneller wachsenden Handelsbeziehungen zwischen den einzelnen Mitgliedsstaaten hat auch das Interesse deutscher Juristen am englischen Recht stetig zugenommen. Seit 1980 haben deutsche Unternehmen weit mehr als 15 Mrd. Euro in Großbritannien investiert.[1] Damit ist Großbritannien für Deutschland eines der bedeutendsten Anlageländer geworden. Daneben ist Großbritannien aber auch für die Ansiedlung deutscher Betriebs- und Produktionsstätten attraktiv. Viele deutsche Großunternehmen sind dort angesiedelt, die meisten mit britischen Töchtern. Aber auch für die deutschen Mittelständler, die vermehrt auf den britischen Markt drängen, „wird die unmittelbare Präsenz, etwa aufgrund moderner Zulieferverfahren und nationalen Konsumverhaltens, immer wichtiger."[2] Dementsprechend werden auch zunehmend von deutschen Juristen fundierte Kenntnisse im englischen Gesellschaftsrecht erwartet.

Obwohl in der Praxis die Nachfrage nach deutscher Fachliteratur zum englischen Gesellschaftsrecht groß ist, ist es doch erstaunlich, dass nur wenige aktuelle Darstellungen des englischen Handels- und Gesellschaftsrechts in deutscher Sprache existieren.[3] Das mag zum einen daran liegen, dass sich das deutsche und das englische Rechtssystem in ihren Grundgedanken erheblich von einander unterscheiden und somit eine rechtsvergleichende Darstellung bereits methodisch erschwert. Das englische Recht wurde noch bis in die Mitte der achtziger Jahre hinein weitestgehend vom sogenannten Common Law (in Common-Law-Rechtsordnungen wird das Recht aus Präjudizien gewonnen, in dem man aus ihnen Rechtsregeln ableitet) geprägt, wohingegen das heutige deutsche Recht schon seit mehr als hundert Jahren fast ausschließlich von kodifiziertem Recht dominiert wird. Unter dem Common Law - dem gemeinen Recht - versteht man die Rechtsprechung der Königsgerichte. Willkürlich ausgesprochene Urteile der Königsgerichte versuchten die Gerichte des Kanzlers abzuändern. Diese Abänderungskompetenz aus Billigkeitsgründen - Equity - entwickelte sich zu einem eigenen, selbständigen System der Rechtsfindung.

---

[1] Vgl. Pennington/Gansen in Lutter, S. 282; Atenstaedt, Deutsche Niederlassungen in Großbritannien, Deutsche Außenhandelskammer London, 13. Auflage, November 2002.

[2] Vgl. Pennington/Gansen in Lutter, S. 282.

[3] Vgl. Blumenwitz, Einführung in das Anglo-Amerikanische Recht, 5. Auflage, München 1996, Bernstorff, Einführung in das englische Recht, 1996; vgl. aus dem älteren Schrifttum: Curti, Englands Privat- und Handelsrecht, II. Band: Handelsrecht, Berlin 1927; Henrich, Einführung in das englische Privatrecht, 2. Auflage 1993; Zweigert/Kötz, Einführung in die Rechtsvergleichung, Band I, 3. Auflage, Tübingen 1996; Radbruch, der Geist des englischen Rechts, 5. Auflage, Göttingen 1965.

Auch wenn die bisher im englischen Gesellschaftsrecht vorherrschende richterliche Rechtsfortbildung mittlerweile im Rahmen der sogenannten Companies Acts 1985 und 1989[4] durch *„statute law"* (Gesetzesrecht) teilweise ersetzt und ergänzt worden ist, zeigt sich bei einem Vergleich beider Systeme, dass in England infolge der „Insellage" nach wie vor ein grundlegend anderer Regelungsansatz bei der Rechtsfindung vorherrscht.[5]

Legt das deutsche Recht bei der Rechtsfindung abstrakte Regelsätze zu Grunde, so ist im englischen Recht immer die Betrachtung des Einzelfalls entscheidend.[6] Auch wenn sich in beiden Kodifikationen erste Übereinstimmungen im Gesellschaftsrecht zeigen, wird in einem weiter zusammenwachsenden Europa durch den Ausgleichsdruck, den die EG-Richtlinien[7] auf das englische Recht ausüben, eine weitere Harmonisierung und Angleichung der Strukturen jedoch auf Dauer unvermeidlich sein.

Heute stellen der Companies (Consolidation) Act 1985 sowie der Companies Act 1989 die wesentlichen Rechtsquellen des englischen Kapitalgesellschaftsrechts dar, in denen die bis Mitte der achtziger Jahre entwickelten richterlichen Grundsätze und Teilkodifikationen zusammengefasst sind. Die Companies Acts sind jedoch nicht mit einer abstrakten Kodifikation im kontinental-europäischen Sinne zu vergleichen, sondern sie sind vielmehr als ein das Fallrecht ergänzendes Normensystem anzusehen. Sie werden unter anderem ergänzt durch den Directors Disqualification Act 1986 und die Insolvency Acts 1986 und 2000.

Eine weitere Schwierigkeit, die sich im Zusammenhang mit der rechtsvergleichenden Gegenüberstellung der beiden Systeme ergibt, resultiert aus der Verschiedenheit der in der englischen Rechtsordnung entwickelten und angewandten Rechtsinstitute sowie Begrifflichkeiten, die im

---

[4] Vgl. Butterworths, Company Law Handbook 1995 und die Anlagen im Anhang.
[5] Vgl. Zweigert/Kötz, § 18, S. 250ff.
[6] Vgl. Neuling, S. 4; Kötz, Die Zitierpraxis der Gerichte, RabelsZ 52 (1988) S. 649ff.
[7] bisher umgesetzte gesellschaftsrechtliche Richtlinien in England: Erste gesellschaftsrechtliche Richtlinie Nr. 68/151/EWG vom 9.3.1968 umgesetzt durch European Companies Act 1972; Zweite gesellschaftsrechtliche Richtlinie Nr. 77/91/EWG vom 13.12.1976 und Vierte gesellschaftsrechtliche Richtlinie Nr. 78/660/EWG vom 25.7.1978 umgesetzt durch die Companies Acts 1980 und 1981; Siebte gesellschaftsrechtliche Richtlinie Nr. 83/349/EWG vom 13.6.1983 und Achte gesellschaftsrechtliche Richtlinie Nr. 84/253/EWG vom 10.4.1984 umgesetzt durch die Companies Acts 1985 und 1989; Dritte gesellschaftsrechtliche Richtlinie Nr. 78/855/EWG vom 9.10.1978 und Sechste gesellschaftsrechtliche Richtlinie Nr. 82/891/EWG vom 17.12.1982 umgesetzt durch die Companies (Mergers and Divisions) Regulations 1987; Elfte gesellschaftsrechtliche Richtlinie Nr. 89/666/EWG vom 21.12.1989 umgesetzt durch Companies Act 1985 und Oversea Companies of Credit and Financial Institutions (Branch Disclosure) Regulations 1992; Zwölfte gesellschaftsrechtliche Richtlinie Nr. 89/667/EWG vom 20.12.1989 umgesetzt durch Companies (Single Member Private Limited Companies) Regulations 1992.

deutschen Gesellschaftsrecht in dieser Form so gar nicht existieren oder aber von ihrem Regelungsgehalt her eine andere Funktion erfüllen.

Das Ziel der vorliegenden Arbeit ist es, die beiden unterschiedlichen Systeme anhand der angewandten Rechtsinstitute entsprechend gegenüberzustellen, um daraus die bestehenden Gemeinsamkeiten und Unterschiede, einschließlich der daraus resultierenden Rechtsfolgen, herauszuarbeiten und zu bewerten. Für einen Vergleich der beiden Rechtsordnungen bietet sich aus gesellschaftsrechtlicher Sicht insbesondere eine Gegenüberstellung von englischer[8] private limited company und deutscher GmbH an, da diese sowohl in England[9], als auch in Deutschland die mit Abstand am weitesten verbreiteten Gesellschaftsformen sind und die private limited company, aufgrund ihrer Ähnlichkeit zur GmbH, darüber hinaus auch für deutsche Gesellschaften, die beabsichtigen auf Dauer in England tätig zu werden, die aus unternehmenspolitischer Sicht bevorzugte Gesellschaftsform darstellt.[10] Während das deutsche GmbH-Gesetz schon kurz nach seiner Verkündung von vielen ausländischen Staaten mit geringen Änderungen übernommen wurde, hat es jedoch zu keiner Zeit Eingang in den angelsächsischen Rechtskreis gefunden.[11]

Die Arbeit beschränkt sich dabei nicht auf eine bloße vergleichende Darstellung der beiden Gesellschaftsformen im allgemeinen, sondern stellt den unmittelbaren Vergleich zwischen dem deutschen GmbH-Geschäftsführer und seinem englischen Pendant - dem director - in den Vordergrund, da sie das notwendige Handlungsorgan sind, ohne das die Gesellschaft nach außen hin nicht auftreten kann. Die unterschiedlichen Rechte, Pflichten und Haftungsrisiken, die sich für Geschäftsführer in England im Gegensatz zu Deutschland ergeben können, sowie deren unterschiedliches Verhältnis zur Gesellschaft sollen dabei Gegenstand der Diskussion sein.

---

[8] Es gibt kein einheitliches britisches Recht. Das schottische und das nordirische haben unterschiedliche Wurzeln und folgen weitgehend eigenen Regeln. Allerdings ist das Kapitalgesellschaftsrecht – wie weite Bereiche des Handelsrechts – mit Ausnahme einiger Randaspekte in England und Schottland einheitlich. Lediglich in Nordirland hat das Kapitalgesellschaftsrecht eine eigenständige Entwicklung genommen.

[9] Am 31. März 1999 waren beim zuständigen Company House bereits 1,2 Mio. private companies und nur 11.600 public companies (vergleichbar der deutschen AG) registriert; vgl. Hicks/Drury in Boucourechliev/Hommelhoff, Rdn. 47.

[10] Vgl. Pennington/Gansen in Lutter, S. 284.

[11] Übernahme des GmbH-Gesetzes durch Portugal im Jahre 1901, Österreich 1906, Frankreich 1925, Schweiz 1936, Italien 1941, Spanien 1953; trotz vielfacher Anregung hat der englische Gesetzgeber bisher kein eigenes Regelungssystem für die private limited company ins Leben gerufen. Die Regelungen der Companies Acts 1985 und 1989 spiegeln vielmehr die Eingliedrigkeit des englischen Kapitalgesellschaftssystems wider, wonach die private company lediglich eine Unterform der public company (vergleichbar der Aktiengesellschaft) darstellt und nicht eine davon abweichende Rechtsform, wie dies im deutschen Recht der Fall ist. Die meisten Normen sind daher nur auf die public company zugeschnitten; vgl. Birds, S. 146, 159; Hicks, Company Lawyer, S. 171ff; Goulding: the private company in the United Kingdom, in de Kluiver/van Gerven, S. 55ff.

Der Aufbau der Arbeit ist wie folgt konzipiert: Anknüpfungspunkt für die rechtsvergleichende Untersuchung ist zunächst die problembezogene Darstellung der jeweiligen Position des Geschäftsführers im deutschen GmbH-Recht sowie der sich daraus für diesen ergebenden rechtlichen Konsequenzen. Anhand typischer Konfliktlagen werden die relevanten Problemfelder und Strukturen im deutschen GmbH-Recht veranschaulicht, mit denen der GmbH-Geschäftsführer in Deutschland konfrontiert wird. Die dabei jeweils gemachten Überlegungen und gewonnenen Erkenntnisse werden anschließend, unter Herausarbeitung der bestehenden Unterschiede und Gemeinsamkeiten für den director, dem englischen Recht gegenübergestellt. Der Gang der Untersuchung wird abschließend am Ende der Arbeit zusammengefasst und in der Schlussbetrachtung, im Hinblick auf die weiteren Entwicklungstendenzen im englischen Gesellschaftsrecht, abschließend bewertet.

§ 1 Die rechtliche Stellung der Geschäftsführer und directors

I. Die rechtliche Stellung des GmbH-Geschäftsführers

1. Allgemeines

Der Geschäftsführer kann sowohl ein Gesellschafter (Gesellschafter-Geschäftsführer oder beherrschender Gesellschafter-Geschäftsführer) als auch ein Nichtgesellschafter (Fremdgeschäftsführer) sein.[12] Die rechtlichen Zuständigkeiten des Geschäftsführers in der internen und externen Zuständigkeitsordnung der Gesellschaft werden hiervon grundsätzlich nicht tangiert. Seine Stellung zur Gesellschaft und den anderen Gesellschaftsorganen kann jedoch ganz unterschiedlich ausgestaltet sein. Auf der einen Seite kann ein Fremdgeschäftsführer weitgehend auf die Ausführung von Entscheidungen beschränkt und ein reines Vollzugsorgan sein. Auf der anderen Seite kann aufgrund von satzungsmäßigen Sonderrechten und dem Umfang seiner Beteiligung ein Gesellschafter-Geschäftsführer die Gesellschaft beherrschen oder sogar, etwa in der Einmann-GmbH, allein entscheiden. An die jeweilige Stellung des Geschäftsführers knüpfen unter anderem das Arbeitsrecht, das Sozialversicherungsrecht, das Gesellschaftsrecht und das Steuerrecht unterschiedliche Rechtsfolgen.[13]

---

[12] Vgl. Schneider in Scholz, § 35 Rdn. 149.
[13] Vgl. Schneider in Scholz, § 35 Rdn. 149.

Ist die Abgrenzung zwischen Fremd- und Gesellschafter-Geschäftsführer noch eindeutig, so stellt sich dagegen die Abgrenzung des Gesellschafter-Geschäftsführers einerseits zum beherrschenden Gesellschafter-Geschäftsführer andererseits als problematisch und stark einzelfallbezogen dar. Anhand der maßgeblichen Rechtsprechung[14] lassen sich folgende Leitlinien erkennen, wobei allerdings leichte Nuancen zwischen der gesellschafts-, steuer- und sozialrechtlichen Rechtsprechung festzustellen sind:

Maßgebend für die Abgrenzung ist zunächst nicht die Höhe der Kapitalbeteiligung, sondern das Gewicht der Stimmrechte. Bei Stimmrechten bis zu 25 % liegt grundsätzlich kein beherrschender Einfluss auf die Gesellschaft vor; die Gesellschaftereigenschaft tritt regelmäßig gegenüber der Angestellteneigenschaft des Geschäftsführers zurück.[15] Eine Ausnahme von diesem Grundsatz ist wohl für den Fall anzunehmen, dass nach dem Gesellschaftsvertrag Gesellschafterbeschlüsse - oder zumindest die wichtigsten Gesellschafterbeschlüsse - nicht gegen die Stimmen des Geschäftsführers gefasst werden können, indem dort entweder eine entsprechende Stimmenmehrheit oder ausdrücklich die Zustimmung des Geschäftsführers gefordert wird.[16] Bei Stimmrechten von über 50 % muss - sofern der Gesellschaftsvertrag der Gesellschaft keinem anderen Gesellschafter bei Gesellschafterbeschlüssen eine Blockademöglichkeit einräumt - grundsätzlich von einer beherrschenden Stellung ausgegangen werden.[17]

Bei Stimmrechten zwischen 25 % und 50 % kann ein beherrschender Einfluss nur angenommen werden, wenn besondere Umstände hinzutreten, die eine Beherrschung der Gesellschaft durch den Geschäftsführer begründen.[18] Solche besonderen Umstände können unter anderem in besonderen Regelungen im Gesellschaftsvertrag, wie beispielsweise einer Sperrminorität, die sich etwa auf die Festlegung der Unternehmenspolitik und die Änderungen des Gesellschaftsvertrages beschränkt,[19] liegen. Wenn kein maßgeblicher Einfluss auf die Geschicke der GmbH kraft der Stimmbeteiligung des Gesellschafter-Geschäftsführers besteht, bedarf es der Prüfung der tatsächlichen Verhältnisse für die Be-

[14] Vgl. BSG, GmbHR 1992, 172; GmbHR 1989, 32; 1987, S. 351; LSG Niedersachsen, GmbHR1987, 355.
[15] Vgl. BFH, BStBl. III 1959, 374; BSG, GmbHR 1995, 584; GmbHR 1997, 697.
[16] Vgl. BSG, GmbHR 1992, 172.
[17] Vgl. BSG, GmbHR 1972, 104.
[18] Vgl. BFH, BStBl. II 1969, 347; 1986, 1995.
[19] Vgl. BSG GmbHR 1993, 355.

urteilung der beherrschenden Gesellschafterstellung. Bei der Beurteilung ist in erster Linie auf die Ausgestaltung des Anstellungsvertrages abzustellen.[20]

Danach deuten konkrete Regelungen über die wöchentliche Arbeitszeit, Vergütung von Überstunden sowie die Zahlung einer Abfindung bei Kündigung auf ein abhängiges Beschäftigungsverhältnis hin.[21] Dagegen deuten Vertragsformulierungen, nach denen der Geschäftsführer seine Arbeitszeit frei einteilen kann, vom Selbstkontrahierungsverbot befreit ist, keinen wesentlichen Zustimmungserfordernissen der Gesellschafterversammlung bzw. des Beirats hinsichtlich seiner Tätigkeit unterliegt, auf eine selbständige Tätigkeit und damit beherrschende Gesellschafterstellung hin. Ähnliches gilt, wenn der Geschäftsführer darüber hinaus als einziger über die ausschlaggebenden Branchenkenntnisse verfügt.[22]

2. Doppelstellung als Organ und Dienstnehmer der Gesellschaft

Der Geschäftsführer hat eine Doppelstellung inne. Zum einen ist er Organ der GmbH, und zwar deren gesetzlicher Vertreter. Zum anderen steht er gegenüber der GmbH in einem Dienstverhältnis, das eine Geschäftsbesorgung zum Gegenstand hat. Das gilt grundsätzlich auch für den Gesellschafter-Geschäftsführer. Das Rechtsverhältnis beurteilt sich ausschließlich nach dem Bürgerlichen Gesetzbuch, was insbesondere für die Kündigungsfristen von Bedeutung ist.

Der Geschäftsführer nimmt als Organ der GmbH deren Arbeitgeberfunktion wahr und ist daher als arbeitgeberähnliche Person anzusehen. Er kann deshalb nicht als abhängiger Arbeitnehmer gelten. Andererseits treffen ihn als Dienstnehmer der GmbH die vertraglichen und gesetzlichen Arbeitnehmerpflichten. Der Geschäftsführer ist jedoch kein sozialabhängiger Arbeitnehmer,[23] so dass es hier eine Reihe von Einschränkungen gibt.

[20] Vgl. BSG, GmbHR 1987, 351.
[21] Vgl. Brandmüller, S. 303, Rdn. 807.
[22] Als Entscheidungshilfe zur versicherungsrechtlichen Beurteilung von Gesellschafter-Geschäftsführern einer GmbH dient in der Praxis der Runderlass der BfA Nr. 43/87 v. 13.5.1987 mit Rechtsprechungsfundstellen von Plagemann in WiB 1994, 223, 226.
[23] Vgl. Henze, Handbuch zum GmbH-Recht, 2. Auflage 1995, Rdn. 1239ff; anders im Steuerrecht: Die Bezüge auch des beherrschenden Gesellschafter-Geschäftsführers sind - vorbehaltlich ihrer Anerkennungsfähigkeit - Einkünfte aus nichtselbständiger Tätigkeit (§ 19 EstG), vgl. FG Köln v. 24.1.1996, GmbHR 1996, 474.

2.1 Anwendbarkeit des Kündigungsschutzgesetzes

Die arbeitsrechtlichen Schutzvorschriften sind auf den Geschäftsführer grundsätzlich nicht anwendbar.[24] Es gelten für ihn lediglich die einschlägigen Bestimmungen des BGB. Damit genießt der Geschäftsführer auch nicht den Schutz des KSchG, was bedeutet, dass er jederzeit ohne Angabe von Gründen im Rahmen der dienstvertraglichen Kündigungsfrist entlassen werden kann. Eine Ausnahme hiervon kann der Fall bilden, dass der Geschäftsführer zuvor „normaler" Arbeitnehmer der GmbH war und ohne finanziellen „Risikozuschlag" für den Verlust seines Kündigungsschutzes zum Geschäftsführer bestellt wurde.[25]

2.2 Anwendbarkeit anderer Arbeitnehmerschutzvorschriften

Für den Geschäftsführer gelten ebenfalls nicht das Arbeitsgerichtsgesetz, die Arbeitszeitordnung, das Betriebsverfassungsgesetz und das Schwerbehindertengesetz.[26] Zur Entscheidung von Rechtsstreitigkeiten, die aus dem Dienstvertrag folgen, sind die ordentlichen Gerichte und nicht die Arbeitsgerichte zuständig.[27]

Die Gehaltsforderung des Geschäftsführers ist in der Insolvenz der Gesellschaft nicht bevorrechtigt. Es gilt lediglich der Pfändungsschutz der §§ 850 ff. ZPO. Die §§ 183 ff. SGB III, nach denen im Rahmen der Sozialversicherung dem Arbeitnehmer im Falle der Zahlungsunfähigkeit des Arbeitgebers der volle Nettolohn für die letzten drei Monate sichergestellt werden soll, ist ebenfalls anwendbar.[28] Geschäftsführer einer GmbH können Ansprüche hieraus herleiten, wenn sie aufgrund eines Dienstvertrages tätig sind. Das Gesetz enthält keine Regelungen, wonach die Zahlung der Höhe nach begrenzt ist, so dass auch hochbezahlte Geschäftsführer unter das Gesetz fallen. Eine Ausnahme gilt lediglich für beherrschende Gesellschafter-Geschäftsführer. Diese sind im sozialversicherungsrechtlichen Sinn nicht als Arbeitnehmer anzusehen.[29]

---

[24] Vgl. Hoffmann/Liebs, S. 103, Rdn. 239.
[25] Zur Möglichkeit des Kündigungsschutzes von Geschäftsführern und der sog. Aufsteigerrechtsprechung des BAG siehe die nachfolgenden Ausführungen unter § 5 I. 2.2.1.
[26] Vgl. OLG Hamm, GmbHR 1987, 307.
[27] Vgl. LAG Düsseldorf, GmbHR 1990, 393; Weber/Burmester, GmbHR 1997, 778.
[28] Vgl. Hoffmann/Liebs, S. 103, Rdn. 239; Tillmann/Mohr, S. 253, Rdn. 679.
[29] Vgl. BSG, ZIP 1983, 103.

Ein Anspruch auf jährliche Gehaltserhöhung kann sich für den Fremdgeschäftsführer oder den nicht nennenswert an der GmbH beteiligten Gesellschafter-Geschäftsführer unter dem Gesichtspunkt des arbeitsrechtlichen Gleichbehandlungsgrundsatzes ergeben, wenn im Vertrag hierüber keine konkreten Regelungen getroffen worden sind.[30] Für einen nennenswert beteiligten Gesellschafter-Geschäftsführer (ab einer Beteiligung von 25 %) lässt sich dagegen ein solcher Anspruch nur ausnahmsweise in eng umgrenzten Ausnahmefällen herleiten.[31]

II. Die rechtliche Stellung des directors in der private company

1. Der „board of directors"

Die private company kann, ebenso wie die GmbH, im Rechtsverkehr nur mit Hilfe natürlicher Personen auftreten. Die für die Gesellschaft nach außen handelnden Personen sind die directors.[32] Die Leitung der Gesellschaft unterliegt aber in der Regel einem einheitlichen Kollegium, dem „board of directors". Eine formale Trennung von Leitungs- und Kontrollfunktion durch Zuweisung an unterschiedliche Gesellschaftsorgane nach dem Vorbild des deutschen Vorstandes und Aufsichtsrates ist dem englischen Gesellschaftsrecht jedoch fremd.[33] Diese Art der Geschäftsführung, bei der Entscheidungen immer nur gemeinschaftlich vom Gremium gefällt werden konnten, erwies sich jedoch in der täglichen Praxis als zu träge und ungeeignet, um auf plötzlich eintretende wirtschaftliche Veränderungen kurzfristig reagieren zu können. Dementsprechend bildete sich insbesondere bei größeren Gesellschaften schnell eine gewisse Zweiteilung heraus, indem der board einfach seine von der Gesellschafterversammlung abgeleitete Geschäftsführungsbefugnis zur täglichen Geschäftsführung im gesamten Geschäftsbereich der Gesellschaft („managing directors") bzw. in bestimmten Geschäftsbereichen („executive directors") auf einen oder wenige directors übertrug, die damit zu geschäftsführenden directors werden. Sie allein entsprechen von ihrer Position und vom Aufgabenbereich her dem Geschäftsführer einer deutschen GmbH.[34]

---

[30] Vgl. BGH, GmbHR 1990, 389.
[31] Vgl. Brandmüller, S. 216, Rdn. 556.
[32] Der englische director entspricht nicht dem deutschen „Direktor". Einerseits handelt es sich bei diesem Begriff nicht um einen Fachterminus und andererseits wäre das englische Pendant zu dem umgangssprachlich deutschen „Direktor" vielmehr der „manager"; vgl. Triebel, Rdn. 725; Behrens, S. 730.
[33] Vgl. Behrens, S.862.
[34] Vgl. Triebel, Rdn. 725; Frommel/Thompson, S. 38.

Gewöhnlich wird nur ein engerer Kreis der Mitglieder des board zum managing director bestellt. Die übrigen directors („ordinary directors"), die häufig nur aus repräsentativen Gründen von außen („outside directors") in den board berufen werden, wirken dagegen nur noch bei der Festlegung der allgemeinen Richtlinien der Geschäftspolitik mit, nehmen an der Entscheidung über außergewöhnliche oder besonders bedeutsame Geschäfte teil und üben eine gewisse geschäftsmäßige Kontrolle über die managing directors aus.[35] So liegt auch im englischen Gesellschaftsrecht praktisch eine Art Zweigliedrigkeit des Leitungsgremiums[36] vor, dessen zwei Gruppen die Leitungsbefugnisse teils gemeinsam und gleichrangig, teils arbeitsteilig wahrnehmen. Trotz der in der Praxis anzutreffenden Differenzierung zwischen geschäftsführenden und nicht geschäftsführenden directors, haben alle grundsätzlich die gleichen gesetzlichen Rechte und Pflichten und können daher auch aufgrund ihres personellen Zusammenhangs nicht ohne weiteres rechtlich dem deutschen Vorstand bzw. Aufsichtsrat gleichgestellt werden.[37]

2. Die rechtliche Stellung des board bzw. der directors

Anders als im deutschen und kontinentaleuropäischen Recht, wo die Geschäftsführer schon kraft Gesetzes Organ der Gesellschaft sind, besteht im englischen Recht immer noch Unklarheit darüber, ob ein director als ein reiner Vertreter („agent") der Gesellschaft oder doch als ihr handelndes Organ anzusehen ist.[38]

2.1 Entwicklung der Organtheorie

Nach früher herrschender Meinung waren die directors einer private company lediglich deren Vertreter. Als einziges willenbildendes Organ galt lediglich die Gesellschafterversammlung, deren Beschlüsse durch die directors bzw. den board ausgeführt wurden.[39] Dies hatte zur Folge, dass die Gesellschaft nach den Grundsätzen des Stellvertreterrechtes

---

[35] Vgl. Behrens, Rdn. 23, S. 862; Bücker, S. 22; Freeman and Lockyer v Buckhorst Park Properties (Mangal) Ltd. [1964] 1 All E.R. 630.

[36] Im Hinblick auf die nachfolgenden Ausführungen zur Organtheorie, erfolgt hier lediglich die Bezeichnung als Gremium.

[37] Vgl. Behrens, Rdn. 23, S. 862.

[38] Der Begriff des Organs ist dem englischen Gesellschaftsrecht traditionell fremd. Es fasst die directors in der Regel als Beauftragte auf (Vertretungs- oder Mandatstheorie), da die Geschäftsführung nicht mit originären Befugnissen ausgestattet ist, Triebel, Rdn. 712; die faktische Allzuständigkeit des board of directors gegenüber den Gesellschaftern führt aber immer mehr dazu, die directors heute ebenfalls als Organ der Gesellschaft anzusehen, vgl. Gower, Ch. 9, Sealy Ch. 4.

[39] Vgl. Isle of Wight Ry. v. Tahourdin (1883) 25 Ch.D. 320, 329.

immer nur dann an die Handlungen ihrer directors gebunden war, wenn sich die directors entweder im Rahmen der ihnen übertragenen Vertretungsmacht gehalten hatten bzw. die Gesellschafterversammlung Handlungen außerhalb der Vertretungsmacht nachträglich genehmigt hatte oder wenn von einer Anscheins- oder Duldungsvollmacht ausgegangen werden konnte.[40] In der Vergangenheit gelang es Gesellschaften daher immer wieder einer Haftung gegenüber Dritten zu entgehen, wenn sie selbst kein Verschulden traf und die directors außerhalb ihrer Vertretungsmacht gehandelt hatten.

Angesichts dieser für viele Gesellschaftsgläubiger unbefriedigenden Situation bemühte sich die Rechtsprechung in der Folgezeit, die aus dem Stellvertreterrecht resultierende Haftungslücke zu schließen, indem sie den directors eine von der Gesellschafterversammlung unabhängige, selbständige Stellung zusprachen, ohne diesen dabei jedoch ausdrücklich eine Organstellung zuzubilligen.[41] Erst in der Entscheidung *Lennard's Carrying Co. v. Asiatic Petroleum Co.*[42] sprach das House of Lords erstmals einem director explizit die Stellung eines Organs zu. Der Entscheidung lag dabei der folgende Sachverhalt zugrunde:

> *„Die Lennard's Carrying Co. war Eigentümerin eines Handels- und Transportschiffes. Aufgrund fahrlässigen Verhaltens ihres directors, der seine Vertretungsmacht überschritten hatte, ging eine Schiffsladung der Asiatic Petroleum Co. verloren. Diese machte nun wegen des Verlusts der Ladung gegen die Gesellschaft Schadensersatzansprüche geltend, obwohl die Lennard's Carrying Co. selbst kein Verschulden traf. Zu ihrer Verteidigung berief sich die Gesellschaft nunmehr auf das bis dahin tendenziell anzuwendende Recht der Stellvertretung und argumentierte, dass sie angesichts des Handelns ihres Vertreters außerhalb der ihm übertragenen Vertretungsmacht von der Haftung gegenüber der Asiatic Petroleum Carrying Co. befreit sei."*

Wäre das erkennende Gericht im vorliegenden Fall tatsächlich nur von einem Stellvertreterhandeln des directors ausgegangen, hätte der Geschädigten auch kein Schadensersatzanspruch gegen die Gesellschaft zugestanden.

---

[40] Vgl. Watteau v. Fenwick [1893] 2 Q.B. 346.
[41] Vgl. Automatic Self-Cleansing Filter Syndicate Co. v. Cuninghame, 1906/ 2 Ch. 34, 45; Scott v. Scott, 1943, 1 All E.R. 582, 584; Foster v. Foster, 1914/ 1 Ch. 532, 542.
[42] Vgl. Lennard's Carrying Co. v. Asiatic Petroleum, 1915/ A.C. 705.

Das Gericht sprach der Asiatic Petroleum Carrying Co. jedoch einen Schadensersatz zu, den der Vorsitzende Richter Haldane[43] wie folgt begründete:

> *„Die Gesellschaft ist ein abstraktes Gebilde. Sie hat weder einen eigenen Körper noch einen eigenen Geist; ihr Handlungswille muss daher konsequenterweise von einer natürlichen Person, sozusagen einem Vertreter, ausgeübt werden, die aber in Wirklichkeit der lenkende Geist der Gesellschaft, ihr wahres „ego", ist. .... Wenn Mr. Lennard die lenkende Kraft der Gesellschaft war, dann müssen seine Handlungen auch die Handlungen der Gesellschaft selbst sein..."*[44]

Weiter führte Richter Haldane aus:

> *„..dass man die Haftung für ein Fehlverhalten nicht als Haftung für das Handeln eines Vertreters auffassen darf, sondern als eine Haftung für eine Handlung, die die Gesellschaft selbst begangen hat."*[45]

2.2 Heutige Rechtslage

Durch die Einführung der neuen sec. 35 A Companies Act 1989[46] hat auch der englische Gesetzgeber nunmehr endgültig klargestellt, dass eine Haftung der Gesellschaft gegenüber Dritten nicht mehr länger nur am Recht der Stellvertretung zu messen ist. Ohne das Wort „Organ" tatsächlich zu benutzen, erkennt der Gesetzgeber im Endeffekt alle Handlungen, die der board vornimmt, als solche der Gesellschaft selbst an. Es ist also durchaus legitim, diese neu gewonnene Erkenntnis des englischen Gesetzgebers als eine Art späten

[43] Hier ist anzumerken, dass Richter Haldane seinerzeit auch in Deutschland Rechtswissenschaften studiert hatte.
[44] „A corporation is an abstraction. It has no mind or will of its own any more than it has a body of its own; its active and directing will must consequently be sought in the person of somebody who for some purposes may be called an agent but who is really the directing mind and will of the corporation..... If Mr. Lennard was the directing mind of the company then his action must ... have been an action which was the action of the company itself...".
[45] „...that the fault must be of somebody who is not merely an agent or servant for whom the company is liable upon the footing respondeat superior, but somebody for whom the company is liable because his action is the very action of the company itself"; Diese Entscheidung ist keinesfalls ein Einzelfall geblieben. Auch in späteren Entscheidungen stützten sich die Gerichte auf eben diese Argumentation: vgl. H.M.S Truculent [1954] P. 1; Bolton (Engineering) Co. Ltd. v. Graham & Sons, [1975] 1 Q.B. 159; Sevenarts Ltd. v. Busvine [1968] 1. W.L.R. 1929, C.A.; A.-G. for Tuvalu v. Philatelic Corpn. [1990] 1 W.L.R. 926, C.A.; Tate Access Floors Inc. v. Boswell [1991]; abweichend dagegen Re Supply of Ready Mixed Concrete [1991] 3. W.L.R. 707, C.A; Gower ist wohl der einzige Autor, der sich auch schon vor Einführung der neuen sec. 35 A Companies Act 1989 mit diesem Problem eingehend befasst hat und eine zügigere und umfassende Einführung der Organtheorie in das kodifizierte englische Recht begrüßt hätte.
[46] Section 35 A Companies Act 1989 modifiziert section 35 Companies Act 1985, durch die unter anderem die Erste gesellschaftsrechtliche Richtlinie in Fortführung des European Companies Act 1972 umgesetzt wurde.

Triumph des kontinentaleuropäischen Gesellschaftsrechts über den angelsächsischen Rechtskreis zu verstehen, da der Gedanke der organschaftlichen Vertretung, wenn auch versteckt, schließlich doch noch Einzug in das Gesetz gehalten hat.

Während die Diskussion um die Berechtigung der Organtheorie in der Vergangenheit in Deutschland eher ein dogmatisches Problem war, war sie in England bis zur Einführung der neuen sec. 35 A Companies Act 1989 auch ein rein praktisches, da eine dem § 31 BGB vergleichbare Zurechnungsvorschrift vorher nicht existierte.[47]

Aus den obigen Ausführungen wird deutlich, dass die englische Rechtsprechung die Notwendigkeit einer Unterscheidung zwischen Vertretern und Organen deutlicher und vor allem früher erkannt hat, als dies der englische Gesetzgeber getan hat. Mit Einführung der neuen sec. 35 A Companies Act 1989 ist es aber auch in England jetzt so, dass nur noch zwischen Gesellschaft und Drittem und nicht mehr zwischen drei Parteien - dem Dritten, dem Vertreter und dem Vertretenen - unterschieden werden muss.

Unabhängig von seiner rechtlichen Einordnung entspricht der board jedoch heute von seiner Funktion her dem Beirat einer deutschen GmbH.

Da der managing director heute jedoch immer mehr die Rolle übernommen hat, die ursprünglich einmal dem board zugedacht war, kann er deshalb, auch ohne ausdrückliche gesetzliche Grundlage, neben dem board und der Gesellschafterversammlung als „drittes Gesellschaftsorgan“ bezeichnet werden. Jedoch ist er nur faktisches Organ der Gesellschaft, da er anders als der deutsche GmbH-Geschäftsführer nicht mit originären Befugnissen ausgestattet ist, sondern diese lediglich vom board bzw. der Gesellschafterversammlung, die ihrerseits dem board die Befugnisse übertragen hat, ableitet.[48]

Im Gegensatz zum deutschen Recht, wo die Gesellschafterversammlung von Anfang an nur eine oder wenige Personen zur Führung der Geschäfte bestellt, ist die Struktur der englischen private company eher dahingehend ausgerichtet, die Angelegenheiten der Gesellschaft zunächst von einem anfangs großen Gremium auf einen immer kleiner werdenden Personenkreis zu übertragen.

---

[47] Vgl. Bücker, S. 16.
[48] Vgl. Behrens, S. 861, Rdn. 22.

2.3 Arbeitnehmereigenschaft und Anwendbarkeit von Schutzvorschriften

Die Frage, wann von einer Arbeitnehmereigenschaft des directors ausgegangen werden kann, wird von der englischen Rechtsprechung uneinheitlich beantwortet.[49] Stimmt die Rechtsprechung im Fall eines Ausscheidens eines Fremdgeschäftsführers und nicht beherrschenden Gesellschafter-Geschäftsführers noch darin überein, dass diesen aufgrund ihrer wirtschaftlichen Abhängigkeit zur Gesellschaft die Arbeitnehmereigenschaft zugebilligt werden muss,[50] so ist die Rechtslage beim Ausscheiden eines beherrschenden Gesellschafter-Geschäftsführers, dessen beherrschender Einfluss nicht unbedingt offensichtlich ist - insbesondere bei kleineren Gesellschaften - nach wie vor umstritten.[51] Wenn kein maßgeblicher Einfluss auf die Geschicke der Gesellschaft kraft der Stimmbeteiligung des Gesellschafter-Geschäftsführers besteht, bedarf es, ebenso wie in Deutschland bei der Beurteilung der Sozialversicherungspflicht, auch in England der Prüfung der tatsächlichen Verhältnisse für die Beurteilung der beherrschenden Gesellschafterstellung. Bei der Beurteilung ist in erster Linie auf die Ausgestaltung des Anstellungsvertrages des directors abzustellen.[52] So werteten die Arbeitsgerichte beispielsweise die regelmäßig getätigten Sozialversicherungsabgaben der Geschäftsführer nicht als maßgebliches Indiz dafür, dass automatisch auch von einer Arbeitnehmereigenschaft der Geschäftsführer ausgegangen werden kann. Vielmehr richteten sich die Arbeitsgerichte bei ihren Entscheidungen danach, ob die Geschäftsführer bei der Bestimmung ihrer Arbeitsleistung und Arbeitszeit im wesentlichen frei waren oder ob sie sich arbeitsorganisatorisch unterordnen mussten.[53]

Im Hinblick auf die Einordnung der directors als Arbeitnehmer der Gesellschaft legt die englische Rechtsprechung demnach ähnliche Beurteilungsmaßstäbe zugrunde wie die deutsche Rechtsprechung bei der Beurteilung der Sozialversicherungspflicht von Geschäftsführern, deren beherrschender Einfluss nicht unbedingt offensichtlich ist. Entscheidendes Kriterium ist daher in beiden Rechtsordnungen die Ausgestaltung des Anstellungsvertrages.

[49] Vgl.Loose/Griffith/Impey, S. 320.
[50] Vgl. Loose/Griffith/Impey, S. 320, 321.
[51] Vgl. Buchanan v. Secretary of State for Employment [1997] BCC 145; Secretary of State v. Bottrill [1998] IRLR 120; Lee v. Lee's Air Farming Ltd [1960] 3 All ER 420; vgl. hierzu ausführlich die nachfolgenden Ausführungen unter § 5 II. 3.4.
[52] Vgl. Buchanan v. Secretary of State for Employment [1997] BCC 145.
[53] Vgl. Buchanan v. Secretary of State for Employment [1997] BCC 145; Secretary of State v. Bottrill [1998] IRLR 120.

Wenn und soweit der director nach den oben dargestellten Grundsätzen jedoch als Arbeitnehmer der Gesellschaft eingestuft werden kann, kommt auch eine generelle Anwendbarkeit arbeitsrechtlicher Schutzvorschriften, insbesondere der des Employment Rights Act 1996, auf sein Anstellungsverhältnis in Betracht. Die dort geregelten Schutzvorschriften für Arbeitnehmer sind für den director insbesondere im Hinblick auf die gesetzlichen Kündigungsfristen von Bedeutung. Nach section 86 des Employment Rights Act 1996 betragen die Kündigungsfristen bei einer ununterbrochenen Anstellung bis zu 2 Jahren - 1 Woche, von 2 bis 12 Jahren - 1 Woche für jedes Beschäftigungsjahr, über 12 Jahre - mindestens 12 Wochen. Auch wenn die gesetzlichen Kündigungsfristen in England damit deutlich unter denjenigen in Deutschland liegen, so ermöglichen sie es dem director dennoch, wenn auch nur kurzfristig, Dispositionen hinsichtlich seiner weiteren Beschäftigung zu treffen.

Wie die obigen Ausführungen zeigen, besteht zwischen beiden Rechtsordnungen im Hinblick auf die Arbeitnehmereigenschaft des directors bzw. des Geschäftsführers ein gravierender Unterschied. Nach dem deutschen Recht ist der Geschäftsführer kein Arbeitnehmer im arbeitsrechtlichen Sinne.[54] Dies gilt nicht nur für den beherrschenden Gesellschafter-Geschäftsführer, sondern auch für den sonstigen Gesellschafter-Geschäftsführer und für den an der GmbH nicht beteiligten, d.h. den Fremdgeschäftsführer. Lediglich im Falle eines stellvertretenden Geschäftsführers erwog das BAG in einer neueren Entscheidung die Möglichkeit einer Arbeitnehmerstellung, verwarf sie aber letztlich.[55] Wichtigste Konsequenz hieraus ist, dass Rechtsstreitigkeiten zwischen dem Geschäftsführer und der GmbH gemäß § 5 Abs. 1 S. 3 ArbGG nicht der Zuständigkeit der Arbeitsgerichte unterliegen. Dies gilt selbst dann, wenn der Geschäftsführer aufgrund seiner wirtschaftlichen Unselbständigkeit und Abhängigkeit besonders schutzbedürftig erscheint.

Anders dagegen die Situation in England. Hier geht die einschlägige Rechtsprechung[56] davon aus, dass sowohl der Fremdgeschäftsführer, als auch der nicht beherrschende Gesellschafter-Geschäftsführer aufgrund ihrer wirtschaftlichen Abhängigkeit zur Gesellschaft in jedem Fall als Arbeitnehmer einzustufen sind, und ihnen daher auch sämtliche Arbeitnehmerschutzvorschriften zugute kommen müssen. Eine dem § 5 Abs. 1 S. 3

[54] Vgl. Henze, Handbuch zum GmbH-Recht, Rdn. 1239ff.
[55] Vgl. BAG v. 26.5.1999, GmbHR 1999, 925.
[56] Vgl. Buchanan v. Secretary of State for Employment [1997] BCC 145; Secretary of State v. Bottrill [1998] IRLR 120; Lee v. Lee's Air Farming Ltd [1960] 3 All ER 420.

ArbGG vergleichbare Vorschrift, durch die der deutsche Gesetzgeber klar zu erkennen gegeben hat, dass er den Geschäftsführer vom arbeitsrechtlichen Schutz ausnehmen will, existiert nicht.

§ 2 Bestellung und Anstellung

I. Bestellung und Anstellung des GmbH-Geschäftsführers

1. Bestellung des GmbH-Geschäftsführers

1.1 Gesellschafterbeschluss

Der Geschäftsführer erlangt seine Stellung als Organ der Gesellschaft durch den Gesellschafterbeschluss. Ein solcher Beschluss kann entweder in der Gesellschafterversammlung oder - falls nicht im Gesellschaftsvertrag ausdrücklich verboten - im schriftlichen Umlaufverfahren gefasst werden. Bei Gründung einer neuen GmbH erfolgt die Bestellung des Geschäftsführers zumeist in der notariellen Gründungsurkunde. Soweit der Gesellschaftsvertrag keine andere qualifizierte Mehrheit vorsieht, ist der Beschluss über die Bestellung des Geschäftsführers mit einfacher Mehrheit zu fassen, §§ 46 Nr. 5, 47, 48 Abs. 1 GmbHG. Die formelle Rechtmäßigkeit des Beschlusses über die Bestellung des Geschäftsführers richtet sich in erster Linie nach den im Gesellschaftsvertrag enthaltenen Bestimmungen. Bei deren Fehlen sind die §§ 48 bis 52 GmbHG anwendbar. Erforderlich ist daher insbesondere eine ordnungsgemäße Einberufung der Gesellschafterversammlung und eine ordnungsgemäße Bekanntmachung der Bestellung des neuen Geschäftsführers. Der Bestellungsbeschluss ist nicht beurkundungsbedürftig.[57]

1.2 Beschränkungen nach § 6 Abs. 2 GmbHG

Zum Geschäftsführer kann jede vollgeschäftsfähige Person bestellt werden. Personen, die wegen Insolvenzstraftaten gemäß §§ 283-283d StGB verurteilt worden sind, können auf die Dauer von 5 Jahren nicht Geschäftsführer werden. Außerdem können Personen, de-

[57] Vgl. Scholz/Schmidt, § 46, Rdn. 17.

nen durch Gerichtsurteil oder durch Verwaltungsentscheid die Ausübung eines Berufes oder eines Gewerbes untersagt worden ist, für die Dauer des Verbots bei einer Gesellschaft, deren Unternehmensgegenstand ganz oder teilweise mit dem Gegenstand des Verbots übereinstimmt, nicht Geschäftsführer sein. Minderjährige können nicht zu Geschäftsführern bestellt werden, auch nicht, wenn sie durch einen gesetzlichen Vertreter vertreten sind und die Genehmigung des Vormundschaftsgerichts für diesen Tätigkeitsbereich erteilt bekommen.[58]

Dagegen ist es für die Geschäftsführerbestellung nicht von Bedeutung, ob die zu bestellende Person nach dem Betreuungsgesetz vom 12.9.1990 einer Betreuung unterliegt. Nur wenn ein Einwilligungsvorbehalt nach § 1903 BGB angeordnet worden ist, kann der Betreute nicht wirksam zum Geschäftsführer bestellt werden.[59]

Ob auch Ausländer uneingeschränkt zum Geschäftsführer bestellt werden können ist umstritten.[60] Das GmbH-Gesetz verlangt weder, dass der Geschäftsführer, die deutsche Staatsangehörigkeit hat, noch einen Wohnsitz im Inland[61] oder deutsche Sprachkenntnisse. Teilweise wird die Ansicht vertreten, die Aufenthaltsgenehmigung bzw. die Aufenthaltserlaubnis seien keine Bestellungsvoraussetzungen. Die öffentlich rechtlichen Fragen nach der Zulässigkeit der Einreise eines Geschäftsführers seien für die gesellschaftsrechtliche Wirksamkeit der Bestellung ohne Bedeutung.[62] Geschäftsführer könnten ihre Tätigkeit auch vom Ausland aus ausüben. Die Registergerichte seien zur Überprüfung der ausländerrechtlichen Vorschriften nicht befugt.[63] Die Eintragung eines ausländischen Geschäftsführers in das Handelsregister sei nur abzulehnen, wenn sie von dort aus ihren gesetzlichen Pflichten nicht gerecht werden[64] oder wenn sich konkrete Hinweise ergeben, dass ausländerrechtliche Vorschriften oder andere gewerbliche Vorschriften umgangen werden sollen.[65]

Dieser Auffassung kann jedoch aus den nachfolgenden Überlegungen nicht gefolgt werden: Nach §§ 284, 288 SGB III; 9 Nr. 1 ArbeitsgenehmigungsVO in Verbindung mit § 5

[58] Vgl. OLG Hamm v. 13.4.1992, GmbHR 1992, 671.
[59] Vgl. Palandt, Diederichsen, § 1903 Rdn. 16.
[60] Vgl. OLG Zweibrücken, NZG 2001, 857; OLG Frankfurt, NZG 2001, 757; OLG Dresden, GmbHR 2003, 537
[61] Vgl. OLG Köln, GmbHR 1999, 182.
[62] Vgl. OLG Dresden, GmbHR 2003, 537
[63] Vgl. LG Hildesheim, GmbHR 1995, 656; Melchior, DB 1997, 413.
[64] Vgl. LG Köln, GmbHR 1995, 656.
[65] Vgl. OLG Frankfurt, NJW 1977, 1595; OLG Düsseldorf, GmbHR 1978, 110.

Abs. 2 Nr. 1 BetrVG bedürfen Ausländer zwar keiner Arbeitsgenehmigung, wenn sie zu Vertretern juristischer Personen bestellt werden, sie benötigen jedoch nach § 3 Ausländergesetz eine Aufenthaltsgenehmigung. Zwischen Angehörigen der Europäischen Union und Nicht-EU-Bürgern ist daher wie folgt zu differenzieren: Da für EU-Bürger innerhalb der Europäischen Union Freizügigkeit besteht, gelten für Angehörige der Europäischen Union die selben Bestellungskriterien wie für Inländer, auch wenn der Betreffende im Inland keinen Wohnsitz hat.[66] Für Nicht-EU-Bürger begründet aber eine fehlende Aufenthaltsgenehmigung ein Bestellungshindernis, und zwar nicht nur, wenn der betreffende Ausländer zum einzigen Geschäftsführer bestellt werden soll[67], sondern auch dann, wenn der Nicht-EU-Bürger neben einem oder mehreren EU-Angehörigen[68] zum Geschäftsführer bestellt werden soll. Durch die Bestellung des Geschäftsführers soll die GmbH handlungsfähig gemacht werden. Aus § 6 Abs. 2 Satz 3 GmbHG lässt sich hierzu entnehmen, dass nur solche Personen zu Geschäftsführern bestellt werden können, die auch die der Gesellschaft und ihnen persönlich in ihrer Eigenschaft als Geschäftsführer auferlegten gesetzlichen Pflichten erfüllen können. Eine Vielzahl der dem Geschäftsführer obliegenden Pflichten verlangen aber eine Tätigkeit und ein persönliches Erscheinen vor Gerichten und Behörden im Inland. Das Registergericht hat daher bei Nicht-EU-Bürgern den Nachweis zu verlangen, dass der Geschäftsführer die Erlaubnis zum ständigen Aufenthalt in Deutschland hat.[69]

Einem Ausländer, dem mangels Visum die Möglichkeit fehlt, jederzeit nach Deutschland einreisen zu können, kann ebenfalls nicht wirksam zum alleinigen Geschäftsführer bestellt werden.[70]

1.3 Bestellung im Gesellschaftsvertrag

Die Bestellung des Geschäftsführers kann statt durch einfachen Gesellschafterbeschluss auch durch namentliche Benennung im Gesellschaftsvertrag erfolgen. Eine Bestellung im Gesellschaftsvertrag ist jedoch deshalb problematisch, weil nicht sicher ist, ob und in-

---

[66] Vgl. EuGH, NZG 1998, 809.
[67] Vgl. OLG Köln, GmbHR 1999, 182; OLG Zweibrücken, NZG 2001, 857; OLG Frankfurt, NZG 2001, 757.
[68] Vgl. aA OLG Düsseldorf, GmbHR 1978, 110.
[69] Vgl. OLG Köln, GmbHR 1999, 182; Lutter/Hommelhoff, § 6 Rdn. 14; Scholz Schneider, § 6 Rdn. 18b; aA OLG Dresden, GmbHR 2003, 537; Baumbach/Fastrich, § 6 Rdn. 9; Hachenburg/Ulmer, § 6 Rdn. 9.
[70] Vgl. OLG Köln, GmbHR 1999, 182; LG Duisburg, Rpfleger 2002, 366; OLG Zweibrücken, NZG 2001, 857; OLG Frankfurt, NZG 2001, 757.

wieweit die Parteien der betreffenden Person das Recht auf Geschäftsführung als satzungsmäßiges Sonderrecht einräumen wollten. Körperschaftliche Bestimmungen können gemäß § 53 Abs. 2 GmbHG nur durch satzungsändernden Beschluss, d.h. mit 75 % der abgegebenen Stimmen und durch notarielle Beurkundung, geändert werden. Sollte durch die Bestimmung ein Sonderrecht des betreffenden Gesellschafters begründet werden, so könnte der Gesellschaftsvertrag nur mit dessen Zustimmung geändert werden. Falls eine so weitgehende Absicherung der Rechtsposition des Geschäftsführers nicht gewünscht wird, empfiehlt sich die Bestellung des Geschäftsführers durch bloßen Gesellschafterbeschluss.

2. Der Anstellungsvertrag

Der Abschluss des Anstellungsvertrages ist im Gegensatz zum Bestellungsbeschluss keine Voraussetzung für die Erlangung der Organstellung.[71] Der Anstellungsvertrag legt lediglich die zivilrechtlichen Rechte und Pflichten des Geschäftsführers einerseits und der GmbH andererseits fest. Bei der Einmann-GmbH ist sowohl für den Abschluss des Anstellungsvertrages, als auch für dessen Änderung nach wie vor die Befreiung von dem 1980 eingeführten Verbot des Selbstkontrahierens, § 35 Abs. 4 GmbHG, durch eine entsprechende Satzungsbestimmung notwendig.[72] Das ist zwar im Gesetz nicht ausdrücklich ausgesprochen, ergibt sich aber aus dem Zweck des § 35 Abs. 4 GmbHG. Denn nach dem Ausschussbericht[73] sollen die Gläubiger durch den publizierten Gesellschaftsvertrag gerade auf die Möglichkeit solcher Geschäfte hingewiesen werden. Die Schutznorm des § 47 Abs. 4 GmbHG, die einen Ausschluss vom Stimmrecht vorsieht, verdrängt als lex specialis den § 181 BGB.[74] Jedoch ist der Stimmrechtsausschluss für den Alleingesellschafter begrifflich nicht denkbar, so dass es hier beim gesetzlichen Selbstkontrahierungsverbot bleibt.

Für den Abschluss des Anstellungsvertrages besteht grundsätzlich kein Schriftformerfordernis.[75] Er kann daher auch durch entsprechendes Verhalten der Vertragsparteien zu-

[71] Vgl. Hoffmann/Liebs, S. 83, Rdn. 200.1.
[72] Vgl. Deutler, GmbHR 1980, 145 (146); Lutter, DB 1980, 1317 (1322).
[73] Vgl. BT-Dr. 8/3908, S. 74.
[74] Vgl. Lutter/Hommelhoff, § 47 Rdn. 16.
[75] Vgl. BFH, GmbHR 1997, 133.

stande kommen.[76] Neben der Beweisfunktion empfiehlt sich der Abschluss eines schriftlichen Anstellungsvertrages aber insbesondere aus steuerlichen Gründen dann, wenn der Geschäftsführer zugleich auch Gesellschafter ist.[77]

Die Anmeldung des Geschäftsführers zum Handelsregister ist zur Erlangung der Organstellung nicht erforderlich.[78] Entsprechendes gilt für die Eintragung des Geschäftsführers im Handelsregister, die rein deklaratorischer Natur ist.[79] Eine Ausnahme gilt nur dann, wenn damit gemäß § 54 Abs. 3 GmbHG eine Satzungsänderung verbunden ist. Berechtigt und zur Anmeldung verpflichtet sind gemäß § 78 GmbHG die Geschäftsführer, und zwar nicht notwendig sämtliche.

Die Anmeldung muss durch den neu bestellten Geschäftsführer höchstpersönlich erfolgen[80], denn der Geschäftsführer muss bei der Anmeldung die Versicherungen nach § 39 Abs. 3 GmbHG abgeben. Hierbei ist eine Vertretung ausgeschlossen.[81] Da die Anmeldung und die Eintragung keinen rechtsbegründenden Rechtscharakter haben, ist der neu bestellte, aber noch nicht eingetragene Geschäftsführer anmeldebefugt.[82] Es empfiehlt sich, die Anmeldung unverzüglich vorzunehmen, da das Registergericht empfindliche Bußgelder verhängen kann. Außerdem können sich aus der Rechtsscheinhaftung nach § 15 HGB erhebliche Nachteile für die Gesellschaft ergeben. Es ist daher sinnvoll, die Beendigung der Geschäftsführerstellung auch dann einzutragen, wenn die Anmeldung und die Eintragung der Bestellung noch gar nicht erfolgt waren.[83]

3. Besonderheiten bei der GmbH & Co. KG

Hinsichtlich der Bestellung des Geschäftsführers ergeben sich gegenüber der GmbH keinerlei Besonderheiten. Die Bestellung zum Geschäftsführer der Komplementär-GmbH erfolgt durch die Gesellschafterversammlung. Der Anstellungsvertrag des Geschäftsführers

---

[76] Vgl. BGH, DStR 1997, 932.
[77] Zwar besteht auch steuerrechtlich kein Schriftformerfordernis, vgl. BFH/NV 1993, 385, jedoch verlangt der BFH für den beherrschenden Gesellschafter neben der Wirksamkeit auch die Nachweisbarkeit der Vereinbarung, so dass allein aus diesem Grund ein schriftlicher Vertrag ratsam ist.
[78] Vgl. BGH, GmbHR 1960, 185.
[79] Vgl. BGH, GmbHR 1996, 50.
[80] Vgl. Scholz/Schneider, § 39 Rdn. 12; Wolff, ZIP 1995, 1493.
[81] Vgl. OLG Düsseldorf, GmbHR 1993, 98.
[82] Vgl. Scholz/Schneider, § 39 Rdn. 13.
[83] Vgl. Scholz/Schneider, § 39 Rdn. 3.

kann jedoch wahlweise mit der Komplementär-GmbH oder auch mit der GmbH & Co. KG selbst abgeschlossen werden. Das GmbHG verlangt nicht den Abschluss mit der GmbH.[84] Besonderheiten ergaben sich in der Vergangenheit lediglich dann, wenn der Anstellungsvertrag unmittelbar mit der KG abgeschlossen wurde. Anders als bei Abschluss des Anstellungsvertrages unmittelbar mit der Komplementär-GmbH war der Geschäftsführer bei Abschluss des Anstellungsvertrages mit der KG nicht als deren Organmitglied anzusehen. Das BAG[85] hat daraus zunächst den Schluss gezogen, dass die arbeitsrechtlichen Schutzvorschriften - mangels Organstellung - zugunsten des Geschäftsführers eingreifen müssten. War also der Geschäftsführer bei der KG angestellt, stand ihm als Konsequenz auch der Rechtsweg zu den Arbeitsgerichten offen. Das BAG hat diese Rechtsprechung jedoch zwischenzeitlich aufgegeben.[86]

II. Bestellung und Anstellung des directors in der private company

1. Bestellung der directors bei der Gründung der private company

So wie das Gesetz keine klare Aussage zur rechtlichen Stellung einzelner directors trifft, überlässt es auch weitgehend die Modalitäten der Bestellung des directors den Gesellschaftern im Rahmen der von ihnen aufzustellenden Satzung. Ähnlich wie im deutschen Recht ist die Bestellung des directors weitestgehend den Regelungen im Gesellschaftsvertrag überlassen.[87] Bis auf wenige gesetzliche Vorgaben sind die Gesellschafter daher bei der Bestellung ihrer directors frei.

Im englischen Gesellschaftsrecht wird grundsätzlich zwischen der Bestellung von directors im Zeitpunkt der Gesellschaftsgründung und der Bestellung im Laufe des Geschäftsbetriebs unterschieden. Zum besseren Verständnis für diese Zweiteilung bei der Bestellung soll im folgenden daher zunächst kurz auf die allgemeinen Gründungsmodalitäten der private company eingegangen werden.

Damit eine englische private company im Handelsregister eingetragen werden kann, müssen folgende Voraussetzungen vorliegen: Gemäß sec. 10 und sec. 12 Companies Act

[84] Vgl. OLG Celle v. 21.9.1979, GmbHR 1980, 32.
[85] Vgl. BAG v. 10.7.1980, GmbHR 1981, 113.
[86] Vgl. BAG v. 20.8.2003, DB 2003, 2183.
[87] Vgl. Loose/Griffiths/Impey, S. 35.

1985 muss dem Registrar zunächst eine schriftliche Erklärung („statement“) vorgelegt werden, in der die Namen, Adressen, Nationalität, Beruf, etwaige anderweitige director-Positionen und das Alter all derjenigen Personen aufgeführt sind, die bei der Gründung der Gesellschaft als erste Geschäftsführer bestellt werden sollen. Durch Unterzeichnung des statements geben die directors zu erkennen, dass sie mit der Bestellung einverstanden sind.[88] Darüber hinaus ist die Vorlage der Satzung der Gesellschaft erforderlich. Anders als bei der GmbH setzt sich die Satzung im englischen Recht aus zwei einzelnen Dokumenten zusammen, dem „Memorandum of Association“ und den „Articles of Association“.[89] Ersteres Dokument legt die Verhältnisse der Gesellschaft nach außen fest. Im Memorandum muss sowohl die Firma der Gesellschaft, die seit dem Jahr 1980 zwingend mit dem Zusatz „Limited“ oder „Ltd.“ zu enden hat, als auch das Land, in dem der Sitz der Gesellschaft registriert werden soll, genannt werden.[90] Darüber hinaus ist gemäß sec. 2 (1) und sec. 2 (5) Companies Act 1985 im Memorandum anzugeben, dass die Haftung der Gesellschaft beschränkt ist sowie die Höhe des nominellen Stammkapitals und die Aufteilung der einzelnen Geschäftsanteile in Höhe und Anzahl. Die wichtigste Festlegung im Memorandum ist jedoch die des Gesellschaftsgegenstandes, der heute allerdings so gefasst sein kann, „dass die Gesellschaft als Wirtschaftsunternehmen allen allgemein üblichen kaufmännischen Wirtschaftsgeschäften nachgeht.“[91] Die Articles of Association legen dagegen gemäß sec. 7 und sec. 8 Companies Act 1985 die Verhältnisse innerhalb der Gesellschaft fest, wie beispielsweise die Fassung von Gesellschafterbeschlüssen, Befugnisse bei der Geschäftsführung und Regelungen bei der Gewinnausschüttung. Bei Vorliegen aller Unterlagen wird die Gesellschaft gemäß sec. 13 Companies Act 1985 im Handelsregister eingetragen und ein „Certificate of Incorporation“ ausgestellt. Von diesem Zeitpunkt an sind die Gesellschafter nicht mehr haftbar für Schulden der Gesellschaft, außer für denjenigen Nominalbetrag, der ihnen an Geschäftsanteilen zugeschrieben ist, soweit die Geschäftsanteile noch nicht voll eingezahlt sind.[92]

---

[88] Vgl. Shearman, GmbHR 1992, 150.
[89] Vgl. Shearman, GmbHR 1992, 150.
[90] Sections 10, 25 (2) and 27 Companies Act 1985; nach section 26 Companies Act 1985 ist es unzulässig den Zusatz „Limited“ an einer anderen Stelle der Firma zu führen.
[91] Section 3a and 3b Companies Act 1989; „the object of the company is to carry on business as a general commercial company“; zum Problem bei Handlungen von Geschäftsführern außerhalb des Unternehmensgegenstandes (ultra vires) vgl. hierzu weiter unten die Ausführungen unter § 3 II, 1.2.
[92] Vgl. Salomon v. Salomon & Co Ltd. [1897] AC 22.

Anders als im deutschen Recht wird die Bestellung der im statement genannten directors erst mit Erteilung des „Certificate of Incorporation" wirksam.[93] Zwar ist auch im deutschen Recht formal zu berücksichtigen, dass der Geschäftsführer gemäß § 39 GmbHG zur Eintragung in das Handelsregister anzumelden ist. Die Eintragung ist jedoch, anders als in England, nur deklaratorisch und nicht konstitutiv. Die Bestellung wird daher nicht erst mit ihrer Eintragung in das Handelsregister wirksam, sondern bereits mit ihrer Bekanntgabe gegenüber dem Betroffenen und der Annahme durch denselben.[94]

Section 10 (5) des Companies Act 1985 sieht zudem vor, dass jede andere Form der Bestellung von directors, beispielsweise deren Bestellung lediglich in den Articles of Association, ohne gleichzeitige Nennung im statement unwirksam ist.[95] Dem statement kommt dabei also nicht nur die bloße Funktion einer behördlichen Aufzeichnung der Bestellung und deren Annahme zu, sondern es ist die vom Gesetzgeber einzig und allein vorgeschriebene und zulässige Form zur wirksamen Bestellung eines directors im Gründungsstadium einer company.[96] Die Articles of Association können jedoch verschiedene Regelungen im Hinblick auf die Art und Weise der Bestellung der ersten directors enthalten, die sich - wie die nachfolgenden Beispiele zeigen - je nach Ausgestaltung, als mehr oder weniger sinnvoll darstellen:

In den Articles of Association kann ausdrücklich festgelegt werden, dass das Recht zur Bestellung der directors den Unterzeichnern der Satzung zustehen soll. Vor Einführung von Table A Companies Act 1985 war diese Regelungsmöglichkeit sogar gesetzlich normiert. [97] Da eine Einstimmigkeit bei der Bestellung der directors damals gesetzlich nicht obligatorisch vorgeschrieben war, konnten die Unterzeichner also ohne weiteres in der Satzung festlegen, ob der Bestellungs-Beschluss einstimmig oder mit einfacher Mehrheit zu erfolgen hat.[98] Setzten sich die Unterzeichner mehrheitlich durch, konnten sie den director alleine zur Eintragung in das Handelsregister anmelden. Nach section 10 (5) Companies Act 1985 ist es aber nunmehr für eine wirksame Bestellung eines directors zwingend erforderlich, dass alle Unterzeichner der Satzung auch das dem Registrar vorzulegende statement unterschreiben. Problematisch sind in diesem Zusammenhang daher heu-

93 Vgl. Palmer`s, 877 (878).
94 Vgl. Lutter/Hommelhoff, § 6 Rdn. 26.
95 Vgl. section 10 (5) CA 1985.
96 Vgl. Palmer`s, 877 (878).
97 Vgl. reg. 75 in the 1948 Table A; Ryan, S. 205, 206.
98 Vgl. Loose/Griffiths/Impey, S. 36.

te diejenigen Regelungen in den Articles of Association, die für die Bestellung der directors nach wie vor lediglich eine einfache Mehrheit der Unterzeichner vorsehen, nicht jedoch deren Einstimmigkeit. Können sich die Unterzeichner nicht auf eine bestimmte Person als director einigen, kann auch dessen Bestellung nicht erfolgen, da die Anmeldung zur Eintragung in das Handelsregister Unterschriften aller Unterzeichner, bzw. eines Vertreters aller Unterzeichner, voraussetzt. Andersdenkende bzw. abweichende Unterzeichner hätten dadurch faktisch immer eine Art Veto-Recht vor Eintragung der Gesellschaft ins Handelsregister, es sei denn der Mehrheit der Unterzeichner gelingt es, eine gerichtliche Zustimmungsersetzung zu erwirken.[99] Aus praktischen Gesichtspunkten wäre es jedoch einfacher, die geplante Gesellschaft in dieser Form aufzugeben, beispielsweise indem man die einzelnen Unterzeichner durch neue ersetzt.

In vielen älteren Gesellschaften erfolgt die Bestellung der directors immer noch durch namentliche Nennung in den Articles of Association. Früher war dies in England der Regelfall.[100] Da jedoch nur die Nennung der directors im oben genannten statement eine wirksame Bestellung zulässt, ist deren Nennung in den articles unnötig und unwirksam. Jedoch sind die Unterzeichner an die in den Articles of Association festgelegten Regelungen und Nennungen rechtlich gebunden, wenn sie diese einmal anerkannt, bzw. unterschrieben haben und sollten daher sicherstellen, dass die Articles of Association mit dem statement übereinstimmen.[101] Diese Regelung dient zugleich als Schutz der Minderheitsgesellschafter. Sollte sich die Mehrheit der Unterzeichner nach Unterzeichnung der Articles of Association plötzlich doch noch für einen anderen director im Rahmen des abzugebenden statements entscheiden wollen, wären die Gerichte im Streitfall dazu verpflichtet, die Mehrheit der Unterzeichner zur Einhaltung der in den Articles of Association getroffenen Regelung, und damit zur Bestellung der darin namentlich genannten directors auch im statement, anzuweisen.[102]

2. Bestellung der directors im Laufe des Geschäftsbetriebs

Nach Eintragung der Gesellschaft in das Handelsregister und nach Bestellung der ersten directors durch das beim Registrar eingereichte statement richtet sich die Bestellung

---

[99] Vgl. Palmer's, 877 (878); Ryan, 205 (206).
[100] Vgl. Palmer's, 524.
[101] Vgl. Loose/Griffiths/Impey, S. 36.
[102] Vgl. Loose/Griffiths/Impey, S. 36.

nachfolgender directors nur noch nach den von den Gesellschaftern in den Articles of Association getroffenen Regelungen.[103] Im folgenden werden einige Regelungen vorgestellt, die heute in vielen Gesellschaftssatzungen niedergelegt sind und in der gesellschaftsrechtlichen Praxis zur Anwendung kommen:

2.1 Einzelne Regelungen in den Articles

Abgesehen von den ersten directors, die zwingend bei der Gesellschaftsgründung zu nennen sind, werden die nachfolgenden directors üblicherweise gemäß regulation 78 Table A Companies Act 1985 in der Gesellschafterversammlung durch ordentlichen Beschluss mit einfacher Mehrheit der Stimmen bestellt[104], obwohl die Articles häufig vorsehen, dass die Gesellschafter keine Person ohne Empfehlung der directors in die Geschäftsleitung wählen dürfen.[105] Auch wenn das Gesetz eine einfache Mehrheit bei der Beschlussfassung vorsieht, bleibt es den Gesellschaftern unbenommen, in den Articles eine besondere Stimmrechtsverteilung, auch für die Bestellung der directors zu vereinbaren.[106] Die freie Bestellung der directors in der Gesellschafterversammlung wird jedoch dadurch eingeschränkt, dass der Gesellschaft mindestens 14 Tage vor Abhalten der Versammlung (nicht aber länger als 35 Tage davor) eine schriftliche Benachrichtigung zugehen muss, in der der vorschlagende Gesellschafter den potentiellen director benennt und in der dieser sein Einverständnis zur Bestellung gibt.[107] Auf diese Weise haben sowohl die übrigen Gesellschafter als auch der board genügend Zeit, um sich auf die Gesellschafterversammlung vorzubereiten.

Nach section 381 A, eingefügt durch section 113 Companies Act 1989, besteht für die Gesellschafter auch die Möglichkeit einen director im Rahmen einer schriftlichen Beschlussfassung zu bestellen, ohne dafür eine Gesellschafterversammlung abhalten zu müssen.[108] Durch diese Vorgehensweise können die oben genannten Beschränkungen und formellen Voraussetzungen bei der Bestellung unterlaufen werden. Darüber hinaus kann in den Articles auch eine Regelung vereinbart werden, die es den directors durch

[103] Vgl. Loose/Griffiths, Impey, S. 36.
[104] Regulation 78 of Table A to Companies Act 1985.
[105] Vgl. Shearman, GmbHR 1992, 153; regulation 76 of Table A to Companies Act 1985.
[106] Vgl. Re NFU Development Trust Ltd [1972] 1 WLR 1548.
[107] Regulation 76 of Table A to Companies Act 1985.
[108] Die schriftliche Beschlussfassung ist sowohl bei einfachen, als auch bei besonderen („special") und außerordentlichen („extraordinary") Gesellschafterbeschlüssen zulässig, es sei denn, es handelt sich um die Abberufung eines directors nach section 303 Companies Act 1985; vergleiche hierzu auch die Ausführungen unter § 5 II 3.1.

Mehrheitsbeschluss gestattet, den board eigenmächtig zu vergrößern. Sie dürfen dabei jedoch nicht die in den Articles vorgegebene Höchstzahl überschreiten.[109] Von einer Übertragung der ausschließlichen Bestellungsbefugnisse durch die Gesellschafterversammlung auf die directors kann aber nur dann ausgegangen werden, wenn diesbezüglich eine unmissverständliche und klare Regelung in den Articles getroffen worden ist; Unklarheiten bei der Formulierung gehen ausschließlich zu Lasten der directors.[110]

Die directors kleinerer private companies sind in der Regel auch deren Hauptgesellschafter.[111] Entgegen immer noch weitverbreiteter Ansicht älterer Gesellschafter in England heißt dies jedoch nicht, dass ein director von Rechts wegen zugleich auch Gesellschafter der company sein muss.[112] Die Gesellschafter können daher auch ohne weiteres einen Außenstehenden zum director bestellen. Die Möglichkeit der Fremdorganschaft besteht daher genauso wie deutschen Recht auch, es sei denn die Articles sehen eine anderweitige Regelung vor.[113] Die Articles vieler, insbesondere älterer private companies schreiben jedoch vor, dass ein director mit einem bestimmten Minimum am Gesellschaftskapital beteiligt sein oder eine bestimmte Anzahl von Anteilen erwerben muss. Eine derartige Verpflichtung zum Anteilserwerb ist im Companies Act 1985 nicht vorgesehen. Schreiben die Articles jedoch einen Anteilserwerb vor, dann bestimmt section 291 Companies Act 1985, dass ein director die in den Articles vorgeschriebene Anzahl von Anteilen innerhalb einer Frist, die nicht länger als zwei Monate sein darf, erworben haben muss.[114] Erwirbt der director die Anteile nicht spätestens innerhalb der gesetzlich vorgegebenen Zweimonatsfrist, verliert er nach section 291 Companies Act 1985 automatisch und mit sofortiger Wirkung seine Stellung als director der Gesellschaft. Darüber hinaus ist der Verlust der Geschäftsführerstellung für den director mit den folgenden Konsequenzen verbunden: setzt er seine Tätigkeit als director nach wie vor fort, ist er nach section 291 (5) Companies Act 1985 zur Zahlung einer Geldbuße verpflichtet. Handelt er jedoch unabsichtlich, kann ein Gericht ihn nach section 727 Companies Act von dieser Verpflichtung befreien.[115] Der Anstellungsvertrag des directors wird darüber hinaus ex tunc unwirksam, jedoch hat der director gegen die Gesellschaft einen Anspruch auf eine ange-

[109] Vgl. regulation 79 of Table A to Companies Act 1985.
[110] Vgl. Worcester Corsetry v. Witting [1936] Ch. 640.
[111] Vgl. Palmer's, 6.
[112] Vgl. Shearman, GmbHR 1992, 153.
[113] Vgl. Shearman, GmbHR 1992, 153.
[114] Vgl. section 291 (1, 3, 4) Companies Act 1985.
[115] Vgl. Re Barry & Staines Linoleum [1934] Ch 227; Selangor United Rubber Estates Ltd v Cradock (No 3) [1968] 1 WLR 1555, 1649.

messene Ausgleichszahlung für von ihm in der Position des directors tatsächlich erbrachte Leistungen.[116] Ist er dagegen in seiner Funktion als director noch gar nicht für die Gesellschaft tätig geworden, steht ihm weder eine angemessene Ausgleichszahlung, noch die vertragliche Vergütung zu und er muss bereits erhaltene Zahlungen wieder an die Gesellschaft zurückerstatten.[117] Geschäfte, die der director vor dem Verlust der Geschäftsführerstellung abgeschlossen hat, bleiben wirksam.[118] Geschäfte, die der director nach dem Verlust der Geschäftsführerstellung abschließt, sind wirksam, es sei denn, dass die Gesellschafter und die betreffenden Geschäftspartner von dem Verlust der Geschäftsführerstellung des directors positive Kenntnis hatten.[119] Durch diese sogenannte *„share qualification“* wird in der gesellschaftsrechtlichen Praxis dann doch wieder das Prinzip der Selbstorganschaft durchgesetzt.[120]

2.2 Einschränkungen bei der Bestellung

Anders als in Deutschland sieht das englische Gesellschaftsrecht nicht so weitreichende Einschränkungen in der Person des zu bestellenden directors vor, so dass auch hier wiederum die Articles als maßgebliches Regelungsinstrument einspringen müssen. Im Jahre 1998 hat das „Institute of Directors“ Kurse und Prüfungen zur Unternehmensleitung eingeführt, die es potentiellen directors ermöglichen, eine Art königliche Konzession zu erwerben, um auf diese Weise gegenüber interessierten Gesellschaften einen geeigneten Nachweis der eigenen Fähigkeiten und Kenntnisse erbringen zu können.[121] Bewerber müssen das Alter von 28 Jahren überschritten haben und bestimmte Qualifikationen und praktische Erfahrungen nachweisen. Neben einer schriftlichen Prüfung werden die Kandidaten dann noch von zwei erfahrenen directors mündlich geprüft. Nach dem Erwerb des Zertifikats müssen sich die Absolventen zur Einhaltung eines beruflichen Verhaltenskodex verpflichten. Diese Prüfungen sind jedoch freiwillig und werden dies wohl auch noch in absehbarer Zukunft bleiben.[122] Demnach kann nach wie vor jeder zum director einer company bestellt werden, solange die Articles keine anderweitige Regelung oder Beschränkung vorsehen. Es können somit sowohl Minderjährige als auch betreute Personen

---

[116] Vgl. Craven-Ellis v Canons Ltd [1936] 2 KB 403.
[117] Vgl. Brown & Green Ltd v Hays [1920] 36 TLR 330.
[118] Vgl. Re International Cable Co [1892] 66 LT 253.
[119] Vgl. Dawson v African Consolidated Land & Trading Co [1898] 1 Ch 6; Morris v Kanssen [1946] AC 459.
[120] Vgl. Behrens, S. 863; Triebel, Rn. 723; Palmer`s, Rdn. 60-12.
[121] Vgl. Loose/Griffiths/Impey, S. 40.
[122] Vgl. Loose/Griffiths/Impey, S. 40.

und Ausländer zum director bestellt werden.[123] Anders als in Deutschland, wo die Eignungsvoraussetzungen in § 6 Abs. 2 GmbHG gesetzlich normiert sind, gibt es in England außer dem Directors Disqualification Act 1986, in dem die wenigen bestehenden gesetzlichen Ausschlussgründe abschließend aufgeführt sind, keinerlei gesetzliche Einschränkungen bei der Bestellung eines directors. Dies hat zur Folge, dass nicht nur - wie in Deutschland zwingend vorgesehen - natürliche Personen, sondern auch juristische Personen (insbesondere Muttergesellschaften) zum director bestellt werden können.[124] Da die private company eine eigene Rechtspersönlichkeit hat, die durch natürliche Personen nach außen repräsentiert wird, kann daher auch eine andere juristische Person als director fungieren, die ihrerseits wieder selbst durch eine natürliche Person handelt. Diese Person hat dann eine doppelte Funktion inne; zum einen ist sie Repräsentant der eigenen Gesellschaft, zum anderen aber auch Vertreter der anderen Gesellschaft. Damit ist der nunmehr auch in England über sec. 35 A Companies Act 1989 versteckt eingeführten „Organtheorie" Genüge getan, die in dem Handeln des directors einer Gesellschaft ein Handeln der Gesellschaft selbst sieht. Die Gesellschaft wird letzten Endes doch durch eine natürliche Person repräsentiert, wenn auch nur mittelbar über den Umweg des directors einer anderen Gesellschaft. Da der englische Gesetzgeber für diese Konstruktion - anders als in Deutschland - keine gesetzliches Verbot vorgesehen hat, können daher auch juristische Personen zum director bestellt werden.

3. Zusammenfassung

Im Gegensatz zum deutschen Recht wird in England ein Unterschied zwischen der Bestellung der directors im Gründungsstadium der company und der Bestellung der nachfolgenden directors gemacht. Bei der GmbH werden die Geschäftsführer dagegen immer entweder in der Satzung selbst oder durch Gesellschafterbeschluss bestellt. Ein generelles Ausscheiden nach Ablauf des ersten Geschäftsjahres und Neuwahlen in der darauffolgenden Gesellschafterversammlung, wie dies insbesondere bei großen englischen Gesellschaften der Fall ist, ist in Deutschland nicht üblich.[125] Eine Ursache für diesen Unterschied mag darin liegen, dass es im deutschen GmbH-Recht nur eine Art von Geschäftsführern gibt und eine Zweiteilung in einfache (d.h. directors im board) und managing di-

[123] Vgl. Loose/Griffiths/Impey, S. 40; zu den gesetzlichen Ausschlussgründen (directors disqualification) siehe die Ausführungen unter § 5 II 4.ff.
[124] Vgl. Loose/Griffiths/Impey, S. 40.
[125] Vgl. Bücker, S. 26.

rectors nicht erfolgt. Im Rahmen dieser Zweiteilung zeigt sich auch noch einmal deutlich, dass der board gleichzeitig sowohl eine Kontroll-, als auch eine Geschäftsführungsfunktion ausübt, da er durch die Überwachung des managing directors zum einen als eine Art Beirat fungiert, daneben aber auch, wenn auch nur eingeschränkt, die ihm von der Gesellschafterversammlung übertragenen Aufgaben der Geschäftsführung wahrnimmt. Ein weiterer Grund ist darin zu sehen, dass die ersten directors von den Gründern bestellt werden, zu denen im Laufe des ersten Geschäftsjahres aber in der Regel noch weitere Gesellschafter hinzukommen, denen durch diese Vorgehensweise ein Einfluss auf die Geschäftsleitung gegeben werden soll.

Bestellen die Gesellschafter die Geschäftsführer in Deutschland direkt, so erfolgt die Bestellung des managing directors in England dagegen nur stufenweise. Zunächst bestellen die Gesellschafter die directors, die wiederum die ihnen übertragenen Geschäftsführungsbefugnisse aufgrund entsprechender Ermächtigung durch die Gesellschafter auf eines ihrer Mitglieder übertragen.

4. Die Anstellung des directors

Ebenso wie im deutschen Recht, wird auch im englischen Gesellschaftsrecht zwischen der Organbestellung („appointment“) und dem Anstellungsverhältnis („service contract“) differenziert. Der gleichzeitige Abschluss eines Anstellungsvertrages zur Regelung der Lohnansprüche des directors ist für die Bestellung zum Gesellschaftsorgan aber nicht erforderlich.[126] Anders als im deutschen Recht, bei dem die beiden Rechtsverhältnisse sowohl in ihrer Entstehung, als auch grundsätzlich in ihrem Bestand[127] voneinander unabhängig sind, werden dagegen im englischen Recht die beiden in der Begründung unabhängigen Rechtsverhältnisse im Zeitpunkt des Widerrufs der Bestellung immer rechtlich miteinander verknüpft und gleichzeitig aufgehoben. Vergleichbar der früher im deutschen Recht gültigen Mandatstheorie[128] wird in der Bestellung zum Organ ein Vollmachtsauftrag gesehen, der mit dem Widerruf der Bestellung auch das Anstellungsverhältnis beendet. Für den Fall, dass die Organstellung entgegen den in den Articles ge-

---

[126] Vgl. Kerr v. Marine Products Ltd. (1928) 44 T.L.R. 292; Table A CA 1985 Art. 82, 83.
[127] Vgl. BGHZ 79, 38, 41; BGHZ 89, 48, 52; BGH, ZIP 1995, 1334, OLG Rostock, NZG 1999, 216; zum Bestand des Anstellungsvertrages bei Abberufung des Geschäftsführers siehe im einzelnen die Ausführungen unter § 5 I. 1.
[128] Vgl. hierzu T. Baums, S. 9ff.

nannten Gründen beendet wird, kann sich die aufhebende Partei unter Umständen schadensersatzpflichtig machen.[129]

§ 3 Vertretungsmacht und Geschäftsführungsbefugnis

I. Vertretungsmacht und Geschäftsführungsbefugnis des GmbH-Geschäftsführers

1. Die Vertretungsmacht

Nach § 35 Abs. 1 GmbHG wird die GmbH durch die Geschäftsführer gerichtlich und außergerichtlich vertreten. Der Geschäftsführer ist das notwendige und gleichzeitig auch einzige Vertretungsorgan der Gesellschaft; nur durch ihn ist die GmbH handlungsfähig und kann im Geschäftsverkehr auftreten. Beim Zeichnen für die Gesellschaft haben sie gemäß § 35 Abs. 2 GmbHG den Gesellschaftszusatz hinzuzufügen, jedoch genügt es auch, wenn sich aus den Umständen ergibt, dass für die Gesellschaft gehandelt werden soll.[130]

1.1 Umfang der Vertretungsmacht

Die Vertretungsmacht der Geschäftsführer ist grundsätzlich inhaltlich unbeschränkt und kann mit Wirkung gegenüber Dritten gemäß § 37 Abs. 2 GmbHG auch nicht beschränkt werden. Diese Regelung ist zwingend und kann weder durch den Gesellschaftsvertrag, den Anstellungsvertrag oder den Gesellschafterbeschluss eingeschränkt werden.[131] Unzulässig ist es daher auch, die Vertretungsmacht sachlich oder örtlich aufzuteilen oder besonders wichtige Geschäfte der GmbH aus der Vertretungsmacht herauszunehmen, so beispielsweise auch eine Beschränkung der Vertretungsmacht auf eine bestimmte Filiale der GmbH.[132] Die Gesellschafter können aufgrund ihrer Allzuständigkeit auch nicht die Vertretungsmacht an sich ziehen.

---

[129] Vgl. hierzu im einzelnen die Ausführungen unter § 5 II 1. und 3.3.
[130] Vgl. Lutter/Hommelhoff, § 35 Rdn. 17.
[131] Vgl. Scholz/Schneider, § 35 Rdn. 23; BGH, WM 1997, 1570.
[132] Vgl. Tillmann/Mohr, S.31 Rdn. 95.

Diese uneingeschränkte Zuständigkeit der Geschäftsführer zur Vertretung der GmbH hat nur Auswirkungen Dritten gegenüber. Sie gilt dagegen nicht im Rahmen der inneren Organisation der GmbH.[133] So sind in § 46 GmbHG Geschäfte und Maßnahmen aufgeführt, die der Gesellschafterversammlung vorbehalten sind. Die GmbH wird durch die Handlungen des Geschäftsführers berechtigt und verpflichtet. Die Vertretungsmacht des Geschäftsführers wird in der Regel auch durch Beschränkungen im Innenverhältnis nicht eingeschränkt.[134] Denn wer einen Vertrag mit einer GmbH abschließen will, braucht sich grundsätzlich nicht darum zu kümmern, ob der Geschäftsführer die ihm im Innenverhältnis auferlegten Schranken seiner Befugnis auch einhält. Diese strikte Trennung zwischen Innen- und Außenverhältnis dient dabei in erster Linie dem Verkehrsinteresse im handelsrechtlichen Geschäftsverkehr.[135]

Auch wenn sich der vertretungsberechtigte Geschäftsführer formal im Rahmen seiner Vertretungsmacht hält, wird jedoch bei Vorliegen eines Missbrauchs der Vertretungsmacht die Gesellschaft ausnahmsweise nicht gebunden. Diese Abweichung vom Grundsatz der Unbeschränktheit der Vertretungsmacht steht immer noch im Einklang mit Art. 9 der Ersten gesellschaftsrechtlichen Richtlinie, wonach der Grundsatz der unbeschränkten und unbeschränkbaren Vertretungsmacht europarechtlich Geltung haben soll.[136] Ein Missbrauch der Vertretungsmacht wird immer dann anzunehmen sein, wenn das Schutzbedürfnis der Gesellschaft das Interesse des Verkehrsschutzes an der Unbeschränkbarkeit der Vertretungsmacht überwiegt. Bei der Abwägung kommen die Fallkonstellationen des arglistigen Zusammenwirkens, des bewussten Handelns zum Nachteil der Gesellschaft und der Verletzung interner Beschränkungen ohne Schädigung der Gesellschaft in Betracht, wobei die Rechtsprechung nicht explizit zwischen den beiden letzteren Fallgruppen differenziert.

Unstreitig liegt ein Missbrauch der Vertretungsmacht vor, wenn ein Geschäftsführer mit dem Geschäftsgegner zum Schaden der Gesellschaft arglistig zusammenwirkt.[137] Beim bewussten Handeln des Geschäftsführers zum Nachteil der Gesellschaft liegt ein arglistiges Zusammenwirken mit dem Geschäftspartner nicht vor. Voraussetzung für einen

---

[133] Vgl. OLG München, GmbHR 1992, 533.
[134] Vgl. Art. 9 Abs. 2 Erste EG-Richtlinie zum Gesellschaftsrecht vom 9. März 1968 (ABl. EG vom 14.3.1968, Nr. L 65, S. 8 ff).
[135] Vgl. Lutter/Hommelhoff, § 37 Rdn. 2.
[136] Vgl. EuGH, WM 1998, 865.
[137] Vgl. Rowedder/Koppensteiner, § 35 Rdn. 27; Baumbach/Hueck/Zöllner, § 37 Rdn. 26.

Missbrauch der Vertretungsmacht ist vielmehr, dass (i) das abgeschlossene Geschäft für die Gesellschaft nachteilig ist, dass (ii) der Geschäftsführer bewusst zum Nachteil der Gesellschaft tätig geworden ist, und dass (iii) die Schädigungsabsicht dem Geschäftspartner bekannt war oder sich diesem hätte aufdrängen müssen. Streitig ist in diesem Zusammenhang insbesondere, ob der Geschäftsführer bewusst, d.h. subjektiv, zum Nachteil der Gesellschaft gehandelt haben muss[138] oder ob es ausreicht, wenn dieser lediglich objektiv seine Pflicht zur ordnungsgemäßen Geschäftsführung verletzt hat. Die Rechtsprechung ist in diesem Punkt uneinheitlich. Zum einen setzt sie lediglich eine Kenntnis des Geschäftsführers derjenigen Umstände voraus, die zum Überschreiten der Grenzen der Vollmacht führen[139], zum anderen verlangt sie einen Vorsatz des Geschäftsführers zur Schädigung der Gesellschaft.[140] Letzterer Ansicht ist auch nach hier vertretener Auffassung zu folgen, da ein Verzicht auf den Schädigungsvorsatz zweifelsohne zur Folge hätte, dass bei jedem für den Geschäftspartner erkennbar nachteiligen Geschäft auch automatisch ein Missbrauch der Vertretungsmacht vorläge. Dies würde aber im Umkehrschluss eine einseitige Verlagerung des Risikos unzweckmäßiger Entscheidungen auf den Geschäftspartner bedeuten, dessen Aufgabe es gerade nicht sein soll, zu entscheiden, ob ein Geschäft für die Gesellschaft nun Vor- oder Nachteile mit sich bringt.[141]

Streitig ist auch das Verhalten, das der Geschäftspartner erfüllen muss. So reichte nach früher vertretener Ansicht eine „ersichtlich verdächtige" Vorgehensweise des Geschäftsführers aus, um einen Missbrauch zu bejahen.[142] Dadurch würde aber über § 242 BGB der Grundsatz der Unbeschränkbarkeit der Vertretungsmacht unterwandert. Im Sinne eines umfassenden Verkehrsschutzes muss sich daher nach überwiegender Ansicht neben der positiven Kenntnis, die sich in der Regel nur sehr schwer nachweisen lässt, das bewusste Handeln zum Nachteil der Gesellschaft dem Geschäftsgegner geradezu aufdrängen, um einen Missbrauch der Vertretungsmacht annehmen zu können.[143] Eine Nachprüfungspflicht, ob der Geschäftsführer auch den Interessen der Gesellschaft nachkommt, trifft den Geschäftspartner nicht. Er darf sich jedoch nicht einer offenkundigen Schädi-

[138] Vgl. Zacher, GmbHR 1994, 842 (845); Baumbach/Hueck/Zöllner, § 37 Rdn. 28; Lutter/Hommelhoff, § 35 Rdn. 13.
[139] Vgl. BGH, WM 1988, 706; ZIP 1996, 69.
[140] Vgl. BGH, WM 1980, 953; WM 1983, 83.
[141] Vgl. Scholz/Schneider, § 38 Rdn. 136.
[142] Vgl. BGH, WM 1960, 612; WM 1966, 491.
[143] Vgl. BGH, WM 1976, 658; WM 1980, 954; DB 1981, 840; DB 1996, 267; Fischer in Festschrift Schilling, 1973, S. 3; John, GmbHR 1983, 91.

gungsabsicht des Geschäftsführers verschließen, so z.B. wenn diese „offensichtlich" oder „ohne weiteres" erkennbar war.[144]

Die dritte Fallgruppe ist sowohl ihrem Grunde nach, als auch im Hinblick auf deren Voraussetzungen streitig. Ein Missbrauch der Vertretungsmacht soll danach dann vorliegen, wenn (i) der Geschäftsführer sich objektiv pflichtwidrig verhält, indem er ein Geschäft vornimmt, das sich außerhalb des Unternehmensgegenstandes bewegt oder mit diesem nicht zu vereinbaren ist[145], und wenn sich (ii) dem Dritten aufdrängen musste, dass der Geschäftsführer seine internen Beschränkungen überschritten hat.[146] Vorgreiflich auf die noch unter § 3 II. 1.2 folgenden Ausführungen zur sog. ultra-vires-Lehre im englischen Gesellschaftsrecht, wonach alle Rechtsgeschäfte einer Gesellschaft, die nicht durch den Gesellschaftsgegenstand gedeckt sind, unwirksam sein sollen, ist nach hier vertretener Ansicht, die unter (i) dargestellte Auffassung abzulehnen, denn dadurch würde die angesprochene ultra-vires-Lehre, die in England, wenn auch in abgeschwächter Form, nach wie vor Gültigkeit hat, durch die Hintertür wieder in das deutsche Rechtssystem eingeführt. Ebenso scheidet ein Missbrauch der Vertretungsmacht aus, wenn der Geschäftspartner davon ausgehen darf, dass die Gesellschafter das getätigte Rechtsgeschäft nachträglich billigen werden.[147] Gegen eine weitere Ausweitung sprechen Sinn und Wortlaut des § 37 Abs. 2 GmbHG, wonach die interne Zuständigkeit nicht auf die externe Befugnis wirken soll.[148]

Dogmatisch ungesichert sind ferner die Rechtsfolgen, die an einen Missbrauch der Vertretungsmacht geknüpft werden. Teils wird vertreten, dass sich die Rechtsfolgen wie bei einem Verschulden bei Vertragsschluss bestimmen[149], teils werden die Rechtsfolgen des Vertreters ohne Vertretungsmacht nach §§ 177ff BGB herangezogen, wonach das abgeschlossene Rechtsgeschäft schwebend unwirksam ist und die Erklärung des Geschäftsführers von den Gesellschaftern der GmbH genehmigt werden kann[150], wenn nicht in Ausnahmefällen ein sittenwidriges und damit nichtiges Rechtsgeschäft vorliegt. Die Rechsprechung gibt der Gesellschaft die Möglichkeit den Einwand der Arglist zu erhe-

[144] Vgl. Scholz/Schneider, § 35 Rdn. 137; BGH 113, 320.
[145] Vgl. Lutter/Hommelhoff, § 35 Rdn. 13.
[146] Vgl. BGHZ, WM 1988, 704; BGH, GmbHR 1996, 113.
[147] Vgl. BGHZ 50, 112, BGHZ, GmbHR 1996, 113; Fischer in Festschrift Schilling 1973, S. 20; John in Festschrift Mühl 1981, S. 349, 355.
[148] Vgl. Scholz/Schneider, § 35 Rdn. 134b.
[149] Vgl. Stoll in Festschrift Lehmann 1937, S. 138.
[150] Vgl. Lutter/Hommelhoff, § 35 Rdn. 12; Michalski, GmbHR 1991, 349 (356); Zacher, GmbHR 1994, 842 (848).

ben, mit der Konsequenz, dass die Gesellschaft an das Geschäft nicht gebunden ist[151]. Jedoch sollen die nachteiligen Folgen auf die Gesellschaft und den Geschäftspartner in Anwendung von § 254 BGB verteilt werden.[152]

1.2 Gesamtvertretung/Einzelvertretung

In § 35 Abs. 1 GmbH stellt das Gesetz den Grundsatz der Gesamtvertretung auf. Sind also mehrere Geschäftsführer bestellt, so müssen sie im Regelfall gemeinsam vertreten, wenn nicht im Gesellschaftsvertrag ausdrücklich eine andere Regelung getroffen wurde. Es ist daher - gerade auch für Gesellschafter-Geschäftsführer - ratsam, in den Gesellschaftsvertrag eine Klausel mit aufzunehmen, nach der die Gesellschafterversammlung ermächtigt ist, in Einzelfällen bestimmten Geschäftsführern Einzelvertretungsbefugnis einzuräumen. In jedem Fall bedarf eine von der gesetzlichen Gesamtvertretung abweichende Regelung einer besonderen Ermächtigung in der Satzung.[153] Die Gesamtvertretung kann auch in eine bestimmte Anzahl von Geschäftsführern, die gemeinsam vertreten oder aber in die unechte Gesamtvertretung, in der ein Geschäftsführer die Gesellschaft auch in Gemeinschaft mit einem anderen Prokuristen vertreten kann, modifiziert werden.[154]

Die vorstehenden Vertretungsregelungen gelten nur für die Aktivvertretung. Zur Passivvertretung, d.h. zur Entgegennahme von Willenserklärungen, reicht der Zugang der Willenserklärung nach § 35 Abs. 2 Satz 3 GmbHG an einen Gesamtvertreter aus. Dies gilt auch für die Zustellung im gerichtlichen Verfahren nach § 170 Abs. 3 ZPO.[155]

Das gemeinsame Handeln bei der Gesamtvertretung kann in der Weise ausgeübt werden, dass die Vertretungsberechtigten die jeweiligen Willenserklärungen gemeinsam oder getrennt in zeitlicher Abfolge abgeben. Jede einzelne Erklärung muss die gegebenenfalls notwendige Schrift- oder notarielle Form wahren. Bei der getrennten Abgabe von Willenserklärungen wird das Rechtsgeschäft erst wirksam, wenn die letzte Einzelerklärung vorliegt. Abweichend hiervon kann die Gesamtvertretung auch dadurch erfolgen, dass die

---

[151] Vgl. BGH, NJW 1984, 1461; OLG Hamburg, GmbHR 1992, 609.
[152] Vgl. BGH, WM 1980, 954; Fischer in Festschrift Schilling 1973, S. 3; John in Festschrift Mühl 1981, S. 349, 360ff.
[153] Vgl. BGH, NJW 1975, 1741; OLG Düsseldorf, GmbHR 1991, 20.
[154] Vgl. Goette, DStR 1998, 943.
[155] Vgl. Hachenburg/Mertens, § 35 Rdn. 71.

Erklärung auch nur von einem Gesamtvertreter abgegeben wird und diese durch die übrigen Gesamtvertreter nachträglich entsprechend § 177 Abs. 1 BGB genehmigt werden.[156] Dies ist allerdings bei einseitigen Rechtsgeschäften - wie beispielsweise einer Kündigung - ausgeschlossen. Schließlich kann die Willenserklärung eines Gesamtvertreters durch eine entsprechende Ermächtigung der übrigen Gesamtvertreter auch über die sogenannte Anscheins- und Duldungsvollmacht zu einem wirksamen Rechtsgeschäftsabschluss führen.[157]

Zuletzt ist in diesem Zusammenhang noch auf die Zurechnung von Wissens- und Willensmängeln hinzuweisen. Da die GmbH eine juristische Person ist, und juristische Personen nur durch ihre Organe handeln, vermitteln diese ihr daher auch ihr Wissen.[158] Umstritten ist, ob sich die Gesellschaft auch die Kenntnis eines Geschäftsführers zurechnen lassen muss, wenn dieser nicht an einem Rechtsgeschäft mitgewirkt hat oder ausgeschieden ist. Teilweise wird vertreten, dass gemäß § 166 Abs. 1 BGB bei der GmbH grundsätzlich auf die Person des handelnden Geschäftsführers als Vertreter der Gesellschaft abzustellen ist.[159] Danach soll der Gesellschaft nur das Wissen des im Einzelfall handelnden Geschäftsführers zugerechnet werden können. Das Wissen Unbeteiligter soll der Gesellschaft nur dann zuzurechnen sein, wenn diese von der relevanten Rechtshandlung wussten und sie geschehen ließen.[160] Nach anderer Auffassung führt die Kenntnis jedes einzelnen Geschäftsführers zur Kenntnis der Gesellschaft.[161] Das Problem der arbeitsteiligen Willensaufspaltung bei Gesellschaften setzt jedoch immer eine Einzelfallbetrachtung voraus.[162] Die Arbeitsteilung und damit auch die Dezentralisierung des Wissens in der Gesellschaft darf nicht zu Lasten Dritter gehen. Zur ordnungsgemäßen Organisation der Unternehmensleistung der Gesellschaft gehört somit die Einrichtung eines unternehmensinternen Informationssystems. Die Gesellschaft muss sich daher auch solches Wissen anderer unbeteiligter Geschäftsführer zurechnen lassen, das bei ordnungsgemäßer Organisation in dieses Informationssystem eingegeben, zur Verfügung gehalten und dem erklärenden Geschäftsführer hätte bekannt sein müssen.[163]

[156] Vgl. Lutter/Hommelhoff, § 35 Rdn. 27.
[157] Vgl. Lutter/Hommelhoff, § 35 Rdn. 28, 30.
[158] Vgl. Schilken, S. 132; Grunewald in Festschrift Beusch 1993, S. 301, 302.
[159] Vgl. hierzu, aber unter Aufgabe der Organtheorie, BGHZ 117, 104; 132, 30.
[160] Vgl. Baumann, ZGR 1973, 289ff; Tintelnot, JZ 1987, 799.
[161] Vgl. BGHZ 41, 287; 109, 331, Beuthien in FS Zöllner, 1998, S. 87, 102.
[162] Vgl. BGHZ 132, 35; BGH, WM 1997, 1033; Waltermann, AcP 192 (1992), 182.
[163] Vgl. BGHZ 117, 104; 132, 30, 37; Grunewald in FS Beusch, 1993, 311; Schultz, NJW 1997, 293.

Auch nach dem Ausscheiden des Geschäftsführers kann die Wissenszurechnung unter Umständen noch andauern. Voraussetzung hierfür ist jedoch, ob ein einmal vermitteltes Wissen typischerweise aufgrund eines unternehmensinternen Informationssystems aktenmäßig oder in der EDV festgehalten wird.[164]

1.3 Selbstkontrahierungsverbot nach 181 BGB

Die Geschäftsführer unterliegen den Beschränkungen des § 181 BGB. Danach kann ein Vertreter nicht im Namen des Vertretenen mit sich und im eigenen Namen Rechtsgeschäfte abschließen, es sei denn, dass ihm dies ausdrücklich gestattet worden ist. Der Geschäftsführer als Vertreter der GmbH kann somit nicht ein sogenanntes „In-Sich-Geschäft" mit sich selbst wirksam tätigen. Nach heute allgemein herrschender Meinung ist davon auszugehen, dass eine generelle Befreiung eines Geschäftsführers vom Selbstkontrahierungsverbot nur aufgrund einer entsprechenden Regelung in der Satzung wirksam ist.[165] Dabei kann die Ermächtigung, wonach die Gesellschafterversammlung durch Gesellschafterbeschluss einzelne Geschäftsführer vom Selbstkontrahierungsverbot befreien kann, bereits in der Gründersatzung verankert sein oder aber später durch einen satzungsändernden Beschluss nach §§ 53, 54 GmbHG, der notariell beurkundet werden muss, in die Satzung aufgenommen werden.

Bezüglich der Wirksamkeit der ausgesprochenen Befreiung vom Selbstkontrahierungsverbot sind die beiden folgenden Varianten zu unterscheiden:

Ist in der Satzung keine Regelung enthalten, die die Möglichkeit schafft, den Geschäftsführer vom Selbstkontrahierungsverbot zu befreien, so bedarf es zunächst eines satzungsändernden Beschlusses, der notariell beurkundet und ins Handelsregister eingetragen werden muss. Erst mit der Eintragung ins Handelsregister wird dieser Beschluss dann wirksam.[166]

Ist die Möglichkeit der Befreiung vom Selbstkontrahierungsverbot in der Satzung aber bereits vorgesehen, dann ist für die Befreiung nur ein Gesellschafterbeschluss mit einfa-

[164] Vgl. BGHZ 109, 327, 331; Baumann, ZGR 1973, 285, 295; BGHZ 132, 30.
[165] Vgl. BGH, GmbHR 1983, 269; OLG Köln, GmbHR 1993, 37.
[166] Vgl. OLG Frankfurt, ZIP 1983, 182.

cher Mehrheit erforderlich. Die Aufhebung des Selbstkontrahierungsverbots muss zwar zum Handelsregister angemeldet werden. Die Anmeldung hat jedoch nur deklaratorische Bedeutung.[167]

Sieht die Satzung also die Möglichkeit vor, den Geschäftsführer von den Beschränkungen des § 181 BGB zu befreien, wird die Befreiung mit Erlass des konkreten Gesellschafterbeschlusses über die Befreiung wirksam. Von diesem Augenblick an kann der Geschäftsführer Rechtsgeschäfte wirksam mit sich und gleichzeitig als Vertreter der GmbH vornehmen. Auf eine Eintragung der Befreiung beim Handelsregister kommt es dann nicht mehr an.

Bei der Einmann-GmbH hatte die Rechtsprechung die Anwendbarkeit von § 181 BGB in ständiger Rechtsprechung verneint, da eine Interessenkollision nicht auftreten könne.[168] Diese Rechtsprechung ist im Zuge der GmbH-Novelle 1980 durch die Neufassung von § 35 Abs. 4 GmbHG überholt, wonach § 181 BGB auch ausdrücklich für die Einmann-Gesellschaft gilt. Ist ein Geschäftsführer einer mehrgliedrigen GmbH vom Verbot des Selbstkontrahierens befreit, so bleibt diese Befreiung auch dann bestehen, wenn der Geschäftsführer Alleingesellschafter der GmbH wird.[169]

2. Die Geschäftsführungsbefugnis

Während die Vertretungsmacht maßgeblich für die Wirksamkeit einer Willenserklärung gegenüber Dritten ist, ergibt sich aus der Geschäftsführungsbefugnis, in welchem Umfang im Innenverhältnis Geschäftsführungshandlungen zulässig sind. Im Gegensatz zur Vertretungsmacht ist die Geschäftsführungsbefugnis weder unbeschränkt noch unbeschränkbar. Die gesamte interne Verwaltung ist zwar Angelegenheit der Geschäftsführer (dies ergibt sich aus §§ 45, 46 GmbHG, wo nur bestimmte Angelegenheiten der Geschäftsführung ausdrücklich den Gesellschaftern übertragen werden) und gehört zur allgemeinen Leitung des Unternehmens, doch können die Gesellschafter die Geschäftsfüh-

[167] Vgl. OLG Hamm, GmbHR 1993, 500.
[168] Vgl. BGHZ 56, 97.
[169] Vgl. BGH, WM 1991, 891.

rungsbefugnis beliebig einschränken, mit Ausnahme von bestimmten Handlungen, die vom Gesetzgeber zwingend den Geschäftsführern übertragen worden sind.[170]

2.1 Umfang und Beschränkungen der Geschäftsführungsbefugnis

Die gesetzliche Regelung sieht in § 37 Abs. 1 GmbHG vor, dass der Geschäftsführer verpflichtet ist, die Beschränkungen einzuhalten, die ihm durch die Gesellschafter in der Satzung oder durch Beschluss aufgegeben worden sind. Im Umkehrschluss bedeutet dies, dass er alles zu unternehmen hat, was erforderlich ist, um den Unternehmenszweck fortlaufend zu verfolgen. Die Geschäftsführungsbefugnis erstreckt sich daher nach heute überwiegender Ansicht nur auf alle gewöhnlichen Rechtsgeschäfte der laufenden Geschäftsführung.[171] Maßnahmen, die sich im Hinblick auf den Unternehmensgegenstand der GmbH als ungewöhnlich erweisen oder in den Bereich der Unternehmenspolitik fallen, gehören dagegen in den Zuständigkeitsbereich der Gesellschafter und nicht in den der Geschäftsführer.[172]

Der sachliche Umfang der gesetzlichen Geschäftsführungsbefugnis ist zunächst durch § 46 GmbHG beschränkt. Danach sind die Gesellschafter unter anderem zuständig für die Feststellung des Jahresabschlusses, die Ergebnisverwendung, die Bestellung und Abberufung von Geschäftsführern, die Prüfung und Überwachung der Geschäftsführer, die Bestellung von Prokuristen und Generalbevollmächtigten und die Geltendmachung von Ersatzansprüchen aus der Gründung oder Geschäftsführung sowie die Vertretung der Gesellschaft in Prozessen, welche sie gegen die Geschäftsführer zu führen hat.

Daneben wird die Geschäftsführungsbefugnis des Geschäftsführers auch durch den von den Gesellschaftern definierten Unternehmensgegenstand der Gesellschaft begrenzt. Der Unternehmensgegenstand verpflichtet und berechtigt den Geschäftsführer, sämtliche Maßnahmen zu beschließen, die notwendig sind, um den Unternehmensgegenstand mit den zur Verfügung stehenden Mitteln andauernd umzusetzen. Im Rahmen dieser Grenzen

[170] Vgl. §§ 40, 41, 64 GmbHG.
[171] Vgl. Hachenburg/Mertens, § 37 Rdn. 3 ff.; BGH, NJW 1991, 1681; Jaeger, S. 45.
[172] Vgl. Lutter/Hommelhoff, § 37 Rdn. 8-11.

ist der Geschäftsführer der Träger der unternehmerischen Initiativ- und Entscheidungsmacht in der Gesellschaft.[173]

2.2 Satzung und Geschäftsordnung

In der Satzung, der Geschäftsordnung und letztlich auch durch Einzelweisungen kann die Geschäftsführungsbefugnis weitestgehend abweichend geregelt werden. Aus Gründen der Rechtssicherheit, der Klarheit und letztlich der Haftungsrisiken ist es für alle Beteiligten ratsam, hier schriftliche und klare Dokumentationen der Verantwortlichkeiten und Zuständigkeiten zu treffen. Nahezu in jeder Satzung finden sich heute Kataloge für Geschäfte, die der Geschäftsführer nur mit Zustimmung der Gesellschafter oder eines anderen Organs (z.B. Beirat) vornehmen darf.

Sind die zustimmungsbedürftigen Rechtshandlungen lediglich in der Geschäftsordnung niedergelegt, so kann seitens der GmbH der Katalog jederzeit durch einfachen Gesellschafterbeschluss geändert werden.[174] Sind die Einschränkungen in die Satzung aufgenommen, können sie gemäß § 53 Abs. 2 GmbHG nur durch qualifizierten Mehrheitsbeschluss der Gesellschafter, der notariell beurkundet sein muss, geändert werden. Sind sie im Geschäftsführervertrag bestimmt, sind Änderungen nur durch beide Vertragsparteien vorzunehmen.

Für die Geschäftsführer kann eine flexible Regelung durchaus sinnvoll sein. In der Praxis finden sich hier häufig Mischformen durch Kataloge in der Satzung, zusätzlich in einer Geschäftsordnung sowie in einem Zuständigkeitskatalog im Geschäftsführervertrag, mit dem sich der Geschäftsführer einen gewissen „Kernbereich" seiner Geschäftsführung sichert. Im Einzelfall kann so eine weitergehende, rechtlich zulässige Beschränkung der Geschäftsführungsbefugnis durch die Gesellschafter dann eine Verletzung des zuvor im Geschäftsführervertrag festgelegten „Kernbereichs" der Geschäftsführung sein, die den Geschäftsführer dann sogar zur Kündigung und zur Geltendmachung von Schadensersatzansprüchen berechtigen kann.[175] Im übrigen steht es den Gesellschaftern aber frei,

[173] Vgl. Lutter/Hommelhoff, § 37 Rdn. 4.
[174] Vgl. OLG Stuttgart, GmbHR 1992, 48.
[175] Vgl. Sudhoff, S. 37; van Venrooy, GmbHR 1982, 175.

Geschäftsführungsbefugnisse auch auf andere gesellschaftsinterne Stellen oder Organe zu übertragen.

So kann die Geschäftsführungsbefugnis weitestgehend auf einen Beirat oder aber auch auf nachgeordnete Mitarbeiter übertragen werden. Derartige Verlagerungen der Geschäftsführungsbefugnis sind in aller Regel nur mit Satzungsänderungen, mindestens aber mit einer entsprechenden Ermächtigung in der Satzung möglich.[176]

2.3 Gesamt- oder Einzelgeschäftsführung

Eine dem § 115 HGB vergleichbare Regelung, wonach bei Personenhandelsgesellschaften jeder Gesellschafter allein zur Führung der Geschäfte berechtigt ist, fehlt im GmbHG. Nach herrschender Meinung gilt hinsichtlich der Geschäftsführung § 35 Abs. 2 Satz 2 GmbHG analog mit der Folge, dass alle vorhandenen Geschäftsführer bei der Geschäftsführung zusammenwirken müssen.[177] Die Geschäftsführer dürfen aber die ihnen zugewiesenen Aufgaben, auch ohne Ermächtigung der Gesellschaftergesamtheit, durch Zustimmung aller Geschäftsführer untereinander aufteilen.[178] Die interne Aufgabenteilung entbindet den einzelnen Geschäftsführer aber nicht von seiner Gesamtverantwortung für die Geschäftsführung. Dazu gehört insbesondere auch die Aufgabe, die ressortbezogene Tätigkeit eines anderen Geschäftsführers beobachtend zu kontrollieren.[179]

Ein wesentliches Problem, das sich aus dem Grundsatz der gemeinsamen Führung der Geschäfte ergeben kann, ist die Gefahr, dass die Geschäftsführung aufgrund bestehender Differenzen und Meinungsverschiedenheiten untereinander insgesamt entscheidungsunfähig wird. Die Möglichkeit, in diesen Fällen gemäß § 29 BGB einen Notgeschäftsführer zu bestellen, besteht nicht, da eine solche Bestellung nur möglich ist, wenn es an einer Geschäftsführung fehlt. Differenzen zwischen den einzelnen Geschäftsführern reichen dafür aber nicht aus.[180] Um einer Entscheidungsunfähigkeit der Geschäftsführung dennoch vorbeugen zu können, ist es den Gesellschaftern - abweichend vom Aktienrecht -

[176] Vgl. Sina, GmbHR 1990, 66.
[177] Vgl. Scholz/Schneider, § 37 Rdn. 21; RGZ 98, 100.
[178] Vgl. Lutter/Hommelhoff, § 37 Rdn. 29.
[179] Vgl. BGH, BB 1990, 1856, 1860; RGZ 98, 100; BGH, WM 1992, 2144.
[180] Vgl. Palandt/Heinrichs, § 29 Rdn. 1, 2.

gestattet, in der Satzung einem zu ernennenden Vorsitzenden oder Sprecher der Geschäftsleitung die endgültige Entscheidungsbefugnis zu übertragen.[181]

2.4 Weisungen

Die Geschäftsführungsbefugnis des Geschäftsführers kann dadurch beschränkt werden, dass er die Geschäfte nach allgemeinen oder im Einzelnen ergehenden Weisungen der Gesellschaft ausführen muss. So können die Geschäftsführer durch besonders intensive Weisungen der Gesellschafter oder eines Aufsichtsorgans auch zu einem reinen Exekutivorgan herabgestuft werden.[182] Welche Weisungen die Gesellschafter erteilen wollen, liegt grundsätzlich in ihrem Belieben, ohne dass es hierfür einer Satzungsänderung bedarf.[183] Dem Weisungsrecht der Gesellschafter steht im Gegenzug die Folgepflicht der Geschäftsführer gegenüber.

2.4.1 Weisungsberechtigung

Weisungsberechtigt ist stets die Gesellschafterversammlung, der in jedem Fall, auch bei Weisungsbefugnis anderer Organe, ein subsidiäres Weisungsecht zusteht, sofern dieses Recht nicht ausdrücklich in der Satzung ausgeschlossen ist. In jedem Fall sind aber Bestimmungen unwirksam, die das Weisungsrecht der Gesellschafterversammlung vollständig ausschließen und die Geschäfte der Gesellschaft damit auf Dauer dem Einfluss der Gesellschafter entziehen.[184] Demgegenüber ist der einzelne Gesellschafter nicht weisungsberechtigt, auch wenn er Mehrheitsgesellschafter ist. Einem Gesellschafter kann jedoch das Weisungsrecht als Sonderrecht eingeräumt werden, aber auch dann gibt er die Weisungen nur im Interesse aller Gesellschafter.[185] Die Einzelheiten der Sonderrechtseinräumung sind umstritten. So wird teilweise die Ansicht vertreten, eine Übertragung sei immer nur dann zulässig, wenn sie durch einfachen Gesellschafterbeschluss wieder revidierbar ist und ein subsidiäres Weisungsrecht aller Gesellschafter noch erhalten bleibe.[186] Ist bei einer GmbH & Co. KG die KG zugleich Gesellschafterin der GmbH, so kann ihr durch die Satzung der GmbH das Sonderrecht eingeräumt werden, dem Geschäftsführer

---

[181] Vgl. Rowedder/Koppensteiner, § 37 Rdn. 37.
[182] Vgl. Scholz/Schneider, § 37 Rdn. 38.
[183] Vgl. OLG Düsseldorf, ZIP 1984, 1476 (1478).
[184] Vgl. Lutter/Hommelhoff, § 37 Rdn. 19.
[185] Vgl. Scholz/Schmidt, § 46 Rdn. 112.
[186] Vgl. Konzen, NJW 1989, 2980; Thümmel, DB 1995, 2461; Ziemons, S.9.

der Komplementär-GmbH Weisungen zu erteilen.[187] Die Gesellschafterversammlung - nicht aber der einzelne Gesellschafter - ist zur Überwachung der Geschäftsführung befugt. Dies ergibt sich aus der Rangordnung der Organe in der GmbH.[188] Danach sind die Gesellschafter in ihrer Gesamtheit ein Organ der GmbH, das im Regelfall, aber nicht notwendig, in Versammlungen durch Beschlüsse agiert.[189]

Das Weisungsrecht kann aber auf andere gesellschaftsinterne Organe übertragen werden. Dies ist im Einzelfall zu bestimmen oder für einen eingegrenzten Kreis von Geschäften in der Satzung genau festzulegen.[190] Eine Ausnahme bildet der obligatorische Aufsichtsrat, der ein Weisungsrecht nicht erhalten darf. Andernfalls würde das Verbot der Geschäftsführung durch den Aufsichtsrat gemäß § 111 Abs. 4, Satz 1 AktG (analog) unterlaufen.[191]

§ 45 GmbHG räumt den Gesellschaftern die Möglichkeit ein, selbst geschäftsführende Aufgaben zu übernehmen. Nach § 37 GmbHG haben die Geschäftsführer auch die Beschränkungen einzuhalten, die ihnen durch den Gesellschafterbeschluss auferlegt werden. Damit ist es also den Gesellschaftern möglich, durch Weisungsbeschlüsse in die Geschäftsführung einzugreifen. Ein „unantastbarer Kernbereich" eigenverantwortlicher Geschäftsführung besteht allenfalls in der uneingeschränkten Vertretungsmacht sowie für bestimmte zwingende gesetzliche Pflichten wie beispielsweise §§ 30, 31, 33 und 40, 43, 64 GmbHG. In der Erfüllung dieser Verpflichtungen dürfen die Geschäftsführer nicht gehindert werden. Darüber hinaus gibt es jedoch keinen weisungsfreien Mindestbereich.[192]

2.4.2 Verhalten bei möglicherweise rechtswidrigen Weisungen

Wie sich der Geschäftsführer anlässlich einer - möglicherweise rechtswidrigen - Weisung der Gesellschafter verhält, zählt zu den kompliziertesten Fragen der Geschäftsführung einer GmbH. Der Geschäftsführer unterliegt hierbei einem Spannungsverhältnis: Verweigert er die Ausführung der Weisung unter Berufung auf deren Rechtswidrigkeit, so macht er sich unter Umständen demjenigen gegenüber schadensersatzpflichtig, der die Erfüllung

[187] Vgl. BGH, GmbHR 1980, 129.
[188] Vgl. BGH, ZIP 1992, 758, Scholz/Schmidt, § 46 Rdn. 111.
[189] Vgl. Karsten Schmidt, GesR, § 36 III 1.
[190] Vgl. Konzen, NJW 1989, 2980.
[191] Vgl. Scholz/Schneider, § 52 Rdn. 44, 93, 94.
[192] Vgl. OLG Düsseldorf, ZIP 1984, 1476.

der Weisung fordert und auch hätte durchsetzen können. Führt er die Weisung trotz Anfechtung durch einen Minderheitsgesellschafter aus, so kann er sich diesem gegenüber schadensersatzpflichtig machen. Hinzu kommt, dass viele Fremdgeschäftsführer sich in einer Situation sozialer Abhängigkeit befinden. Die Verweigerung, eine Weisung der Gesellschaftermehrheit auszuführen, kann zum Verlust des Arbeitsplatzes führen. Selbst bei fehlerhaften Weisungsbeschlüssen steht dem Geschäftsführer kein eigenes Anfechtungsrecht zu, es sei denn, der Geschäftsführer ist gleichzeitig Gesellschafter.[193] Fest steht jedoch, dass ein Beschluss für einen Geschäftsführer in jedem Fall dann unverbindlich ist, wenn er durch die Ausführung gleichzeitig einen Straftatbestand verwirklichen würde.[194] Stehen Weisungen der Gesellschafterversammlung dem im Geschäftsführervertrag des Geschäftsführers eingeräumten Freiraum entgegen, so ist der Geschäftsführer berechtigt, sich auf seinen Geschäftsführervertrag zu berufen und auf Erfüllung zu bestehen.[195] Der Geschäftsführer hat zudem ein außerordentliches Kündigungsrecht nach § 626 BGB, soweit mit Rücksicht auf die von den Gesellschaftern beabsichtigte beschränkende Maßnahme ihm ein weiteres Verbleiben in seinem Amt nicht zuzumuten ist.[196]

Andererseits wird man der Gesellschaft ebenfalls ein außerordentliches Kündigungsrecht zugestehen müssen, wenn der Geschäftsführer sich ständig Weisungen der Gesellschafterversammlung widersetzt.[197]

II. Die Vertretungsmacht und Geschäftsführungsbefugnis des directors

1. Die Vertretungsmacht

Dem englischen Recht ist die institutionelle Betrachtungsweise der Kapitalgesellschaft fremd. Die Trennung zwischen Innen- und Außenverhältnis und damit auch die Unterscheidung zwischen Vertretungsmacht und Geschäftsführungsbefugnis, wie sie aus dem

---

[193] Vgl. Immenga, GmbHR 1973, 5 (7).
[194] Vgl. Kaffiné, S. 51ff.
[195] Vgl. van Venrooy, GmbHR 1982, 178; Flume, JurPerson, S. 350: Die Gesellschafter können sich nicht durch einfache Weisung nach § 37 Abs. 1 GmbHG oder durch eine Geschäftsordnung ohne weiteres von dem lösen, was sie zuvor als rechtsverbindlich für den Geschäftsführervertrag beschlossen haben.
[196] Vgl. Lutter/Hommelhoff, Anh. § 6 Rdn. 57.
[197] Vgl. OLG Düsseldorf, ZIP 1984, 1478; OLG Frankfurt, GmbHR 1997, 349.

deutschen Recht bekannt ist, besteht in dieser Form nicht.[198] In der Sache sind aber auch im englischen Gesellschaftsrecht Vertretung und Geschäftsführung zu unterscheiden.[199]

Soweit der board aus mehreren directors besteht, gilt auch im englischen Gesellschaftsrecht der Grundsatz der Gesamtvertretung. Abweichungen von diesem Grundsatz sind aber im Sinne der Einzelvertretung möglich und auch üblich, soweit es dem board satzungsmäßig erlaubt ist, seine Befugnisse auch auf einzelne seiner Mitglieder zu übertragen.[200] So ist insbesondere der managing director gewöhnlich für den gesamten Geschäftsbereich der Gesellschaft alleinvertretungsberechtigt.[201] Grundsätzlich richten sich Bestand und Umfang der Einzelvertretungsmacht eines solchermaßen ermächtigten directors nach allgemeinem Auftragsrecht, d.h. eine solche Vertretungsmacht besteht nur dann, wenn der board eine zulässige Übertragung vorgenommen hat und sie besteht nur mit dem Inhalt und in den Grenzen dieser Ermächtigung (express or implied authority).[202] Der Vertrauensschutz Dritter in Bestand und Umfang einer Einzelvertretungsmacht richtet sich im englischen Gesellschaftsrecht nach allgemeinen Rechtsscheinsgrundsätzen.[203] Gutgläubige Dritte können sich demnach darauf verlassen, dass eine von der Gesellschaft als alleinvertretungsberechtigt ausgewiesene Person Vertretungsmacht (apparent authority) hat und dass diese auch die einer Person in dieser Position üblicherweise zustehenden Befugnisse innehat.[204] Mängel bei der Bestellung eines solchen Alleinvertretungsberechtigten können gutgläubigen Dritten ohnehin nicht entgegengehalten werden.[205]

1.1 Umfang der Vertretungsmacht

Die im Gegensatz zu Deutschland im englischen Recht nicht vollzogene Trennung von Innen- und Außenverhältnis hat einen maßgeblichen Einfluss auf die Ausgestaltung der Vertretungsmacht der englischen directors. Um den Schutz des Rechtsverkehrs zu gewährleisten, hat der deutsche Gesetzgeber den Umfang der organschaftlichen Vertretungsmacht unbeschränkt und unbeschränkbar ausgestaltet. Wie bereits gezeigt, verpflichten die Geschäftsführer nur dann nicht die GmbH, wenn sie missbräuchlich handeln

[198] Vgl. Behrens, S. 864.
[199] Vgl. Behrens, S. 864.
[200] Vgl. Loose/Griffiths/Impey, S. 77; Re Fireproof Doors Ltd [1916] 2 Ch 142.
[201] Vgl. Re Haycraft Gold Reduction Co [1900] 2 Ch. 230.
[202] Vgl. Loose/Griffiths/Impey, S. 79.
[203] Vgl. Loose/Griffiths/Impey, S. 80.
[204] Vgl. Royal British Bank v. Turquand [1843-1860] All E.R. 435; Morris v. Kanssen [1946] AC 459.
[205] Vgl. Behrens, S. 866; vgl. Royal British Bank v. Turquand [1843-1860] All E.R. 435.

und dies dem Vertragspartner evident ist. Dagegen richtet sich die Vertretungsmacht der englischen directors, ähnlich wie bei der deutschen BGB-Gesellschaft, nach dem Umfang der Geschäftsführungsbefugnis.

Der Umfang der Vertretungsmacht der directors ist in zweifacher Hinsicht beschränkt. Die Vertretungsmacht besteht, wie bereits gesehen, zum einen nur im Rahmen der überwiesenen Zuständigkeiten. Zum anderen wird die Vertretungsmacht der directors durch die sogenannte *„ultra-vires"-doctrine* begrenzt.

1.2 Die „ultra-vires"-doctrine

Nach dem sog. „ultra-vires"-Grundsatz im englischen Gesellschaftsrecht sind alle Rechtsgeschäfte einer Gesellschaft, die nicht durch den Gesellschaftsgegenstand (objects clause) gedeckt sind, unwirksam.[206] Hinter diesem Grundsatz verbirgt sich der im englischen Gesellschaftsrecht historisch verankerte Gedanke, dass die Interessen von Kreditgläubigern und Gesellschaftern an der Erhaltung der Vermögensmasse der Gesellschaft höher eingestuft werden, als der Rechtsschutz des jeweiligen Vertragspartners.[207] Im Gegensatz dazu ist dem deutschen Gesellschaftsrecht ein solcher Gedanke fremd. Es geht vielmehr von einem vorrangigen Rechtsschutz der Vertragspartei vor den Interessen Dritter aus.

1.2.1 Entwicklung des „ultra-vires"-Grundsatzes

Nach dem allgemein herrschenden Grundsatz der Vertragsfreiheit im englischen Recht, stand es englischen Gesellschaften bis zum Jahr 1856 uneingeschränkt frei darüber zu entscheiden, ob und welche Rechtsgeschäfte sie mit ihren jeweiligen Vertragspartnern abschließen möchten.[208] Ab dem Jahr 1856 setzte sich in der Rechtsprechung der englischen Untergerichte jedoch immer mehr die Auffassung durch, dass sich das der Gesellschaft durch die Registrierung eingeräumte Privileg der Einräumung der Rechtsfähigkeit, und damit verbunden auch deren staatliche Anerkennung, nur auf den Gesellschaftsge-

---

[206] Vgl. Pennington, The Company Lawyer, Vol.8 No.3, S. 103; Hess, RIW 1992, S. 638.
[207] Vgl. Sealy, Cases and Materials in Company Law, S. 93; Farrar, S. 79, 85.
[208] Vgl. Farrar, Rdn.3, S. 83.

genstand beschränkt, und dass die Gesellschaften daher auch nur solche Geschäfte tätigen dürfen, die vom Gesellschaftsgegenstand gedeckt sind.[209]

Im Jahr 1875 hat sich dann erstmals auch die höchstrichterliche Rechtsprechung in der Grundsatzentscheidung *Ashbury Railway Carriage and Iron Co. Ltd v. Riche* der im Vordringen befindlichen Auffassung der Untergerichte angeschlossen und die Bedeutung des Gesellschaftsgegenstandes für die Wirksamkeit eines Vertragsschlusses mit einer Gesellschaft hervorgehoben.[210] Der in der Satzung der *Ashbury Ltd.* festgelegte Unternehmensgegenstand sah den Bau, den Kauf sowie die Vermietung von Eisenbahnwaggons vor. Der Vertrag mit *Riche* hatte dagegen die Finanzierung eines Eisenbahnbaues zum Gegenstand. Das House of Lords stellte in seinen Entscheidungsgründen fest, dass die Finanzierung des Eisenbahnbaus nicht ausdrücklich vom Gesellschaftsgegenstand umfasst war und kam deshalb zu dem Ergebnis, dass auch das Geschäft mit *Riche* unwirksam ist.[211] Im Zuge von Folgeentscheidungen, in denen die Untergerichte bei der Beurteilung des Zustandekommens von Verträgen mit Gesellschaften ausschließlich auf die Definition und den Umfang des Gesellschaftsgegenstandes abstellten, zeigte sich jedoch, dass durch die strikte Anwendung der vom House of Lords herausgearbeiteten Grundsätze, die allgemeine Geschäftstätigkeit der Gesellschaften in England zu sehr eingeschränkt wurde.[212]

Um diesem Hemmnis im geschäftlichen Verkehr Abhilfe zu verschaffen, weichte das House of Lords in der Folgezeit seine Rechtsprechung zur Bedeutung des definierten Gesellschaftsgegenstandes bei Vertragsabschlüssen immer mehr auf.[213] Die voranschreitende Ausweitung des Gesellschaftsgegenstandes durch das House of Lords sah unter anderem die Einräumung stillschweigender Befugnisse (implied powers) der Gesellschaft zum Abschluss solcher Rechtsgeschäfte vor, die im weitesten Sinne zum Gesellschaftsgegenstand der Gesellschaft gehören.[214] Diese Entwicklung hatte jedoch zur Folge, dass viele Gesellschaften nunmehr dazu übergingen, ihren Gesellschaftsgegenstand mit unzähligen

[209] Vgl. Farrar, Rdn.3, S. 93; Sealy, Rdn. 2, S. 83.
[210] Vgl. Ashbury Railway Carriage and Iron Ltd. v. Riche, 1875 LR 7 HL 653 (672).
[211] Vgl. Ashbury Railway Carriage and Iron Ltd. v. Riche, 1875 LR 7 HL 653 (673).
[212] Vgl. Hess, RIW 1992, S. 638.
[213] Vgl. AG v. Great Eastern Railway, [1880] 5 App. Cas. S. 473.
[214] Vgl. AG v. Great Eastern Railway, [1880] 5 App. Cas. S. 473.

zusätzlichen Klauseln zu überfrachten[215], so dass der eigentliche Gesellschaftsgegenstand für den Vertragspartner nicht mehr erkennbar war.[216]

Im Jahr 1959 fand die vom House of Lords bis dahin praktizierte Aufweichung und Ausweitung des Gesellschaftsgegenstandes dann seinen vorläufigen Höhepunkt in der Entscheidung *Christchurch City Corp. v. Flamingo Coffee Lounge*. In dieser Entscheidung stellte das House of Lords fest, dass auch diejenigen Rechtsgeschäfte einer Gesellschaft nicht „ultra-vires" zum Gesellschaftsgegenstand sind, die von den Geschäftsführern als für die Gesellschaft geeignet angesehen werden.[217]

Das House of Lords hat daher durch seine wechselhafte Rechtsprechung maßgeblich mit dazu beigetragen, dass bis zum Jahr 1973 Unklarheit dahingehend bestand, wann ein abgeschlossenes Rechtsgeschäft nunmehr „ultra-" oder „intra-vires" zum Gesellschaftsgegenstand ist.

1.2.2 Versuch zur europäischen Vereinheitlichung

Mit der Umsetzung der ersten gesellschaftsrechtlichen Richtlinie[218] durch den European Communities Act 1972 im Rahmen des Beitritts von England zu den Europäischen Gemeinschaften beabsichtigte der Gesetzgeber die von der Praxis ungeliebten Rechtsfolgen der „ultra-vires"-Rechtsprechung einzudämmen und eine europaweite Angleichung im Gesellschaftsrecht zu erreichen. Art 9 Abs. 1 der ersten gesellschaftsrechtlichen Richtlinie sieht im Grundsatz vor, dass eine Gesellschaft durch Handlungen ihrer Organe selbst dann gebunden ist, wenn die Handlungen nicht innerhalb des Unternehmensgegenstandes der Gesellschaft sind. Weitergehend wird ausgeführt, dass es den Mitgliedstaaten freigestellt bleibt, eine Bestimmung aufzunehmen, wonach eine Verpflichtung der Gesellschaft für Rechtsgeschäfte „ultra vires" zum Unternehmensgegenstand nicht bestehen soll, wenn die dritte Person hiervon wusste oder aufgrund der Umstände der Unwirksamkeit des Rechtsgeschäfts hätte gewahr sein müssen.[219] Dementsprechend änderte der Gesetzgeber

[215] Vgl. Goldenberg, Corporate powers struggle, Business Law brief Oct. 1989, S.7, Rdn. 8.
[216] Vgl. Re Haven Gold Mining Corp, 1882 Ch. D. 151 (152); Cotman v. Brougham, 1918 AC S.514 (515).
[217] Vgl. Farrar (Rdnr.3), S.87; Christchurch City Corp. v. Flamingo Coffee Lounge, 1959 NZLR 986 (987).
[218] Vgl. Erste gesellschaftsrechtliche Richtlinie des Rates v. 9.3.1968, Abl.EG Nr. L 65 v. 14.3.1968, S.8ff; C. Fischer-Zernin, die Umsetzung der 1. EG-Richtlinie.
[219] Vgl. Hess, RIW, 639

dann die „ultra-vires"-doctrine und setzte diese in section 35 des Company Acts 1985 wie folgt um:

Absatz 1 sieht vor, dass ein Rechtgeschäft zugunsten einer dritten Person als innerhalb der Befugnis der Gesellschaft und der Vertretungsmacht der directors abgeschlossen gilt. Nach Absatz 2 gilt zugunsten eines Dritten ein Rechtsgeschäft als innerhalb der Befugnisse der Gesellschaft und innerhalb der Vertretungsmacht der directors abgeschlossen, solange der Dritte in gutem Glauben gehandelt hat. Der gutgläubige Dritte kann also Ansprüche aus einem „ultra-vires"-Geschäft durchsetzen, wenn er die fehlende Befugnis der Gesellschaft oder der directors nicht kannte.[220] Die Beweislast dafür, dass der Dritte nicht gutgläubig gehandelt hat, liegt auf Seiten der Gesellschaft.[221]

Auch wenn der Dritte nicht mit dem gesamten board, sondern nur mit einem einzelnen director die Vertragsverhandlungen geführt hat, kann er darauf vertrauen, dass dieser director die notwendigen Befugnisse eines geschäftsführenden directors hatte. Das gilt allerdings nicht, wenn der Dritte wusste oder zumindest wissen musste, dass die Befugnisse des Verhandlungspartners eingeschränkt waren.[222] Die Gesellschaft wird auch dann nicht verpflichtet, wenn der Dritte wusste, dass der director das Rechtsgeschäft nicht im Interesse der Gesellschaft, sondern im eigenen Interesse abgeschlossen hat.[223]

Wie die gesetzliche Abänderung des „ultra-vires"-Grundsatzes in section 35 CA 1985, modifiziert durch den Companies Act 1989[224], zeigt, hat der englische Gesetzgeber versucht, die ursprünglich existierende Vertragsfreiheit englischer Kapitalgesellschaften wieder herzustellen, indem die Befugnis der Gesellschaften, bestimmte Rechtsgeschäfte abzuschließen, nicht durch den Gesellschaftsgegenstand eingeschränkt werden kann und ein „ultra-vires"-Rechtsgeschäft solange wirksam ist, bis die Bösgläubigkeit des Dritten positiv festgestellt ist. Da es den Gesellschaftern nach dem Gesetz aber nach wie vor möglich ist, die Unwirksamkeit eines abgeschlossenen Rechtsgeschäfts solange geltend

[220] Vgl. Barclays Bank Ltd. and Others v. T.O.S.G. Trust Fund Ltd. and Others [1984] BCLC 1 (Ch); Charlesworth, S.90ff; Smith and Kennan, S. 62ff.
[221] Vgl. International Sales and Agencies Ltd. v. Marcus [1982] 3 All E.R. 551.
[222] Vgl. Biggerstaff v. Rowat's Wharf Ltd. [1986] 2 Ch. 93; Pennington, S. 146.
[223] Vgl. Pennington, S. 145.
[224] Durch sec. 108 Companies Act 1989 wurde sec. 35 Companies Act 1985 neu gefasst und sections 35A und 35B eingefügt. Hiernach soll die Gültigkeit einer Handlung der Gesellschaft nicht infolge eines im Memorandum begründeten Mangels an Rechtsmacht in Frage gestellt werden; Herrmann, RIW 1991, 378.

zu machen, wie das Rechtsgeschäft noch nicht durchgeführt worden ist,[225] zeigt sich, dass der englische Gesetzgeber bei der Umsetzung der ersten EG-Richtlinie nur halbherzig vorgegangen ist und der „ultra-vires“-Grundsatz nach wie vor, wenn auch in abgeschwächter Form, im englischen Gesellschaftsrecht seine Gültigkeit hat. Die Einräumung des Gutglaubensschutzes zugunsten Dritter bedeutet rechtsdogmatisch noch keine Aufhebung des Gleichlaufs von Geschäftsführungsbefugnis und Vertretungsmacht.

Daher ist es nach hier vertretener Ansicht für den Rechtsverkehr mit englischen Gesellschaften weiterhin wichtig zu wissen, ob das abzuschließende Rechtsgeschäft vom Unternehmensgegenstand der Gesellschaft umfasst wird oder nicht.

1.3 In-Sich-Geschäfte

Wie bereits dargelegt unterliegen die Geschäftsführer der deutschen GmbH den Beschränkungen des § 181 BGB und können nur aufgrund einer entsprechenden Regelung in der Satzung oder durch satzungsändernden Beschluss vom Selbstkontrahierungsverbot befreit werden.

Im Endeffekt bedeutet der Akt der Freistellung, insbesondere gegenüber einem Fremdgeschäftsführer, eine Art Vertrauensbeweis der Gesellschafter gegenüber dem Geschäftsführer. Gleichzeitig ist diese gesetzliche Regelung aber auch Ausdruck des innerhalb der Gesellschaft bestehenden Kräfteverhältnisses zwischen den Beteiligten, das ganz eindeutig zugunsten der Gesellschafter, als Kapitalgeber, ausgestaltet ist.

Eine vergleichbare Regelung, die das In-Sich-Geschäft des directors von einem befreienden Akt der Gesellschafter abhängig macht, besteht im englischen Recht dagegen nicht.

Section 317 CA 1985, Table A Art. 85 sieht vielmehr folgende Regelung vor:

> *„Im Rahmen der gesetzlichen Vorschriften, und unter der Voraussetzung dass er den übrigen directors Art und Ausmaß seines eigenen wirtschaftlichen Interesses*

[225] Vgl. Glass, S. 138, 139, 140.

offenbart hat, darf ein director, trotz seines Amtes, Partei eines Geschäftes oder einer Transaktion mit der Gesellschaft sein."[226]

Die Vertretungsmacht der englischen directors ist demnach nicht durch ein gesetzliches Selbstkontrahierungsverbot beschränkt. Der einzelne director ist lediglich dazu verpflichtet, die jeweiligen In-Sich-Geschäfte sowie deren Hintergründe gegenüber den anderen directors offen zulegen.

Ein weiterer wesentlicher Unterschied zum deutschen Recht besteht also auch darin, dass der director, wie eigentlich zu erwarten, nicht gegenüber den Gesellschaftern, sondern ausschließlich gegenüber den anderen directors aus dem board auskunftspflichtig ist. Vorgreiflich auf die im folgenden zu erörternde Geschäftsführungsbefugnis zeigt sich bereits am Beispiel des gesetzlich von sich aus zulässigen In-Sich-Geschäfts, dass der Einfluss der Gesellschafter einer englischen private company auf die tägliche Arbeit des Geschäftsführers und die Abwicklung einzelner Geschäfte um ein vielfaches geringer ist als in Deutschland.

2. Die Geschäftsführungsbefugnis

Ähnlich wie im deutschen Recht, wo nach herrschender Meinung hinsichtlich der Geschäftsführung § 35 Abs. 2 Satz 2 GmbHG analog mit der Folge gilt, dass alle vorhandenen Geschäftsführer bei der Geschäftsführung zusammenwirken müssen, geht man auch im englischen Gesellschaftsrecht bei der Bestellung mehrerer Geschäftsführer davon aus, dass eine Gesamtgeschäftsführungsbefugnis durch das Kollegialorgan, dem board of directors, besteht.[227] Im Gegensatz zum GmbH-Recht unterliegen die Gesamtgeschäftsführer aber keiner ständigen Mitwirkungspflicht.[228]

---

[226] "Subject to the provisions of the Act, and provided that he has disclosed the directors the nature and extent of any material interest of his, a director notwithstanding his office: a) may be a party to .... any transaction or arrangement with the company ... ."

[227] Vgl. Re Haycroft Gold Reduction and Mining Co. [1900] 2 Ch. 230.

[228] Vgl. Re Tavistock Ironworks Co. [1876] L.R. 4 Eq. 233.

2.1 Beschränkung der Geschäftsführungsbefugnis

Der bereits angesprochene Gleichlauf zwischen Vertretung der Gesellschaft nach außen und Geschäftsführung nach innen hat zur Folge, dass die Beschränkung der Vertretungsmacht gleichzeitig auch eine Beschränkung der Geschäftsführungsbefugnis nach sich zieht. Der managing director ist für die Führung der laufenden Geschäfte der company verantwortlich. Der board ist jedoch jederzeit berechtigt, den Aufgabenkatalog des managing directors nach freiem Ermessen zu beschränken oder zu erweitern. Während im deutschen Recht der Umfang der Geschäftsführungsbefugnis schon im Gesellschaftsvertrag durch die Gesellschafter festgelegt werden kann, wird er bei der private company grundsätzlich erst im Anstellungsvertrag, den der board als Vertreter der Gesellschaft mit dem managing director abschließt, näher bestimmt. Wird die laufende Geschäftsführung durch den board als Kollegium ausgeübt, kann sie nicht durch Eingriffe der Gesellschafter eingeschränkt werden. Übertragen die directors jedoch die ihnen zustehenden Geschäftsführungsbefugnisse auf einen managing director, können sie den Umfang der Befugnisse jederzeit bestimmen.[229] Im Gegensatz zum deutschen Recht, liegt es also nicht in der Hand der Gesellschafter selbst, den Umfang der Geschäftsführung des managing directors im nachhinein zu bestimmen, sondern ausschließlich in der Hand der von ihnen ernannten directors. Der Einfluss der Gesellschafter auf die tägliche Geschäftsführung ist daher viel geringer als in Deutschland, wo es den Gesellschaftern, mit Ausnahme einer satzungsmäßigen Festlegung, jederzeit unbenommen ist, durch einfachen Gesellschafterbeschluss auf die Geschäftsführung einzuwirken. Die Aufteilung in Gesellschafter, board und managing director führt im Ergebnis zu einer Einschränkung der Rechte der Gesellschafter.

Beschränkungen der Geschäftsführungsbefugnis des managing directors ergeben sich daher zum einen aus dem Gesellschaftsgegenstand der company und zum anderen aus dem Umfang der Übertragung der Befugnisse durch den board. Im Unterschied zur GmbH wird die Beschränkung jedoch in der Regel nicht im Wege einer Ressortverteilung durch die Gesellschafter vorgenommen, da die Anzahl der managing directors in England ungleich kleiner ist, als die der Geschäftsführer in Deutschland. In den seltensten Fällen hat eine private company mehr als einen managing director und mehr als zwei ordinary di-

[229] Vgl. Loose/Griffiths/Impey, S. 77.

rectors.[230] Der managing director ist grundsätzlich für die gesamte Geschäftsführung verantwortlich.[231] Neben ihrer allgemeinen Überwachungsfunktion, sind die übrigen directors dagegen mit untergeordneten Aufgaben, wie beispielsweise der Leitung der Personalabteilung, befasst. Diejenigen Mitglieder des board, die einzelne Aufgaben in der Geschäftsführung wahrnehmen, bezeichnet man als serving oder executive directors. Sie unterscheiden sich jedoch in dieser Beziehung nicht von einem Arbeitnehmer; mit einem managing director sind sie dagegen nicht gleichzusetzen. Ihm gegenüber nehmen sie eine untergeordnete Stellung ein.[232] Während das GmbHG allen Geschäftsführern nach außen die gleiche rechtliche Stellung einräumt - unabhängig davon, ob es sich um Geschäftsführer oder stellvertretende Geschäftsführer handelt -, und nur intern eine Abstufung bei den Kompetenzen vorgenommen wird, erfolgt bei der private company eine Differenzierung der einzelnen an der Geschäftsführung beteiligten Personen sowohl nach außen, als auch nach innen. Im allgemeinen deckt sich die Vertretungsmacht des managing directors mit seiner Geschäftsführungsbefugnis. Sind mehrere Personen zu managing directors ernannt worden, bestimmt sich ihre Geschäftsführungsbefugnis danach, in welchem Umfang der board sie auf den einzelnen überträgt. Auf diesem Wege könnte eine Geschäftsverteilung vorgenommen werden. Es ist allerdings in einem solchen Fall üblich, dass beiden managing directors die gleiche Befugnis übertragen wird, wenn die Gesellschaft nicht in verschiedenen, sehr umfangreichen Handels- oder Produktionszweigen tätig ist. Eine Aufteilung nach Betriebszweigen ist dagegen nicht üblich. Die Leitung einzelner Abteilungen bleibt die Aufgabe der executive directors.

2.2 Weisungsrecht der Gesellschafter

2.2.1 Allgemeines

Ausgehend von der Vorstellung des englischen Gesetzgebers, sollte die Gesellschafterversammlung das zentrale und bedeutendste Organ der private company sein, dem grundsätzlich die alleinige Entscheidungsbefugnis hinsichtlich der Geschicke der Gesellschaft zusteht. Im Companies Act 1985 sind demzufolge auch alle Befugnisse enumerativ auf-

---

[230] Nach section 282 Companies Act 1985 muss die private company mindestens einen director und die public company mindestens 2 directors haben.
[231] Vgl. Palmer`s, 915.
[232] Vgl. Freeman and Lockyer v. Buckhurst Park Properties (Mangal) Ltd. [1964] 2 Q.B. 480.

gelistet, die die Gesellschafter im Rahmen der Articles of Association[233] im einzelnen auf den board delegieren können.

Die Praxis sieht, entgegen den Vorstellungen des Gesetzgebers von einer Kontrolle der Gesellschaft durch die Gesellschafter selbst, jedoch so aus, dass die Gesellschafter von ihrem Delegationsrecht in weitem Umfang Gebrauch machen, und den Geschäftsführern umfangreiche Befugnisse in bezug auf die Geschäftsführung der Gesellschaft einräumen.[234] Dies geht oft sogar so weit, dass bei der Gesellschafterversammlung nur noch die per Gesetz zwingend vorgeschriebenen Befugnisse verbleiben, wie beispielsweise die Änderung des Gesellschaftsvertrags, die Änderung des Kapitals der Gesellschaft und die Festlegung der Dividendenhöhe.[235]

Wie bereits weiter oben festgestellt, haben die Gesellschafter im Gegensatz zu den directors eine vergleichsweise schwache Stellung inne, wenn sie erst einmal die Befugnisse auf diese übertragen haben. Diese schwache Stellung der Gesellschafter resultiert zum anderen auch daraus, dass die Gesellschafterversammlung ihren directors, im Gegensatz zur deutschen GmbH, durch einfache Mehrheit keine Weisung erteilen kann. Voraussetzung für die Erteilung einer Weisung ist vielmehr die Fassung einer special resolution durch die Gesellschafterversammlung, die jedoch eine ¾ Mehrheit der Gesellschafterstimmen erfordert und 21 Tage vor der Abstimmung angekündigt werden muss.[236] Zur Regelung der Einräumung der Befugnisse der directors greifen die Gesellschafter in ihren Gesellschaftssatzungen heute für gewöhnlich auf den Wortlaut der Klausel des Art. 70 Table A CA 1985 zurück.[237] Daraus ergibt sich folgendes:

> *„Vorbehaltlich entgegenstehender gesetzlicher Vorschriften, des Gesellschaftsvertrages und sonstiger aufgrund qualifizierter Beschlussfassung erteilter Weisungen, liegt die Führung der Geschäfte in Händen der directors, die befugt sind, sämtliche Rechte der Gesellschaft auszuüben. Keine Handlung der Geschäftsführung wird durch nachträgliche Änderung der Gesellschaftersatzung oder Gesell-*

[233] Wie bereits unter § 1 II. 2. erläutert, besteht die Satzung der Gesellschaft in England, anders als bei der deutschen GmbH, aus zwei Einzeldokumenten, von denen das eine - Memorandum of Association – die Grundlagen der Gesellschaft beschreibt und die Verhältnisse nach außen regelt, während das zweite Dokument - Articles of Association - die Innenverhältnisse festschreibt, so unter anderem auch die Befugnisse des Geschäftsführers.
[234] Vgl. Hohloch, Rdn. 189.
[235] Weitere Pflichten finden sich in Table A zum Companies Act 1985, wie z.B. die Gewinnausschüttung.
[236] Vgl. Sec. 378 (1) und (2) CA 1985.
[237] Vgl. P. van Duzer, HGM Leighton and JRM Lowe; Muster einer Standardsatzung.

schafterweisung unwirksam, wenn sie ohne die Satzungsänderung oder Weisung rechtmäßig gewesen war."[238]

Bei kleineren private companies, die lediglich aus zwei oder drei Gesellschaftern bestehen, scheint die Aufnahme einer solchen Klausel in die Gesellschaftssatzung besonders unausgewogen, da bei diesen Gesellschaften nicht zwangsläufig die strikte Trennung der Gewalten in der vorgeschriebenen Form notwendig ist.[239] Denkbar wäre hier beispielsweise, dass die Mehrheit der Gesellschafter einfach direkt über alle streitigen Fragen selbst entscheidet. Aber auch hier gilt wiederum die Regelung in Art 70 Table A CA 1985.

2.2.2 Einschränkungen durch Treue- und Sorgfaltspflichten

Einschränkungen unterliegt die dominante Stellung der directors lediglich insoweit, als ihnen im Gegenzug Treue- und Sorgfaltspflichten gegenüber der Gesellschaft auferlegt werden.[240] Die Möglichkeit, eine bereits vom director ausgeführte Geschäftsführungshandlung rückgängig zu machen, besteht jedoch nur bei der Verletzung einer Treuepflicht. Im Falle einer Verletzung der Sorgfaltspflicht ist die Gesellschaft dagegen auf die Geltendmachung eines Schadensersatzanspruches beschränkt.[241]

Bei näherem Hinsehen zeigt sich jedoch, dass insbesondere Mehrheitsgesellschaftern, die dem director auf anderem Wege, ohne die erforderliche ¾ Stimmenmehrheit, eine Weisung erteilt haben, die Möglichkeit zur nachträglichen Korrektur einer Geschäftsführerhandlung nicht viel nutzt, da eine den Weisungen des Mehrheitsgesellschafters widersprechende Handlung des directors oftmals gerade im Interesse der Gesellschaft ist und daher auch nicht gegen die Treuepflicht des directors verstößt.

---

[238] "Subject to the provisions of the Act, the memorandum and the articles and to any directions given by special resolution, the business of the company shall be managed by directors who may exercise all the powers of the company. No alteration of the memorandum or articles and no such direction shall invalidate any prior act of the directors which would have been valid if that alteration had not been made or that direction had not been given… ."

[239] Vgl. Gower, S. 187.

[240] Vgl. hierzu eingehend die nachfolgend unter § 4 II. Ziffer 2 gemachten Ausführungen im Rahmen der Haftung der directors gegenüber der Gesellschaft.

[241] Vgl. hierzu eingehend die nachfolgend unter § 4 II. Ziffer 2 gemachten Ausführungen im Rahmen der Haftung der directors gegenüber der Gesellschaft.

Besondere Brisanz erlangt die Verletzung der Treuepflicht unter anderem im Zusammenhang mit der Rechtsfigur des sogenannten shadow directors. Bei der Rechtsfigur des shadow director handelt es sich um natürliche oder juristische Personen z.B. Mehrheitsgesellschafter, Banken, Muttergesellschaften etc., die aufgrund kontinuierlicher Einwirkung und Einflussnahme auf den tatsächlichen Geschäftsführer, die Gesellschaft faktisch leiten.[242] Das englische Gesellschaftsrecht benutzt die Rechtsfigur des shadow director nicht als allgemeingültiges Prinzip, sondern nur um bestimmte Pflichten, Verbote oder Haftungsnormen auf die Hintermänner auszudehnen, die die Gesellschaft faktisch leiten; so z.B. in sec. 741 (2) CA 1985, sec. 251 Insolvency Act 1986, sec. 22 (4), (5) Company Directors Disqualification Act 1986.[243] So kann man beispielsweise an eine Konzern-Muttergesellschaft denken, die ihre Verluste auf Kosten der Tochtergesellschaft abwälzen will, dies jedoch vom director derselben vereitelt wird.[244] Aus Gründen der Praktikabilität ist es jedoch wenig sinnvoll, die Entscheidungskompetenz hinsichtlich aller wichtigen Fragen bei der von einem Hintermann beherrschten Gesellschafterversammlung zu belassen, um so die Kompetenzen des directors einzuschränken.[245] Zudem hätte der Mehrheitsgesellschafter bzw. die Muttergesellschaft in diesem Fall große Mühe, ihre permanente Einflussnahme auf die Geschäftsführung zu vertuschen, da diese dann offiziell und dokumentiert durch Beschlüsse im Rahmen der Gesellschafterversammlung stattfinden würde. Wenn es sich bei dem *shadow director* außerdem auch noch um einen Gesellschaftsfremden (z.B. eine Bank oder einen Wirtschaftsprüfer) handelt, besteht für diesen von Anfang an schon gar nicht die Möglichkeit, auf die Gestaltung des Gesellschaftsvertrags einzuwirken.[246]

Angesichts der beschränkten offiziellen Einflussnahme bleibt den Hintermännern in der Regel nur die Möglichkeit, bereits im Vorfeld einer Handlung Druck auf den director auszuüben, um so das gewünschte Verhalten zu erzwingen. Dies geschieht in erster Linie

[242] Vgl. Triebel, S. 270, Rdn. 722.
[243] Vgl. Pennington, S. 712.
[244] Vgl. Charterbridge Corporation Ltd. v. Lloyds Bank Ltd. [1970] Ch 62, 74: wenn es neben dem shadow director noch andere Mitgesellschafter gibt, liegt keine Verletzung der Treuepflicht seitens des directors vor, weil das Interesse der Gesellschaft sich aus allen Gesellschafterinteressen zusammensetzt. Aber auch eine 100%ige Tochtergesellschaft ist als selbständige rechtliche Einheit anzusehen. Ihre eigenen Interessen können durch die der Muttergesellschaft oder einer anderen Gesellschaft der Unternehmensgruppe nicht vollständig ausgeschaltet werden; die Geschäftsführer einer Gesellschaft dürfen deren eigene Interessen nicht einfach opfern; dennoch kann es große Schwierigkeiten geben, überhaupt festzustellen, was das Gesellschaftsinteresse einer 100%igen Tochtergesellschaft ist; vgl. hierzu Prentice, S. 99.
[245] Vgl. Gower, S. 179: "it is normally impossible for all day-to-day decisions to be taken in general meetings."
[246] Vgl. Re a Tasbian Ltd. (No. 3) [1992] BCC 358.

durch die Drohung mit dem sofortigen Widerruf der Bestellung bzw. der Verhinderung einer Wiederbestellung nach abgelaufener Amtszeit bzw. im Falle einer kreditgebenden Bank mit der Drohung der Kündigung der Kredite.[247]

Darüber hinaus besteht auch die Möglichkeit, durch eine entsprechende Ausgestaltung der Gesellschaftssatzung bzw. des Geschäftsführerdienstvertrages zusätzlichen Druck auf den director auszuüben. So ist zwar die Abberufung eines directors durch die Gesellschafterversammlung mit einfacher Mehrheit auch ohne wichtigen Grund jederzeit möglich, jedoch unterliegt sie strengen Formvorschriften,[248] die den director vor einer Nacht-und-Nebel-Aktion der Gesellschaft schützen sollen. Zur Schwächung der directors kann die Gesellschaft diese Formvorschriften jedoch im Rahmen der Satzung abbedingen.[249] So lassen sich vor allem Holding-Gesellschaften oftmals in der Satzung das Recht einräumen, die directors der Tochtergesellschaft jederzeit ohne Angaben von Gründen abberufen zu können. Daneben besteht für die Gesellschaft die Möglichkeit entweder in der Gesellschaftssatzung oder aber im Geschäftsführerdienstvertrag eine Klausel aufzunehmen, die vorsieht, dass mit Abberufung des directors auch automatisch dessen Anstellungsvertrag endet.[250]

Das Vorhandensein oben genannter Klauseln stellt eine bewusste Schwächung der directors zugunsten eines beherrschenden Gesellschafters dar und ist in der Regel ein Indiz dafür, dass die directors der Gesellschaft den informellen Weisungen des Hintermannes folgen werden, auch wenn dies nicht im Interesse der Gesellschaft ist. Man darf in diesem Zusammenhang jedoch nicht übersehen, das director und beherrschender Gesellschafter häufig im selben Lager stehen und es demzufolge seitens des Hintermannes überhaupt keines Druckmittels bedarf.

247 Vgl. Schultheiß, S. 79.
248 Vgl. hierzu eingehend die Ausführungen unter § 5 II. Ziffer 3.
249 Vgl. Gower, S. 190.
250 Vgl. hierzu eingehend die Ausführungen unter § 5 II. Ziffer 3.3; durch die Verknüpfung von Geschäftsführerstellung und Anstellungsvertrag macht sich die Gesellschaft bei einer Abberufung nicht gegenüber dem director schadensersatzpflichtig.

§ 4 Haftung und Enthaftung

I. Haftung und Enthaftung des GmbH-Geschäftsführers

Haftungsrisiken des Geschäftsführers einer GmbH spielen in der Rechtspraxis naturgemäß eine große Rolle. Die GmbH ist mit Abstand die beliebteste Unternehmensform. Nachdem die Erhebungen über den Bestand und die Veränderungen bei den Kapitalgesellschaften eingestellt wurden, sind nur noch Hochrechnungen aus den Erhebungen zur Umsatzsteuer möglich. Die Anzahl der GmbH, die zur Umsatzbesteuerung herangezogen wurden, stieg von 240.977 im Jahr 1980 um 211 % auf 438.085 im Jahr 2001 an.[251] Als noch die Eintragungen der Kapitalgesellschaften in den Handelsregistern von der amtlichen Statistik erfasst wurden, sind durchweg etwas mehr als die Hälfte der registrierten GmbH zur Umsatzsteuer herangezogen worden. Es ist daher davon auszugehen, dass zum Jahresende 2001 die Anzahl der GmbH rund 850.000 betragen haben dürfte.[252] Sie stellt aber auch die höchste Zahl der Insolvenzen. Lag die Zahl der Insolvenzverfahren im Jahr 2001 schon bei 17.857, so haben sich diese im ersten Halbjahr 2002 gegenüber dem Vorjahreszeitraum nochmals um 6,4 % erhöht.[253] Die betroffenen Gläubiger und der Insolvenzverwalter prüfen daher regelmäßig, ob und in welchem Umfang Dritte für Ausfälle der GmbH einstehen müssen und ob sie so die Masse anreichern können.

Neben den Gesellschaftern steht dabei der Geschäftsführer im Visier einer potentiellen Haftung. Für geschädigte Gesellschaftsgläubiger ist in einer solchen Situation, in der Ansprüche gegen die Gesellschaft nicht durchsetzbar sind, eine mögliche persönliche Haftung des Geschäftsführers oft der einzige Ausweg, einem endgültigen Forderungsausfall zu entgehen.

1. Die Haftung des Geschäftsführers im Gründungsstadium der GmbH

Die hier maßgeblichen Haftungsnormen für den Geschäftsführer (Haftung wegen Gründungsfehlern, wegen verbotener Einlagenrückgewähr oder wegen verdeckter Sachgründung bzw. Kapitalerhöhungen) werden häufig erst im Insolvenzfall relevant. Die Insol-

---

[251] Quelle: Statistisches Bundesamt, VI D – 60/4 – 39, Umsatzsteuerstatistik 2000; siehe hierzu die Anlagen im Anhang.
[252] Vgl. Hansen, GmbHR 2002, 149
[253] Quelle: Statistisches Bundesamt, Statistik vom 30.10 bzw. 28.11 2002; siehe hierzu in den Anlagen.

venzverwalter sind im Dienste der Gläubiger tätig und versuchen so, die Haftungsmasse zu stärken. Da der Insolvenzverwalter zwar im eigenen Namen, aber für fremdes Recht prozessiert[254], trifft ihn bei einer gerichtlichen Geltendmachung kein eigenes Kostenrisiko. Fehler anlässlich der Gründung einer GmbH und bei Kapitalerhöhungen sind daher ein nicht zu unterschätzendes Haftungsrisiko, das Jahre nach der Gründung noch relevant werden kann.

1.1 Gründungshaftung

Rechtsgrundlage für eine Haftung ist § 9a Abs. 1 GmbHG, der in Auszügen wie folgt lautet:

> *„Werden zum Zweck der Errichtung der Gesellschaft falsche Angaben gemacht, so haben die Gesellschafter und Geschäftsführer .... für den sonst entstehenden Schaden Ersatz zu leisten."*

Die Anmeldung darf erst erfolgen, wenn auf jede Stammeinlage ein Viertel, insgesamt mindestens € 12.500,00[255] eingezahlt worden ist und, soweit es sich um eine Sacheinlage handelt, diese vor der Anmeldung der Gesellschaft zur Eintragung in das Handelsregister zur freien Verfügung der Geschäftsführer gestellt und die besonderen Vorschriften der Sachgründung gemäß § 5 Abs. 4 GmbHG eingehalten wurden. Bei der sog. „Einmann-GmbH" ist für den Restbetrag gemäß § 7 Abs. 2 GmbHG zusätzlich eine Sicherheit zu bestellen.

In der Anmeldung ist die Versicherung der Geschäftsführer abzugeben, dass die Leistungen auf die Stammeinlage bewirkt sind und zu ihrer freien Verfügung stehen.[256]

In der Praxis werden diese Erfordernisse oftmals nicht mit der hinreichenden Genauigkeit beachtet. Soweit das Registergericht im Rahmen seiner Prüfungspflicht und seines weitergehenden Prüfungsrechts die inhaltliche Richtigkeit der Versicherung der Geschäftsführer prüft und die Eintragung ablehnt oder die Gesellschaft einträgt, ist dies für die Haf-

---

[254] Vgl. BGHZ 88, 331.
[255] Mit Einführung des Euro seit dem 1.1.1999 ist für Neugründungen ab diesem Stichtag an die Stelle des Betrages von DM 25.000,00 der Betrag € 12.500,00 getreten.
[256] Vgl. Baumbach/Hueck, § 9a Rdn. 5.

tung gleichgültig. Mit der Eintragung ist die Gesellschaft wirksam entstanden, auch wenn die Leistungen auf das Stammkapital nicht erbracht wurden. Der Geschäftsführer haftet neben den Gesellschaftern.

Tatbestandsvoraussetzungen sind falsche Angaben zum Zwecke der Errichtung der Gesellschaft. Falsch sind Angaben nicht nur dann, wenn sie unrichtig sind, sondern zum anderen wenn sie - obwohl sie gesetzlich geboten sind - gänzlich oder teilweise fehlen[257], maßgeblich für die Beurteilung der Eintragungsfähigkeit und nicht offenkundig sind. Gleiches gilt, wenn durch das Verschweigen von Einzelumständen insgesamt ein mit der Wirklichkeit objektiv nicht übereinstimmender Sinn vermittelt wird[258], z.B. wenn in der Versicherung über die endgültige freie Verfügbarkeit der eingezahlten Geldeinlage, § 8 Abs. 2 GmbHG, die Abrede über deren Verwendung zum Erwerb eines Vermögensgegenstandes von dem Einleger oder im Sachgründungsbericht bei der Darlegung der Angemessenheit eine wertmindernde Eigenschaft des Vermögensgegenstandes übergangen wird.[259] Ausschlaggebend sind nach herrschender Meinung die Verhältnisse bei Abgabe der Erklärung.[260] Spätere Änderungen sind unerheblich. Umstritten ist jedoch, ob der Betreffende beim Eintritt von Änderungen der tatsächlichen Verhältnisse jeweils erneut tätig werden muss. Die überwiegende Meinung geht aber davon aus, dass keine generelle Pflicht besteht jeweils erneut tätig zu werden.[261] Subjektiv muss der Geschäftsführer die haftungsbegründenden Tatsachen gekannt oder in Folge von Fahrlässigkeit nicht gekannt haben.[262] Dieses Verschulden wird allerdings gemäß § 9 a Abs. 3 GmbHG vermutet, so dass es Sache des Geschäftsführers ist, sich zu entlasten.

Haftungsfolge ist nach § 9a GmbHG, dass die Gesellschaft so zu stellen ist, wie wenn die Angaben richtig gewesen wären.[263] Zu ersetzen ist also beispielsweise auch der Schaden aus einem Produktionsausfall, der durch die Unbrauchbarkeit einer eingebrachten Anlage

---

[257] Vgl. Scholz/Winter, § 9a, Rdn. 20.
[258] Vgl. OLG Bremen, GmbHR 1998, 40,41.
[259] Vgl. Scholz/Winter, § 9a Rdn. 20.
[260] Vgl. OLG München, BB 1990, 1151, 1152; OLG Bremen, GmbHR 1998, 40, 41ff; Hachenburg/Ulmer, § 9a Rdn. 16; offengelassen von OLG Köln, ZIP 1999, 399, 401.
[261] Vgl. OLG München, BB 1990, 1151, 1152; OLG Bremen, GmbHR 1998, 40, 42; Hachenburg/Ulmer, § 9a Rdn. 16; aM OLG Rostock, GmbHR 1995, 658, 659; Lutter/Hommelhoff, § 9a Rdn. 4.
[262] Vgl. Hachenburg/Ulmer, § 9a Rdn. 34; Lutter/Hommelhoff, § 9a Rdn. 5.
[263] Vgl. OLG Rostock, GmbHR 1995, 658, 660; Hachenburg/Ulmer, § 9a Rdn. 35.

entstanden ist. Die Haftung ist daher nicht auf die Höhe der Stammeinlage der betroffenen Gesellschafter beschränkt.[264]

Die Pflicht zur wahrheitsgemäßen Versicherung ist ferner nach § 82 Abs. 1 Nr.1 GmbHG strafbewährt.

1.2 Gründungsnahe Anschaffungsgeschäfte (Verdeckte Sacheinlage und Ausschüttungs-Rückholverfahren)

Wird die Gesellschaft hingegen vor ihrer Eintragung durch Gründungsaufwand oder durch sog. verdeckte (auch verschleierte) Sacheinlage geschädigt, haften nach dem Wortlaut des § 9a Abs. 2 GmbHG die Gesellschafter und ihre Hintermänner, nicht aber die Geschäftsführer. Für den Geschäftsführer wird die verdeckte Sacheinlage haftungsrechtlich jedoch durch § 8 Abs. 2 GmbHG relevant. Der Geschäftsführer hat bei Anmeldung einer Gründung bzw. Kapitalerhöhung die Versicherung abzugeben, dass sich der Einlagegegenstand in der freien Verfügung der Geschäftsführung befindet. Ist eine Bareinlage durch ein gründungsnahes Anschaffungsgeschäft vorbelastet[265] oder ist z.B. wie bei dem Ausschüttungs-Rückholverfahren - in Wahrheit statt einer Geld- eine Sacheinlage (Forderung) geleistet worden, so liegt diese freie Verfügbarkeit nicht vor. Eine entsprechende Zusicherung des Geschäftsführers ist daher fehlerhaft. Die verdeckte Sachgründung unterliegt also dann § 9a Abs. 1 GmbHG, wenn die Abrede über die Rückzahlung der Geldeinlage gegen die Lieferung von Vermögensgegenständen oder die Bereitstellung der Geldeinlagemittel durch die Vergütung einer solchen Lieferung oder über ähnliche Gestaltungen der verdeckten Sacheinbringung vor der Anmeldung getroffen und in der Versicherung über die Einzahlung vom Geschäftsführer verschwiegen worden ist.[266]

Entscheidend ist daher die Frage, wann eine Leistung auf die Stammeinlage korrekt erbracht wurde. Maßgebliche Vorschrift ist hier der § 19 Abs. 5 GmbHG:

> *„Eine Leistung auf die Stammeinlage, welche nicht in Geld besteht oder welche durch Aufrechnung einer für die Überlassung von Vermögensgegenständen zu ge-*

[264] Vgl. Lutter/Hommelhoff, § 9a Rdn. 7.
[265] Vgl. OLG Frankfurt vom 27.5.1992, DB 1992, 1282.
[266] Vgl. BGHZ 113, 335, 349; OLG Köln, ZIP 1999, 399, 400; LG Mannheim, GmbHR 1996, 118, 121.

währenden Vergütung bewirkt wird, befreit den Gesellschafter von seiner Verpflichtung nur, wenn sie in Ausführung einer nach § 5 Abs. 4 S. 1 getroffenen Bestimmung erfolgt."

In diesem Zusammenhang sind im wesentlichen zwei Konstellationen zu unterscheiden - die gründungsnahen Anschaffungsgeschäfte und das Ausschüttungs-Rückholverfahren.[267]

Viele Gründer empfinden die einschränkenden Vorschriften für die Sachgründung als unbequem und aufwendig. Mit der formalen Bargründung und dem Rückfluss durch einen entgeltlichen Vertrag lässt sich dies scheinbar umgehen. Allerdings besteht entgegen früheren Ansätzen[268] inzwischen Übereinstimmung darüber, dass eine Umgehungsabsicht der Beteiligten weder erforderlich noch ausreichend ist.[269] Derartige Konstruktionen sind keinesfalls zu empfehlen. Nach der Eintragung der Gesellschaft berührt der Formmangel aus Gründen des Gläubiger- und Bestandsschutzes die Beteiligungserklärung zwar nicht mehr, jedoch ist die Sacheinlagevereinbarung der Gesellschaft gegenüber unwirksam.[270] Ausdrücklich ist das zwar gemäß § 27, Abs. 3 Satz 1 AktG nur für die Aktiengesellschaft bestimmt, aber es gilt, wie aus dem Schutzzweck des § 5 Abs. 4 Satz 1 GmbHG folgt und sich auch aus § 19 Abs. 5 GmbHG entnehmen lässt, in gleicher Weise für die GmbH.[271] Der Gesellschafter ist demnach zu einer Geldeinlage verpflichtet und wird auch durch Bewirkung der Sacheinlage nicht von seiner Einlagepflicht gegenüber der Gesellschaft befreit.[272] Spätestens bei einer Insolvenz muss er also nochmals und somit doppelt leisten. Anderenfalls ist aus der Sicht des Gesetzgebers die Kapitalaufbringung nicht gewährleistet und die Haftungsbeschränkung auf das Stammkapital nicht gerechtfertigt. Er haftet solidarisch mit dem Geschäftsführer, sofern die weiteren Tatbestandsvoraussetzungen erfüllt sind.

Die Frage nach einer Heilungsmöglichkeit hat der verdeckten Sacheinlage hat der Bundesgerichtshof zwischenzeitlich entschieden.[273] Die Heilung einer verdeckten Sacheinlage kann danach durch einen mit satzungsändernder Mehrheit gefassten Gesellschafterbe-

---

[267] Vgl. BGH vom 18.2.1991, BGHZ 113, 335; OLG Köln vom 22.5.1990, ZIP 1990, 717.
[268] Vgl. insbesondere RGZ 152, 292, 300ff.
[269] Vgl. OLG Karlsruhe, GmbHR 1992, 113, 115; OLG Düsseldorf, ZIP 1991, 161, 164; OLG Hamburg, ZIP 1988, 372, 373.
[270] Vgl. BGHZ 28, 314, 316; 45, 338, 343.
[271] Vgl. Scholz/Winter, § 5 Rdn. 94.
[272] Vgl. Lutter/Hommelhoff, § 5 Rdn. 27ff; Wiedemann, ZIP 1991, 1257; BGHZ 28, 314, 316.
[273] Vgl. BGHZ132, 141.

schluss erfolgen, der die Gesellschafter aufzuführen hat, die ihre Bareinlage nunmehr in eine Sacheinlage umwandeln wollen, sowie den genauen Inhalt der Sacheinlage. Weiterhin ist der Gesellschafterbeschluss unter Vorlage eines von allen Geschäftsführern und von allen durch die Änderung betroffenen Gesellschaftern unterzeichneten Berichts über die Änderung der Einlage, einer von einem Wirtschaftsprüfer errichteten, die Vollwertigkeit der einzubringenden Gegenstände testierenden Bilanz und einer Versicherung der Geschäftsführer hinsichtlich der Werthaltigkeit und des Empfangs der Gegenstände beim Handelsregister anzumelden.[274] Mit Eintragung ins Handelsregister wird die verdeckte Sacheinlage ex nunc geheilt.[275]

Andererseits ist nicht jedes Geschäft mit den Gesellschaftern schädlich. Allgemein gültige Kriterien zur Vermeidung verdeckter (verschleierter) Sachgründungen im Zusammenhang mit gründungsnahen Anschaffungsgeschäften waren lange Zeit nicht ersichtlich. Der Beratungspraxis ist der Bundesgerichtshof zwischenzeitlich zumindest teilweise entgegengekommen und hat in mehreren Entscheidungen die tatbestandlichen Voraussetzungen der verdeckten Sacheinlage präzisiert[276] und auch Möglichkeiten aufgezeigt, wie man die Rechtsfolgen der verdeckten Sacheinlage in der Praxis vermeiden kann.[277] Bei der Abgrenzung zum zulässigen Verkehrsgeschäft hält es eine verbreitete Auffassung für erforderlich[278], und zum Teil auch für ausreichend[279], dass ein inhaltlich unklarer - sachlicher und zeitlicher Zusammenhang zwischen der Begründung oder Erfüllung der Einlagepflicht und dem schuldrechtlichen Sachübernahmegeschäft oder der Forderungsverwendung gegeben ist. Für das Bestehen des sachlichen Zusammenhangs soll es nach Meinung einiger nur darauf ankommen, ob der veräußerte Gegenstand oder die getilgte Forderung als Sacheinlage hätte eingebracht werden können[280], während andere das Vorliegen zusätzlicher Umstände für notwendig halten.[281] Die überwiegende Meinung[282] geht aber wohl davon aus, dass gewöhnliche Anschaffungsgeschäfte, zum Beispiel Einkauf von Waren oder Vorräten, auch unmittelbar nach Leistung der Einlage durch den Gesell-

[274] Vgl. Lutter/Hommelhoff, § 5 Rdn. 50; Bayer, ZIP 1998, 1985 (1991ff).
[275] Vgl. Lutter/Hommelhoff, § 5 Rdn. 50.
[276] Vgl. BGHZ ZIP 1996, 595; ZIP 1997, 1337; ZIP 1998, 780.
[277] Vgl. BGHZ ZIP 1996, 668.
[278] Vgl. OLG Düsseldorf, GmbHR 1996, 855, 856; OLG Dresden, GmbHR 1997, 946, 948.
[279] Vgl. OLG Hamburg, ZIP 1988, 372, 373; OLG Brandenburg, GmbHR 1998, 1033, 1034; OLG Köln, ZIP 1999, 399, 400ff.
[280] Vgl. OLG Düsseldorf, GmbHR 1996, 855, 856; OLG Köln, ZIP 1999, 399, 400.
[281] Vgl. Hachenburg/Ulmer, § 5 Rdn. 147a.
[282] Vgl. OLG Düsseldorf, DB 1995, 135; Ulmer ZHR 1990, 142; Lohaus, S.291; Bayer, ZIP 1998, 1987.

schafter mit dem Geschäftsführer vereinbart werden können. Werden hingegen langlebige Anlagegüter erworben, so ist eine Frist einzuhalten, die von der Rechtsprechung bedauerlicherweise nicht näher definiert wird und im Einzelfall[283] zu beurteilen ist. Im allgemeinen wird ein halbes Jahr nach Gründung als ausreichend erachtet werden können.[284] Bei einem Zeitabstand von mehr als acht Monaten ist der zeitliche Zusammenhang jedenfalls überschritten.[285]

Beim Ausschüttungs-Rückholverfahren sind ausschließlich steuerliche Gründe ausschlaggebend. Hintergrund ist die unterschiedliche Besteuerung für einbehaltene und ausgeschüttete Gewinne sowie die Einführung des Anrechnungsverfahrens durch die Körperschaftssteuerreform im Jahre 1977. Bei diesem Verfahren werden Gewinnausschüttungen (der bereits bestehenden Gesellschaft) zur Leistung auf das Stammkapital verwendet, so beispielsweise bei einer Kapitalerhöhung oder noch offenen Einlageverbindlichkeiten.[286]

Die zivilrechtliche Rechtsprechung sieht eine Leistung auf das Barstammkapital dann als verdeckte Sacheinlage an, wenn der Gesellschafter keine Bareinlage, sondern eine Forderung einlegt.[287] Dies ist immer dann der Fall, wenn die Gesellschaft für die Gewinnausschüttung keine freien Mittel zur Verfügung hat und diese erst kurzfristig als Darlehen zur Verfügung gestellt bekommen hat.

Maßgeblich ist vorliegend die Rechtsfolge für den Geschäftsführer. Ist er zugleich Gesellschafter, muss er im Fall der Insolvenz die Geldleistung nochmals erbringen und ist mit seinem Rückforderungsanspruch der ersten (Sach-) Leistung auf die Insolvenzquote beschränkt. Der Insolvenzverwalter wird ferner den Geschäftsführer, auch als Organ, in Regress nehmen, da er im Zusammenhang mit der Gründung und Kapitalerhöhung gemeinsam mit den Gesellschaftern nach dem bereits vorgestellten § 9a GmbHG zivilrechtlich und nach § 82 GmbHG strafrechtlich haftet.

---

283 Vgl. OLG Karlsruhe, GmbHR 1992, 113, 114ff.
284 Vgl. OLG Köln, ZIP 1999, 399, 400; Hachenburg/Ulmer, § 5 Rdn. 147a; Lutter/Hommelhoff, § 5 Rdn. 41; BGH GmbHR 1996, 283.
285 Vgl. BGH GmbHR 2002, 1195.
286 Vgl. Lutter/Zöllner, ZGR 1996, 164ff; Roth, NJW 1991, 1913; Sernetz, ZIP 1993, 1685; Sieger/Hasselbach, GmbHR 1999, 205.
287 Vgl. OLG Köln, GmbHR 1990, 510; LG Aachen, GmbHR 1990, 512; BGH, NJW 1991, 1754; BGH, NJW 1997, 2516.

Eine zulässige und eindeutige Gestaltung ist der Verzicht und der Vergleich der Gesellschaft gemäß § 9b GmbHG auf die Ersatzansprüche nach § 9a GmbHG. Derartiges ist grundsätzlich möglich, wirkt jedoch im Zweifel nicht in der Insolvenz und soweit Gläubiger nicht befriedigt werden. Ihnen gegenüber ist der im übrigen wirksame Verzicht unwirksam.[288] Die Ansprüche verjähren gemäß § 9b Abs. 2 GmbHG in fünf Jahren nach Eintragung der Gesellschaft.

1.3 Vorbelastungshaftung

Der Grundsatz der Aufbringung und Erhaltung des Stammkapitals fordert die Sicherstellung der vollen Kapitalauslastung der GmbH im Zeitpunkt ihres Entstehens (Unversehrtheitsgrundsatz). Diese Gefahr der Unterdeckung des Kapitals wird nunmehr im Wege richterrechtlich begründeter Unterbilanzhaftung der Gründer in bar ausgeglichen.[289] Für die Differenz, die sich durch solche Vorbelastungen zwischen dem Stammkapital und dem Wert des Gesellschaftsvermögens zum Zeitpunkt der Eintragung ergibt, haften die Gesellschafter anteilig. Die Vorbelastungshaftung entsteht mit der Eintragung der GmbH, Haftende sind aber nur die Gesellschafter gegenüber der Gesellschaft. Für den Geschäftsführer ist der Unversehrtheitsgrundsatz jedoch als Verhaltensgebot und seine Verletzung als Haftungstatbestand nach § 43 Abs. 2 GmbHG bedeutsam.

1.4 Handelndenhaftung

Ist vor der Eintragung im Namen der Gesellschaft gehandelt worden, so haften die Handelnden gemäß § 11 Abs. 2 GmbHG persönlich und solidarisch. Handeln meint hier jedes rechtsgeschäftliche[290] oder vergleichbare Tätigwerden für die Gesellschaft gegenüber Dritten. Nicht hierunter fallen Handlungen gegenüber Gesellschaftern oder gesellschaftsinterne Vorgänge.[291] Diese herrschende Meinung ist jedoch nicht zweifelsfrei.[292] Nicht hierunter fallen ferner Handlungen von Bevollmächtigten[293], sondern lediglich die von Organvertretern. Handelnder ist daher nur, wer als Geschäftsführer oder wie ein Ge-

---

[288] Vgl. Cahn, Vergleichsverbote im Gesellschaftsrecht, 1996, S. 103ff.
[289] Vgl. BGHZ 80, 140 und 184; BGHZ 105, 300; Lutter, NJW 1989, 2649; Rowedder/Rittner/Schmidt-Leithoff, § 11, Rdn. 26; Roth/Altmeppen, § 11, Rdn. 9.
[290] Vgl. Hachenburg/Ulmer, § 11 Rdn. 100.
[291] Vgl. BGH, NJW 1980, 1630, 1631; Lutter/Hommelhoff, § 11 Rdn. 15.
[292] Vgl. Riedel, NJW 1970, 404ff.
[293] Vgl. BGHZ 66, 359.

schäftsführer für die GmbH i.G. tätig wird.[294] Die Haftung tritt ein, wenn bereits ein Gesellschaftsvertrag notariell abgeschlossen, die Gesellschaft aber noch nicht im Handelsregister eingetragen wurde. Die maßgebliche Vorschrift lautet in § 11 Abs. 2 GmbHG:

> *„Ist vor der Eintragung im Namen der Gesellschaft gehandelt worden, so haften die Handelnden persönlich und solidarisch."*

Die Handelndenhaftung ist für den neu bestellten Geschäftsführer bedeutsam, denn in der Praxis besteht oftmals ein erhebliches Bedürfnis, den Geschäftsbetrieb der Gesellschaft schon vor ihrer Eintragung aufzunehmen. Erfahrungsgemäß dauert die Eintragung einer Gesellschaft ins Handelsregister zwischen zwei Wochen und in komplizierten Fällen (Gründung durch Sacheinlage) unter Umständen sechs Monaten. Die Zeitspanne hängt auch von der Eintragungspraxis des zuständigen Amtsgerichts/Handelsregisters ab.

Im Verhältnis zu den Gesellschaftern kann die Haftung durch eine entsprechende Einzel- oder Globalermächtigung ausgeschlossen werden.[295] Ein stillschweigender Ausschluss wird dagegen nicht vermutet.[296] Meist wird in der notariellen Urkunde über die Gründung der GmbH folgendes aufgeführt:

> *„Die Geschäftsführung wird ermächtigt, ab heute mit dem Geschäftsbetrieb der Gesellschaft zu beginnen."*

Dies wird als ausreichend angesehen, um von den Gesellschaftern Freistellung von allen Ansprüchen aus Geschäften des gewöhnlichen Tagesgeschäfts zu erlangen. Selbstverständlich nützt diese Freistellung nur dann etwas, wenn die Gesellschafter über eine entsprechende Bonität verfügen. Der Geschäftsführer kann sich auf die Freistellung gegenüber den Gläubigern nur dann berufen, wenn er mit den Gläubigern ausdrücklich vereinbart hat, dass die Gesellschafter primär für die Verpflichtung haften. Einen entsprechenden Passus kann und sollte der Geschäftsführer in jeden Vertrag mit aufnehmen.

---

[294] Vgl. BGHZ 91, 148.
[295] Vgl. BGH, NJW 1973, 798.
[296] Vgl. Hachenburg/Ulmer, § 11 Rdn. 120.

Die Haftung erlischt, sobald die Gesellschaft ins Handelsregister eingetragen wird.[297] Der BGH hat hierzu wie folgt ausgeführt:

> *„Die Haftung des Handelnden aus Geschäften, die er mit Ermächtigung aller Gründer im Namen der Gesellschaft abgeschlossen hat, erlischt ohne Rücksicht darauf, ob es sich um eine Sach- oder um eine Bargründung handelt, mit der Eintragung der GmbH.“*[298]

Dann gehen sämtliche Rechte und Pflichten auf die jetzt entstandene GmbH über. Die Haftung bleibt demgegenüber bestehen, wenn die Gesellschaft nicht eingetragen wird oder aber Pflichten im Einzelfall nicht auf die GmbH übergehen.[299]

2. Die Haftung gegenüber der Gesellschaft gemäß § 43 GmbHG

Ausgangspunkt der Beurteilung ist, dass der Geschäftsführer Sachwalter fremden Vermögens[300] ist und nicht selbst Unternehmer. Er haftet daher auch grundsätzlich nicht Dritten gegenüber für Verbindlichkeiten der Gesellschaft, noch hat er der Gesellschaft Verluste zu ersetzen, die während seiner Geschäftsführungstätigkeit entstanden sind. Das unternehmerische Risiko trägt allein die GmbH. Voraussetzung für dieses „nicht beteiligt sein“ ist jedoch, dass der Geschäftsführer sich in der Erledigung seiner Geschäftsführungsaufgabenpflicht ordnungsgemäß verhält. Deshalb statuiert § 43 Abs. 2 GmbHG die Schadensersatzpflicht für die Geschäftsführer, die ihre Sorgfaltspflicht verletzen.

Die Haftung des Geschäftsführers nach § 43 GmbHG besteht immer nur gegenüber der Gesellschaft, nicht aber gegenüber den einzelnen Gesellschaftern oder den Gesellschaftsgläubigern. Eine Haftung des Geschäftsführers direkt gegenüber den Gesellschaftern ist im Gesetz nur für den Sonderfall des § 31 Abs. 6 GmbHG vorgesehen.

---

[297] Vgl. BGHZ 80, 182; LG Bonn, MDR 1997, 759.
[298] Vgl. BGHZ 80, 182.
[299] Vgl. BGH, ZIP 1983, 299.
[300] Vgl. OLG Koblenz, GmbHR 1991, 417.

2.1 Stellung als Geschäftsführer

Voraussetzung der Haftung ist die Organstellung als Geschäftsführer, die neben der Bestellung auch mindestens die konkludente Annahme durch den Geschäftsführer erfordert.[301] Die Haftung tritt im übrigen auch ein, wenn die Bestellung nichtig ist, der Geschäftsführer seine Organtätigkeit jedoch tatsächlich aufgenommen hat.[302] Der Geschäftsführer haftet nur für Handlungen, die er in Ausführung einer Tätigkeit als Mitglied des Organs begeht.

2.2 Pflichtverletzung

Der Geschäftsführer muss stets aktiv den Gesellschaftszweck verfolgen. Jede Maßnahme, die nicht mit den Unternehmenszielen zu vereinbaren ist, kann deshalb eine Haftung nach § 43 GmbHG auslösen.[303] Maßgeblich ist „das Wohl der Gesellschaft" und nicht etwa das eigene. Die aktive Verfolgung beinhaltet auch ein Gebot zur Zusammenarbeit mit den anderen Gesellschaftsorganen, beispielsweise durch Berichts- und Auskunftspflichten.[304]

Die Geschäftsführer haben ferner die Pflicht zur Unternehmensleitung. Dies beinhaltet ein rechtmäßiges Auftreten für die GmbH im Außenverhältnis, Planung der Unternehmenspolitik, Beratung der Gesellschafter und die Umsetzung von Einzelweisungen der Gesellschafterversammlung.[305] Im Innenverhältnis haben die Geschäftsführer die nachgeordneten Mitarbeiter anzuleiten und zu kontrollieren.[306]

Grundsätzlich pflichtwidrig sind rechtlich unzulässige Geschäfte. Riskante Geschäfte sind zwar nicht grundsätzlich unzulässig und pflichtwidrig, führen jedoch dann zur Haftung, wenn eine nicht mehr akzeptable Risikoschwelle überschritten wird. Welche Anforderungen an den Geschäftsführer gestellt werden, bestimmt der Sorgfaltsmaßstab.[307] Ein Risikogeschäft kann daher nur dann die Haftung auslösen, wenn zu diesem Zeitpunkt feststeht, dass die Handlung für die Gesellschaft nachteilig ist, und wenn sich der Ge-

[301] Vgl. Lutter/Hommelhoff, § 6 Rdn. 26.
[302] Vgl. BGH, BB 1988, 1064; Bäcker/Prühs, S. 19.
[303] Vgl. Scholz/Schneider, § 43 Rdn. 26.
[304] Vgl. Brandmüller, S. 161, Rdn. 390ff.
[305] Vgl. Scholz/Schneider, § 43 Rdn. 70.
[306] Vgl. BGHZ 127, 347.
[307] Vgl. BGH, WM 1981, 440; OLG Düsseldorf, GmbHR 1995, 228; OLG Jena, NZG 1999, 122.

schäftsführer die nachteilige Wirkung wenigstens als möglich vorstellt und sie für den Fall ihres Eintretens innerlich gebilligt und in seinen Willen aufgenommen hat. Dabei stellt bereits die Gefährdung des Vermögensstandes der Gesellschaft einen Nachteil dar.[308]

2.3 Sorgfaltsmaßstab und Verschulden

Der Sorgfaltsmaßstab ist Verschuldensmaßstab. Dabei ist nicht ein subjektiver, sondern ein objektiver Maßstab anzulegen.[309] Der Geschäftsführer hat diejenige Sorgfalt zu beachten, die ein ordentlicher und gewissenhafter Geschäftsleiter anzuwenden pflegt.[310] Allgemein lässt sich sagen, dass der Geschäftsführer die Sorgfalt anzuwenden hat, die ein ordentlicher Geschäftsmann in verantwortlich leitender Position bei selbständiger treuhänderischer Wahrnehmung fremder Vermögensinteressen einzuhalten hat.[311]

Damit gelten für den Geschäftsführer einer GmbH höhere Anforderungen, als sie sonst an einen ordentlichen Geschäftsmann zu stellen sind. Ein Geschäftsführer hat das Unternehmen unter Berücksichtigung gesicherter und bewährter betriebswirtschaftlicher Erkenntnisse und unter Beachtung aller maßgeblichen Rechtsvorschriften zu leiten. Er hat sich über alle unternehmenspolitisch relevanten wirtschaftlichen Umstände und Entwicklungen zu orientieren und stets ein genaues Bild von der Lage zu machen.[312]

Die Anforderungen an die Sorgfaltspflicht variieren nach Art, Größe, Situation und Branche des Unternehmens.[313] So sind beispielsweise an den Geschäftsführer einer kleineren GmbH andere Ansprüche zu stellen, als an den Geschäftsführer einer großen Handels- und Industriegesellschaft. Der Geschäftsführer muss sich von unternehmerischen Maßstäben leiten lassen. Aufgabe des Geschäftsführers ist es nicht, eine feste Verzinsung für das eingebrachte Kapital zu erwirtschaften oder Arbeitsplätze zu erhalten, es sei denn, im Gesellschaftsvertrag ist gerade dies festgelegt. Die Leitung des Unternehmens ist qualitativ etwas anderes als die Verwaltung von Vermögen. Daher dürfen alle typischen unternehmerischen Risiken übernommen werden. Dem Geschäftsführer steht somit ein unter-

---

[308] Vgl. RGZ 129, 272, 275.
[309] Vgl. Scholz/Schneider, § 43 Rdn 165; BGH, WM 1981, 440.
[310] Vgl. Höhn, S. 191.
[311] Vgl. Hachenburg/Mertens, § 43 Rdn. 16; OLG Koblenz, GmbHR 1991, 417.
[312] Vgl. Ebenroth/Lange, GmbHR 1992, S.69.
[313] Vgl. OLG Zweibrücken, NZG 1999, 507.

nehmerisches Ermessen zu.[314] Dagegen kommt es nicht auf die individuellen Fähigkeiten des Geschäftsführers selbst an.[315] Insbesondere kann er sich nicht auf fehlende Kenntnisse und Erfahrungen berufen oder darauf, dass er seiner Stellung nicht gewachsen gewesen sei, oder dass die Gesellschafterversammlung in Kenntnis seiner mangelnden Fähigkeiten ihn gleichwohl zum Geschäftsführer bestellt habe.[316]

Bei der Delegation von Aufgaben werden besondere Anforderungen an den Geschäftsführer gestellt. Handelt es sich um Aufgaben, die vom Geschäftsführer kraft seiner Führungsverantwortung (Leitung der Gesellschaft im zugewiesenen Rahmen) oder Handlungsverantwortung (Fälle der persönlich zugewiesenen Entscheidungen) oder Ressortverantwortung (Leitung eines zugewiesenen eigenen Ressorts) von ihm selbst wahrzunehmen sind und delegiert er diese Aufgaben, haftet er garantiemäßig für die Folgen; auf ein Verschulden der Mitarbeiter kommt es dann nicht an.[317] Sind die Aufgaben dagegen vom Geschäftsführer nicht persönlich wahrzunehmen, darf er sie delegieren. Der Geschäftsführer hat in einem solchen Fall jedoch noch eine Kontrollpflicht. Eine Pflichtverletzung des Geschäftsführers ist dann zu bejahen, wenn der Mitarbeiter nicht ordentlich ausgewählt, in die Aufgabe eingewiesen oder überwacht wurde.[318]

2.4 Schaden und Beweislast

Die Ersatzpflicht des Geschäftsführers setzt stets einen Schaden voraus. Darunter ist jede gesellschaftszweckwidrige Minderung des Gesellschaftsvermögens zu verstehen.[319] Auch ideelle Nachteile, aus denen keine unmittelbaren geschäftlichen Nachteile erwachsen, können einen Schaden verursachen. Entgangene Vorteile, die der GmbH bei pflichtgemäßem Verhalten zugeflossen wären, sind als Schaden anzusehen.

Für die Darlegungs- und Beweislast bezüglich einer Pflichtverletzung des Geschäftsführers gilt folgendes: Die Gesellschaft muss grundsätzlich nachweisen, dass ihr infolge eines pflichtwidrigen Verhaltens ihres Geschäftsführers ein Schaden entstanden ist.[320] Be-

[314] Vgl. BGHZ 135, 244, 253.
[315] Vgl. Tillmann/Mohr, S. 186.
[316] Vgl. BGH, WM 1971, 1548; BGH, NJW 1983, 1856; B/H/Zöllner, 10.
[317] Vgl. Scholz/Schneider, § 43 Rdn. 40; Kion, BB 1984, 864.
[318] Vgl. Höhn, Geschäftsleitung, S.106.
[319] Vgl. Bäcker/Prühs, S. 31.
[320] Vgl. BGH, GmbHR 1992, 167; WM 2002, 2509.

weiserleichterungen ließ der BGH in den in der Praxis recht häufig vorkommenden Haftungsfällen zu, in denen der Verbleib von Vermögenswerten der Gesellschaft aus Gründen nicht aufzuklären war, für die der Geschäftsführer verantwortlich war, wie insbesondere bei Warenfehlbeständen, Kassenfehlbeständen oder infolge nicht ordnungsgemäßer Buchführung.[321]

2.5 Haftungsmilderung durch Satzung oder Vertrag

Inwieweit die strengen Haftungskriterien für den Geschäftsführer von vornherein dadurch gemildert werden können, dass in der Satzung oder im Geschäftsführervertrag eine Ersatzpflicht jedenfalls für leichte Fahrlässigkeit ausgeschlossen wird, ist umstritten.[322]

Im Aktienrecht folgt bereits aus den gesetzlichen Vorschriften nach § 93 Abs. 4 Satz 3 AktG, dass die Haftung der Vorstandsmitglieder nicht gemindert werden kann. Für die GmbH besteht keine vergleichbare gesetzliche Vorschrift, so dass die Ansicht verbreitet vertreten ist, die Haftung des Geschäftsführers bei Verletzung der organschaftlichen Pflichten könne weder durch den Gesellschaftsvertrag noch durch Gesellschafterbeschluss, noch durch den Geschäftsführervertrag gemindert werden. Lediglich eine Verschärfung der Haftung käme in Betracht.[323] So heißt es auch in der amtlichen Begründung zum Entwurf eines Gesetzes bestreffend die Gesellschaften mit beschränkter Haftung aus dem Jahre 1891 zu § 44, der dem heutigen § 43 GmbH entspricht:

> *„Ein geringerer Maßstab darf an die Verantwortlichkeit derselben nicht gelegt werden, zumal es sich dabei nicht bloß um die Interessen der Gesellschafter, sondern auch um diejenigen der Gesellschaftsgläubiger handelt."*

Nach anderer Ansicht kann der Sorgfaltsmaßstab herabgesetzt und die Haftung für leichte Fahrlässigkeit erlassen werden.[324] Nach hier vertretener Ansicht ist der letzteren Auffassung differenziert zu folgen. Soweit dem Geschäftsführer gerade im Interesse Dritter - der Gläubiger - Pflichten im Verhältnis zur Gesellschaft auferlegt sind, können diese nicht er-

---

[321] Vgl. BGH, GmbHR 1980, 298; GmbHR 1991, 101.
[322] Vgl. Tillmann/Mohr, S. 224.
[323] Vgl. Lutter/Hommelhoff, § 43 Rdn. 2; Heisse, die Beschränkung der Geschäftsführerhaftung, 1988, S. 110; Bastuck, S. 92.
[324] Vgl. Baumbach/Hueck/Zöllner, § 43 Rdn. 36; Konzen, NJW 1989, 2984; Rowedder/Koppensteiner, § 43 Rdn. 4.

lassen und Haftungsbeschränkungen nicht vorgesehen werden. Hier ist insbesondere an die Pflichten im Rahmen der Kapitalaufbringung und -erhaltung zu denken. Auf Ansprüche kann man nach dem Gesetzeswortlaut gemäß § 43 Abs. 3 Satz 2 und § 57 Abs. 4 GmbHG jeweils in Verbindung mit § 9b Abs. 1 GmbHG nicht einmal nachträglich verzichten, so dass erst recht von Anfang an die Haftung nicht gemindert werden kann. Von diesem zwingenden Kernbereich der Pflichten des Geschäftsführers abgesehen, sind jedoch vertragliche Haftungsbeschränkungen zulässig.[325] Nach einem kürzlich ergangenen Urteil des Bundesgerichtshofs kann die Frist für die Verjährung des Anspruchs nach § 43 Abs. 2 GmbHG abgekürzt werden, solange nicht die Pflichtverletzung des Geschäftsführers darin besteht, dass er entgegen § 43 Abs. 3 GmbHG an der Auszahlung gebundenen Kapitals der GmbH an Gesellschafter mitgewirkt hat.[326] Das Urteil stellt damit klar, dass die Haftung des GmbH-Geschäftsführers - abgesehen von den Fällen des § 43 Abs. 3 GmbHG, wenn der Schadensersatzanspruch dort zur Befriedigung der Gesellschaftsgläubiger erforderlich ist - bereits im Voraus beschränkt werden kann. Darüber hinaus kann eine solche Beschränkung im Anstellungsvertrag des Geschäftsführers erfolgen. Hier ist eine sorgfältige Vertragsgestaltung ratsam, die u.a. auch eine Ausschlussfrist vorsehen kann. Es ist anhand der Satzung zu prüfen, ob das Abschlussorgan für den Geschäftsführervertrag auch die Zuständigkeit von der Gesellschafterversammlung erhalten hat, eine derartige Haftungsmilderung zu vereinbaren. Eine Haftungsmilderung kann bereits auch in die Satzung aufgenommen werden, die ohnehin nur in der Entscheidungskompetenz der Gesellschafterversammlung steht.

2.6 Geschäftsverteilung

Grundsätzlich haften mehrere Geschäftsführer gemäß § 43 Abs. 2 GmbHG gemeinschaftlich für einen von ihnen verursachten Schaden.[327] Werden durch eine Geschäftsverteilung den einzelnen Geschäftsführern ihre Aufgabengebiete zugewiesen, so bleibt nach wie vor die gesamte Geschäftsführung verantwortlich, jedoch ändert sich der Pflichteninhalt. Für den zuständigen Geschäftsführer besteht für den ihm zugeteilten Aufgabenbereich die bereits erhöhte Sorgfaltspflicht. Die anderen Geschäftsführer haben sich eines direkten Ein-

[325] Vgl. BGH, BB 2002, 2407ff.
[326] Vgl. BGH, BB 2002, 2407ff.
[327] Vgl. BGH, GmbHR 1990, 298; GmbHR 1997, 26.

griffs in den Geschäftsbereich zu enthalten[328], jedoch obliegt ihnen eine Überwachungspflicht, die der andere Geschäftsführer zu dulden hat.[329] Der Geschäftsführer ist verpflichtet, einen anderen Geschäftsführer zu einer gesetzmäßigen Ausführung der Geschäfte anzuhalten und notfalls für seine Abberufung zu sorgen. Wenn er sich gegen den anderen Geschäftsführer wegen gegenteiliger Gesellschafterweisung nicht durchsetzen kann, muss er im äußersten Fall sein Amt niederlegen.[330]

Zu beachten ist aber, dass Pflichtbereiche, die sich aus dem Gesetz ergeben, wie z.B. die Insolvenzantragspflicht nach § 64 Abs. 1 GmbHG oder Angelegenheiten von existenzieller Bedeutung für die Gesellschaft, unmittelbar bei der Gesamtgeschäftsführung bestehen bleiben und daher weiterhin jedes Einzelmitglied treffen.[331] Hinzuweisen ist darauf, dass die Geschäftsverteilung der Schriftform bedarf, damit sich in der Folgezeit ermitteln lässt, in welchem Umfang die Leitungs- und Führungsverantwortung einem einzelnen Geschäftsführer zugewiesen wurde. Eine rein faktische Aufteilung der Geschäfte führt nicht zu der gewünschten Haftungsverschiebung.[332]

2.7 Weisungen

Grundsätzlich sind die Geschäftsführer verpflichtet, Weisungen der Gesellschafterversammlung, auszuführen.[333] Ursprünglich sah § 75 Abs. 4 des Regierungsentwurf GmbHG 1971 folgenden Wortlaut vor:

> *„Die Ersatzpflicht tritt nicht ein, wenn die Handlung in Übereinstimmung mit Gesetz und Gesellschaftsvertrag auf einem Beschluss der Gesellschafter oder einer für die Geschäftsführung verbindlichen Weisung beruht."*

Dieser Regierungsentwurf von 1971 ist nicht Gesetz geworden. Er ist aber schon geltendes Recht[334], so dass ein Geschäftsführer gegenüber der Gesellschaft nicht haftet, wenn er

---

[328] Vgl. Scholz/Schneider, § 43 Rdn. 35.
[329] Vgl. Scholz/Schneider, § 43 Rdn. 35, 37; Baumbach/Hueck/Zöllner, § 43 Rdn. 23.
[330] Vgl. BGHZ 125, 366.
[331] Vgl. BGH, DB 1994, 1351.
[332] Vgl. Hachenburg/Mertens, § 43 Rdn. 33.
[333] Vgl. BGHZ 31, 278; BFH, GmbHR 1997, 374; OLG Düsseldorf, ZIP 1984, 1476, 1478; OLG Frankfurt, ZIP 1997, 451; Immenga, GmbHR 1973, 7.
[334] Vgl. BGHZ 31, 278; Konzen, NJW 1989, 2983.

einer zulässigen Weisung folgt.[335] Sind die Voraussetzungen für eine zulässige Weisung gegeben, ist der Geschäftsführer nicht befugt, die Weisung auf ihre Zweckmäßigkeit zu überprüfen oder ihre Ausführung abzulehnen. Das bedeutet, dass in der Regel auch Weisungen auszuführen sind, welche die Gesellschaft mit Sicherheit schädigen oder aufgrund derer beispielsweise willkürliche Zahlungen an einen Gesellschafter aus dem freien Vermögen der Gesellschaft geleistet werden sollen, nicht aus dem gebundenen Vermögen.[336] Der Geschäftsführer hat demnach nicht für die Zweckmäßigkeit, sondern nur für die Fehler bei der Ausführung einzustehen.[337] Voraussetzung für die Haftungsbefreiung ist eine Weisung aufgrund eines wirksamen Gesellschafterbeschlusses oder eines anderen durch den Gesellschaftsvertrag vorgesehenen zuständigen Organs. Bloße Zustimmung des Aufsichtsrats, lediglich nur Kenntnis der Gesellschafter oder Weisung eines - auch des Mehrheitsgesellschafters[338] reichen nicht aus.

Problematisch in dem Spannungsverhältnis sind Weisungen aufgrund fehlerhafter Beschlüsse. Bei einer Weisung beispielsweise durch ein nicht zuständiges Organ besteht die Folgepflicht des Geschäftsführers nicht.[339] Beruht die Weisung aufgrund eines Beschlusses des zuständigen Organs, ist dieser Beschluss jedoch fehlerhaft, besteht eine Folgepflicht nur dann, wenn der Beschluss unanfechtbar geworden ist.[340] Ist der Beschluss dagegen noch anfechtbar, besteht zumindest keine Folgepflicht.[341] Welche Frist bei der Anfechtung des Beschlusses eingehalten werden muss, ist unklar. Der BHG hat hierzu wie folgt ausgeführt:

> *„Für die Anfechtung von Gesellschafterbeschlüssen gilt im GmbH-Recht nicht die Monatsfrist des § 246 Abs. 1 AktG, sondern eine nach den Umständen des Einzelfalls zu bemessende angemessene Frist. Dabei kann jedoch die Monatsfrist, die dem Gesellschafter in jedem Fall zur Verfügung stehen muss, als Leitbild herangezogen werden."*[342]

335 Vgl. Ebenroth/Lange, GmbHR 1992, 69.
336 Vgl. BGHZ 31, 258, 278; BFH, DB 1995, 249; Hachenburg/Mertens, § 43 Rdn. 69.
337 Vgl. BGHZ 31, 258, 278; BFH, DStR 1997, 325.
338 Vgl. Hachenburg/Mertens, § 43 Rdn. 71; Rowedder/Koppensteiner, § 43 Rdn. 28.
339 Vgl. Scholz/Schneider, § 43 Rdn. 97.
340 Vgl. BGH, WM 1965, 425; Hachenburg/Mertens, § 43 Rdn. 82.
341 Vgl. Baumbach/Hueck/Zöllner, § 43 Rdn. 23.
342 Vgl. BGHZ 111, 224.

Soweit die Satzung hier keine besondere Bestimmung vorsieht, geht die Rechtsprechung[343] regelmäßig von einer Frist von mindestens einem Monat bis zu drei Monaten aus. Anschließend ist der Beschluss unanfechtbar, so dass dann eine uneingeschränkte Folgepflicht besteht.

In Ausnahmefällen kann die Weisung auch auf der Grundlage eines nichtigen Beschlusses beruhen. Hier besteht ebenfalls keine Folgepflicht.[344] Regelmäßig sind Beschlüsse, insbesondere der Gesellschafterversammlung nicht nichtig, sondern nur anfechtbar. Eine Nichtigkeit wird nur bei schwerwiegenden Verletzungen von zwingenden Vorschriften angenommen.[345]

Hat der Geschäftsführer sich an eine nichtige oder anfechtbare Weisung gehalten und sie auch ausgeführt, und ist hieraus dann letztlich ein Schaden entstanden, so kann gegen die Durchsetzung des Anspruchs durch die Gesellschaft die Einrede der Arglist erhoben werden.[346] Beispielsweise kann der Geschäftsführer der Gesellschaft den Einwand der unzulässigen Rechtsausübung entgegen halten, wenn durch Weisungsbeschluss aller Gesellschafter der Insolvenzantrag nicht innerhalb der gesetzlichen Fristen gestellt wurde.[347] Die Gesellschaft muss sich insoweit das Verhalten ihrer rechtswidrig handelnden Gesellschafter zurechnen lassen, die durch den Aufgriff der Entscheidung letzt verantwortliches Organ ist. Dieser Einwand kann auch Dritten, die den Anspruch der Gesellschaft gepfändet haben, entgegengehalten werden.[348]

2.8 Verzicht und Vergleich

Im Aktienrecht ist der Verzicht auf Ersatzansprüche oder ein Vergleich hierüber gemäß § 93 Abs. 4 Satz 3 AktG erst drei Jahre nach der Entstehung des Anspruchs zulässig. Voraussetzung ist weiter, dass die Hauptversammlung zustimmt und nicht eine Minderheit von mindestens 10 % des Grundkapitals Widerspruch erhebt. Eine entsprechende gesetzliche Vorschrift fehlt für die GmbH und eine analoge Anwendung ist nach wohl heute

343 Vgl. BGHZ 111, 224; OLG Naumburg, GmbHR 1998, 90, 93; OLG München, NJW-RR 2000, 255; OLG Brandenburg, NJW-RR, 1999, 543; OLG Oldenburg, GmbHR 1992, 667; OLG Hamm, GmbHR 1995, 736, 738; OLG Dresden, NJW-RR 1997, 1535; OLG Brandenburg, NJW-RR 1996, 29.
344 Vgl. BGHZ 125, 372, BGH, WM 1980, 30.
345 Vgl. Scholz/Schneider, § 43 Rdn. 98.
346 Vgl. BGH, WM 1994, 1030, 1035.
347 Vgl. BGH, GmbHR 1974, 132.
348 Vgl. BGHZ 31, 258.

unstrittiger Meinung abzulehnen.[349] Die Gesellschaft kann daher in einem formfreien Erlassvertrag oder in einem Aufhebungsvertrag über den Geschäftsführervertrag nachträglich auf Ersatzansprüche verzichten oder darüber einen Vergleich abschließen.[350]

Die Grenzen sind der Kernbereich der Sorgfaltspflichten, die insbesondere im Interesse der Gläubiger dem Geschäftsführer Pflichten gegenüber der Gesellschaft auferlegen.[351] Zuständig für den Erlass oder einen Vergleich sind nur die Gesellschafter, nicht etwa die Mitgeschäftsführer.[352] Im Insolvenzfall der GmbH ist der Insolvenzverwalter zu Vergleichen mit dem Geschäftsführer befugt.

Die Wirkung eines Erlasses der Schadensersatzansprüche ist insbesondere die Entlastung, die nachfolgend dargestellt wird.

2.9 Entlastung

Die Entlastung des Geschäftsführers durch die Gesellschafterversammlung hat insoweit Einwirkung auf die Haftung des Geschäftsführers gegenüber der GmbH, als Ersatzansprüche der Gesellschaft nicht mehr geltend gemacht werden können, soweit die Entlastungswirkung reicht.[353] Bei der Entlastung handelt es sich nicht um einen Verzicht auf die Geltendmachung von Ansprüchen, sondern um eine gesellschaftsinterne Beschlussfassung. Die Beschlussfassung beinhaltet die Billigung der Geschäftsführung durch die Gesellschaft - vertreten durch die Gesellschafterversammlung -, welche die Tätigkeit des Geschäftsführers zum Gegenstand hat. Daraus wird die Präklusion von Ansprüchen gegen den Geschäftsführer hergeleitet.[354]

Die Entlastung hat zur Folge, dass der Geschäftsführer nur von solchen Ansprüchen freigestellt wird, deren Entstehungsgrund der Gesellschafterversammlung aus den ihr eingereichten Unterlagen erkennbar war.[355] Verstöße des Geschäftsführers gegen die Grundsätze der Kapitalaufbringung und -erhaltung sind ebenfalls vom Haftungsausschluss aus-

[349] Vgl. BGH, WM 1992, 223; Hachenburg/Mertens, § 43 Rdn. 86; Lutter/Hommelhoff, § 43 Rdn. 28.
[350] Vgl. Höhn, S. 206.
[351] Vgl. Cahn, S.103ff.
[352] Vgl. BGH, GmbHR 1998, 278; Baumbach/Hueck/Zöllner, § 43 Rdn. 26; Rohwedder/Koppensteiner, § 43 Rdn. 35; Ebenroth/Müller, DB 1992, 363.
[353] Vgl. BGH, WM 1976, 736.
[354] Vgl. Tillmann/Mohr, S. 229.
[355] Vgl. Lutter/Hommelhoff, § 46 Rdn. 14.

genommen. Der Geschäftsführer kann auch nicht von Schadensersatzforderungen freigestellt werden, die zur Gläubigerbefriedigung erforderlich sind, also insbesondere im Fall der Überschuldung der GmbH.[356]

Es besteht kein Rechtsanspruch des Geschäftsführers auf Entlastung. Er kann einen derartigen Anspruch in einer Leistungsklage nicht mit Erfolg geltend machen.[357] Er ist vielmehr nur befugt, gerichtlich mit der negativen Feststellungsklage das Nichtbestehen von Pflichtverletzungen feststellen zu lassen.[358]

3. Die Haftung gegenüber Mitgliedern und Dritten

3.1 Allgemeines

Der Geschäftsführer haftet nach den vorstehend dargestellten Grundsätzen nur der GmbH gegenüber. Im Insolvenzfall der GmbH ist das Privatvermögen des Geschäftsführers bevorzugte Haftungsmasse. Dies muss dem Geschäftsführer stets vor Augen bleiben. Gläubiger der GmbH können sich aber in bestimmten Ausnahmefällen unmittelbar an den Geschäftsführer halten, so etwa im Fall des Verschuldens bei Vertragsverhandlungen, der Deliktshaftung und der Insolvenzverschleppung.

3.2 Haftung nach allgemeiner Vertrauenshaftung

Tritt die Gesellschaft gegenüber Dritten in Vertragsverhandlungen, kann die Verletzung von Verhaltenspflichten Ansprüche gegenüber der Gesellschaft begründen (culpa in contrahendo bzw. Rechtsinstitut des Verschuldens bei Vertragsverhandlungen).

Im Rahmen der Einführung des Schuldrechtsmodernisierungsgesetzes zum 1. Januar 2002 hat auch das im Wege der Rechtsfortbildung kreierte und ständig weiterentwickelte Rechtsinstitut des Verschuldens bei Vertragsverhandlungen seinen Platz im Bürgerlichen Gesetzbuch gefunden. § 311 Abs. 2 BGB n.F. bestimmt nunmehr, dass ein Schuldverhältnis mit Pflichten nach § 241 BGB n.F. auch entsteht durch a) die Aufnahme von Ver-

---

[356] Vgl. Hoffmann/Liebs, S. 98, Rdn. 229ff; BGHZ 97, 382, 389.
[357] Vgl. Lutter/Hommelhoff, § 46 Rdn. 15.
[358] Vgl. BGHZ 94, 329.

tragsverhandlungen, b) die Anbahnung eines Vertrages, bei welcher der eine Teil im Hinblick auf eine etwaige rechtsgeschäftliche Beziehung dem anderen Teil die Möglichkeit zur Einwirkung auf seine Rechte, Rechtsgüter und Interessen gewährt oder ihm diese anvertraut oder c) ähnliche rechtsgeschäftliche Kontakte. § 311 Abs. 3 BGB n.F. stellt klar, dass ein derart begründetes Schuldverhältnis auch im Verhältnis zu Personen entstehen kann, die selbst nicht Vertragspartei werden sollen, wenn diese Personen aufgrund eines für sich in Anspruch genommenen Vertrauens die Vertragsverhandlungen oder den Vertragsschluss erheblich beeinflusst haben. Aus der grundsätzlich zu begrüßenden Tatsache, dass die gesetzliche Neuregelung das Rechtsinstitut der culpa in contrahendo nicht in allen Einzelheiten regelt, ergibt sich, dass die umfangreiche Rechtsprechung, die zu dem Rechtsinstitut in der Zeit entwickelt wurde, als es noch nicht Gegenstand einer gesetzlichen Regelung war, weiterhin Geltung beanspruchen kann und bei der Rechtsanwendung berücksichtigt werden muss.

Ursprünglich hat die Rechtsprechung diesen Haftungstatbestand weit ausgelegt und wirtschaftliche Eigeninteressen des Geschäftsführers auf der Grundlage der culpa in contrahendo als Voraussetzung für die Haftung ausreichen lassen.[359] Ein derartiges Eigeninteresse wurde bereits bei einem Provisionsinteresse oder einer Beteiligung des Geschäftsführers gesehen. Diese verfehlte Entwicklung ist vom BGH ausdrücklich aufgegeben worden.[360] Die Literatur[361] folgt dem BGH nahezu geschlossen, so dass ein wirtschaftliches Eigeninteresse für sich nicht haftungsbegründend ist.

Im Kern geht es heute um die Fallgruppe der Verletzung eines besonderen Vertrauens durch den Geschäftsführer. Der Geschäftsführer haftet aus der schuldhaften Verletzung vorvertraglicher Schutzpflichten, wenn er bei Geschäftspartnern der GmbH persönliches Vertrauen in Anspruch genommen hat, das über das normale Verhandlungsvertrauen hinausgeht. Der Geschäftsführer übernimmt eine zusätzliche Gewähr für die Richtigkeit und die Vollständigkeit seiner Erklärungen.[362] Besonderes persönliches Vertrauen nimmt der Geschäftsführer dann in Anspruch, wenn er den Eindruck erweckt, er selbst werde die ordnungsgemäße Geschäftsabwicklung ohne Rücksicht auf die Situation der Gesellschaft

[359] Vgl. BGH, WM 1987, 1431, 1432; ZIP 1988, 505, 507.
[360] Vgl. BGHZ 126, 181, 184ff; BGH, ZIP 1993, 763, 764; ZIP 1995, 733ff; GmbHR 1996, 125; Medicus, GmbHR 1993, 533, 535; Müller, ZIP 1993, 1531, 1532.
[361] Vgl. Grunewald, ZGR 1986, 580ff; Medicus, GmbHR 1993, 533ff; Müller, ZIP 1993, 1531ff; Lutter, DB 1994, 133ff.
[362] Vgl. BGHZ 126, 189; BGH, ZIP 1991, 1142ff.

sicherstellen und ferner, dass das Vertrauen für den Vertragspartner für die Willensentschließung bedeutsam ist.[363]

In anderen Worten geht es um die folgende Situation: Im Rahmen eines Geschäftsabschlusses gibt der Geschäftspartner zu bedenken, dass die GmbH sich mit dem Auftrag doch übernimmt. Hierauf erklärt der GmbH-Geschäftsführer: „Sie kennen mich doch, Sie können sich doch auf mich verlassen."

In der rechtlichen Beurteilung bedeutet dies für den Geschäftsführer, dass er die Stellung eines neutralen Organverwalters verlässt und ein besonderes Vertrauen in Anspruch nimmt. Erleidet der Geschäftspartner durch den Vermögensverfall der GmbH Nachteile, so ist er von dem Geschäftsführer so zu stellen, als wäre das Geschäft nicht zustande gekommen - er haftet auf das negative Interesse.[364]

Will der Geschäftsführer eine Haftung vermeiden, so sollte er in jedem Fall den Geschäftspartner auf eine kritische Lage der Gesellschaft hinweisen, sobald er erkennt, dass er gegenüber dem Geschäftspartner ein besonderes Vertrauen erweckt und die wirtschaftliche Lage der Gesellschaft dies nicht rechtfertigt.

3.3 Spezielle und allgemeine Deliktshaftung

3.3.1 Allgemeines

Für den Geschäftsführer einer GmbH lauern die größten und am wenigsten beherrschbaren Gefahren in der Deliktshaftung. Zu berücksichtigen ist hierbei, dass die GmbH als juristisches Gebilde selber nicht handeln kann. Rechtsgeschäftlich wir ihr das Handeln des Geschäftsführers nach § 35 GmbHG und gegebenenfalls § 31 BGB zugerechnet, ohne dass hierdurch dem Grunde nach eine Haftung des Geschäftsführers entsteht. Letztlich ist es der Grundsatz des § 164 BGB, wonach der Vertretene und nicht der Vertreter haftet.[365]

[363] Vgl. OLG Köln, GmbHR 1996, 767; Lutter/Hommelhoff, 43 Rdn. 36.
[364] Vgl. Tillmann/Mohr, S. 192.
[365] Vgl. Lutter, GmbHR 1997, 333.

Deliktsrechtliche Ansprüche setzen ebenfalls das Handeln einer natürlichen Person voraus, die aber der GmbH uneingeschränkt zugerechnet werden. Zunächst einmal entsteht für die Gläubiger ein zusätzlicher Anspruch, da ihnen neben der Primärhaftung des handelnden Geschäftsführers die Gesellschaft haftet. Umgekehrt kann über die Charakterisierung einer Norm als Schutzgesetz im Sinne von § 823 Abs. 2 BGB und die Verletzung einer sogenannten Organisationspflicht des Geschäftsführers die zusätzliche Haftung des Geschäftsführers erreicht werden.[366] Folgt man beispielsweise der umstrittenen Meinung, dass die in § 41 GmbHG verankerte Pflicht des Geschäftsführers zur ordnungsgemäßen Buchführung ein Schutzgesetz ist[367], und gelingt den Gläubigern ein Nachweis, dass diese Pflicht mindestens fahrlässig verletzt wurde, wäre die persönliche Haftung des Geschäftsführers gegenüber allen Gläubigern gegeben.

Im einzelnen gilt folgendes: Die persönliche deliktische Haftung des Geschäftsführers einer GmbH kam nach der früheren Rechtsprechung des BGH nur dann in Betracht, wenn dieser selbst die Rechtsverletzung begangen hatte oder wenigstens von ihr Kenntnis und die Möglichkeit hatte, sie zu verhindern, jedoch nicht eingeschritten ist.[368] In diesen Fällen stellt der Geschäftsführer sich durch pflichtwidriges und bewusstes Unterlassen dem aktiven Tun der anderen gleich und wird dadurch zum Täter - wobei sich seine Rechtspflicht zum Einschreiten aus seiner verantwortlichen Stellung in und für die Gesellschaft ergibt.[369]

Dagegen haftet der Geschäftsführer grundsätzlich nicht für unerlaubte Handlungen seiner untergeordneten Mitarbeiter. Ihn trifft demgemäss kein Aufsichtsverschulden gemäß § 831 Abs. 2 BGB, wenn einer dieser Gehilfen eine deliktische Handlung begangen hat.[370]

3.3.2 Baustoff-Urteil des BGH

Mit dem sogenannten „Baustoff-Urteil“[371] statuierte der BGH dann erstmalig eine weitergehende deliktische Außenhaftung des Geschäftsführers. Der Entscheidung lag dabei der folgende Sachverhalt zugrunde:

---

[366] Vgl. Lutter, GmbHR 1997, 334.
[367] Vgl. Biletzki, ZIP 1997, 9.
[368] Vgl. BGH, ZIP 1990, 1413.
[369] Vgl. BGH, NJW 1987, 127, 129; OLG Koblenz GmbHR 1992, 378.
[370] Vgl. BGH, GmbHR 1974, 184; BGHZ 109, 297.

Ein Bauunternehmen hatte bei einem Lieferanten unter verlängertem Eigentumsvorbehalt Eisenträger gekauft. In einem für die Stadt Köln durchgeführten Bauvorhaben war vertraglich die Abtretung des Werklohns ausdrücklich ausgeschlossen worden. Dennoch wurden Eisenträger der genannten Lieferung in diesem Bauvorhaben verbaut, wodurch der Lieferant sein Eigentum verlor; anschließend fiel das Bauunternehmen in Konkurs. Der Lieferant nahm den für diese Fragen in der GmbH gar nicht zuständigen Geschäftsführer wegen seines Ausfalls persönlich in Anspruch.

Anders als bei den bisher zu entscheidenden Fällen, bei denen ein bestimmtes Verhalten des Geschäftsführers zu einer persönlichen Haftung führte, ging es hier lediglich um Mängel in der Organisation einer juristischen Person. Da die Vorschriften der §§ 823 Abs. 1, 831 BGB aber nur auf das Verhalten von natürlichen Personen ausgerichtet sind, bestand für den BGH die Schwierigkeit in der Interpretation der oben genannten Normen.

Eine Haftung für Verkehrspflichtverletzungen nach § 823 BGB hielt der BGH in seiner Entscheidung dann für begründet, wenn „mit den Pflichten aus der Organstellung gegenüber der Gesellschaft Pflichten einhergehen, die von dem Geschäftsführer nicht mehr nur für die Gesellschaft als deren Organ zu erfüllen sind, sondern die ihn aus besonderen Gründen persönlich gegenüber dem Dritten treffen. Dies kann im außervertraglichen, deliktischen Bereich insbesondere wegen einer dem Geschäftsführer als Aufgabe zugewiesenen oder von ihm jedenfalls in Anspruch genommenen Garantenstellung zum Schutz fremder Schutzgüter im Sinne des § 823 Abs.1 BGB der Fall sein, die ihre Träger der Einflusssphäre der Gesellschaft anvertraut haben. Voraussetzung ist allerdings auch hier, dass zur Abwehr der sich in dieser Weise aktualisierenden Gefahrenlage der Geschäftsführer gerade in seinem Aufgabenbereich gefordert ist.“[372]

Der BGH statuierte damit erstmalig Organisationspflichten des Geschäftsführers im Außenverhältnis grundlegend zu Lasten des Geschäftsführers und nahm dabei sogar eine Garantenstellung des Geschäftsführers an. Im Kern ging es darum, dass es die organisatorische Aufgabe des Geschäftsführers sei, durch eine geeignete Organisation Schaden zu verhindern.

[371] Vgl. BGH, GmbHR 1990, 207.
[372] Vgl. BGHZ 109, 297, 303ff; NJW 1990, 976.

3.3.3 Kritik an der Baustoffentscheidung

Die Entscheidung ist im Schrifttum von einigen Ausnahmen[373] abgesehen überwiegend auf scharfe Kritik gestoßen.[374] Im wesentlichen wird dabei von den Kritikern eingewendet, in der Entscheidung werde die interne organschaftliche Pflicht des Geschäftsführers aus § 43 Abs. 2 GmbHG unzulässigerweise nach außen gekehrt und diesem ohne Begründung eine - auch nicht aus seiner Verantwortung als Organträger ableitbare - Garantenstellung zum Schutz Außenstehender zum Schutz vor Gefährdung oder Verletzung ihrer deliktisch geschützten Rechtsgüter zugeordnet. Dieses führe zu einer mit nicht mehr berechenbaren Risiken verbundenen Deliktshaftung des Geschäftsführers und unterlaufe das gesellschaftsrechtliche Haftungssystem.

3.3.4 Schutzmöglichkeiten des Geschäftsführers

Um das Risiko einer Haftung wegen Organisationsverschuldens zu minimieren, sollte der Geschäftsführer daher immer um eine ausreichende Dokumentation bemüht sein, aus der sich entnehmen lässt, dass die Unternehmensleitung versucht, durch organisatorische Maßnahmen (z.B. die Zuweisung von Aufgaben; die Einrichtung von Kontrollfunktionen; permanente Kontrolle der Mitarbeiter) Schaden verursachende Ereignisse zu vermeiden und dass die jeweils eingesetzten Mitarbeiter auf ihre Zuverlässigkeit hin kontrolliert sind.

4. Persönliche Haftung des Geschäftsführers im Rahmen der Insolvenz

4.1 Allgemeines

Wird die GmbH zahlungsunfähig oder ist sie überschuldet, d.h. das Vermögen des Schuldners deckt die bestehenden Verbindlichkeiten nicht mehr, so müssen die Geschäftsführer gemäß § 64 Abs. 1 GmbHG unverzüglich, spätestens aber drei Wochen nach Eintritt der Zahlungsunfähigkeit, bzw. der Überschuldung die Eröffnung des Insol-

---

[373] Vgl. Brüggemeier, AcP 191 (1991), 1; Thümmel; Persönliche Haftung von Managern und Aufsichtsräten, 1996, Rdn. 272; Ransiek, ZGR 1992, 203; Grunewald, ZHR 157 (1993), 451, 455.

[374] Vgl. Medicus, GmbHR 1993, 533, 540; Lutter, ZHR 157 (1993), 464, 470ff; ders., DB 1994, 129, 132; Schmidt, S.1089; Westermann/Mutter, DZWir 1995, 184, 188; Lutter/Hommelhoff, § 43 Rdn. 38, 43; Dreher, ZGR 1992, 22, 34; Hachenburg/Mertens, § 43 Rdn. 115; Mertens/Mertens, JZ 1990, 486; Hirte, JZ 1992, 258; Krebs/Dylla-Krebs, DB 1990, 1271.

venzverfahrens beantragen. Mit der Einführung von § 19 Abs. 2 InsO im Rahmen der Insolvenzordnung am 1.1.1999 sollte nach dem Willen des Gesetzgebers die Möglichkeit ausgeschossen werden, dass eine positive Fortführungsprognose, wie vom BGH[375] bisher nach der modifizierten zweistufigen Überschuldungsprüfung verlangt, stets zur Verneinung der Überschuldung führt, selbst dann, wenn ein die Schulden deckendes Kapital nicht zur Verfügung steht. Im Gegensatz zum modifizierten zweistufigen Überschuldungsbegriff, der die Fortbestehungsprognose von der rechnerischen Überschuldung trennt, „erklärt die in § 19 Abs. 2 InsO verankerte rein bilanzielle Überschuldungsmessung die Fortführungsprognose zur bloßen Bewertungsprämisse für die Aktivierung des Unternehmenswerts".[376]

Im Falle der drohenden Zahlungsunfähigkeit, § 18 InsO, besteht zwar ebenfalls die Möglichkeit für den Geschäftsführer frühzeitig ein Insolvenzverfahren einzuleiten. Auslöser der Antragspflicht nach § 64 Abs. 1 GmbHG sind allerdings nur Zahlungsunfähigkeit und Überschuldung.[377]

4.2 Rechtsfolgen bei unterlassenem oder verspätetem Antrag

§ 64 GmbHG setzt ein schuldhaftes Handeln des Geschäftsführers voraus.[378] Es ist zumindest fahrlässiges Verhalten erforderlich, um eine Haftung zu begründen.[379] Der Geschäftsführer kann bereits fahrlässig handeln, wenn er es versäumt, sich durch Aufmachung einer Bilanz von der Notwendigkeit des Handelns zu überzeugen. Ein Verschulden trifft den Geschäftsführer, wenn er nach Eintritt der Insolvenztatbestände Zahlungen vorgenommen hat, die mit der Sorgfalt eines ordentlichen Geschäftsmannes unvereinbar sind.[380]

Steht im Fall einer Überschuldung die rechnerische Überschuldung unter der Zugrundelegung von Liquidationswerten fest, kann man - zumindest nach Ansicht des OLG Düsseldorf - von einem Geschäftsführer erwarten, dass dieser auch die tatsächlichen Voraussetzungen einer günstigen Fortführungsprognose darlegt und beweist, wenn er sich darauf

[375] Vgl. BGHZ 119, 201; BGHZ 129, 136, 138.
[376] Vgl. Scholz/Schmidt, § 64 Rdn. 17; Baumbach/Hueck, § 64 Rdn. 11.
[377] Vgl. Schmidt/Uhlenbruck, Rdn. 560, 575ff.
[378] Vgl. BGH, GmbHR 1994, 460; Hachenburg/Ulmer, § 64 Rdn.36.
[379] Vgl. BGHZ 126, 181; Scholz/Schmidt, § 64 Rdn. 28.
[380] Vgl. Brandmüller, S. 143, Rdn. 328.

stützt, dass die Gesellschaft überhaupt nicht überschuldet gewesen ist.[381] Der BGH ist dagegen der Auffassung, dass sich der Geschäftsführer, wenn die Überschuldung feststeht, im Einzelfall von der Vermutung ihrer Erkennbarkeit entlasten muss.[382] Desinteresse oder mangelndes Know How entschuldigen nicht.[383] Auch eine Aufteilung der Tätigkeiten innerhalb der Geschäftsführung beseitigt nicht die Mitverantwortlichkeit eines jeden Geschäftsführers.[384]

Gemäß § 64 Abs. 2 GmbHG ist der Geschäftsführer der Gesellschaft zum Ersatz von Zahlungen verpflichtet, die nach Eintritt der Zahlungsunfähigkeit der Gesellschaft oder nach Feststellung ihrer Überschuldung geleistet werden.

4.3 Schadensersatz gegenüber den Gesellschaftsgläubigern

Die Gesellschaftsgläubiger können einen Schadensersatzanspruch gegen den Geschäftsführer gemäß § 823 Abs. 2 BGB in Verbindung mit § 64 Abs. 1 GmbHG geltend machen.[385] Der Umfang des Schadensersatzanspruchs ist jedoch umstritten. Bis zum Jahr 1993 ging die herrschende Meinung in Rechtsprechung[386] und Literatur[387] davon aus, dass der Schutzbereich der Norm durch den einheitlichen Schutz aller Gläubiger bestimmt wird. Der Schadensersatzanspruch umfasst daher nur den Schaden, der dadurch entsteht, dass infolge der Unterlassung des Insolvenzantrags das zur Befriedigung der Gläubiger vorhandene Gesellschaftsvermögen diesem Zweck entzogen wird. Das hat zur Folge, dass der Gläubiger vom Geschäftsführer Schadensersatz nur verlangen kann, wenn und soweit er zu dem Zeitpunkt, in dem seine Forderung entstanden ist, eine Insolvenzquote erhalten hätte, die höher gewesen wäre als das, was er nunmehr erlangt (sogenannter Quotenschaden).[388] Die höchstrichterliche Rechtsprechung unterscheidet seit dem Urteil des BGH vom 6. Juni 1994 zwischen Neu- und Altgläubigern.[389] Im Falle der Neugläubiger, die ihre Forderung erst nach Eintritt der Insolvenzantragspflicht erworben ha-

[381] Vgl. OLG Düsseldorf, NZG 1999, 944, 946.
[382] Vgl. BGH, GmbHR 2000, 182.
[383] Vgl. Hachenburg/Ulmer, § 64 Rdn. 36.
[384] Vgl. BGH, DB 1994, 1351.
[385] Vgl. BGHZ 29, 100.
[386] Vgl. BGHZ 29, 104ff; BGHZ 100, 19, 24; BGHZ 108, 134, 136; OLG Hamm, GmbHR 1993, 584.
[387] Vgl. Rowedder/Koppensteiner, § 64 Rdn. 24; Lutter/Hommelhoff, § 64 Rdn. 13, 16; Baumbach/Hueck/Schulze-Osterloh, § 64 Rdn. 26.
[388] Vgl. BGHZ 108, 134, 136; OLG Hamm, GmbHR 1993, 584.
[389] Vgl. BGHZ 126, 181; bestätigt durch BGHZ 138, 211; BGH, NJW 1999, 2182, 2183.

ben, wird die Haftung des Geschäftsführers wegen Insolvenzverschleppung nicht mehr auf den Quotenschaden begrenzt. Der Geschäftsführer haftet vielmehr für den vollen Forderungsausfall von Gläubigern, die erst nach Insolvenzreife der GmbH mit dieser Geschäfte tätigen. Nach allgemeinen Schadensersatzregeln muss der Neugläubiger so gestellt werden, wie er gestanden hätte, wenn der Geschäftsführer ordnungsgemäß seinen Pflichten nachgekommen wäre.[390] Der vollzogene Wandel in der Rechtsprechung ist in der Literatur teilweise kritisiert[391], überwiegend jedoch begrüßt[392] worden.

Hätte aber der Geschäftsführer Insolvenzantrag gestellt, so wäre der Vertrag mit der GmbH erst gar nicht abgeschlossen worden. Dem Vertragspartner ist folglich der ihm rechtswidrig und schuldhaft zugefügte Schaden in Höhe des vollen Forderungsausfalls zu ersetzen. Der Schaden wird nicht durch den Insolvenzverwalter, sondern durch die einzelnen Gläubiger geltend gemacht.[393] Die Geltendmachung des Schadens durch die Gläubiger ist seit der Einführung des § 92 Satz 1 InsO in der Literatur umstritten, da danach Ansprüche der Insolvenzgläubiger auf Ersatz eines Schadens, den sie durch eine Verminderung des zur Insolvenzmasse gehörenden Vermögens erlitten haben, nur vom Insolvenzverwalter geltend gemacht werden können.[394] Diese Vorgehensweise ist aber vom BGH mittlerweile ausdrücklich bestätigt worden.[395]

5. Strafrechtliche Verantwortung

Die allgemeine strafrechtliche Haftung soll im vorliegenden Zusammenhang nur kurz anhand der Insolvenzverschleppung und den Insolvenzstraftaten vorgestellt werden.

5.1 Insolvenzverschleppung

Wird es von den Geschäftsführern einer GmbH versäumt, rechtzeitig ein Insolvenzverfahren entgegen § 64 Abs. 1 GmbHG zu beantragen, haben sie sich auch gemäß § 84 Abs. 1 Nr. 2 GmbHG strafrechtlich zu verantworten. Die strafrechtliche Verantwortung

---

390 Vgl. BGHZ 126, 181; Lutter/Hommelhoff, § 64 Rdn. 40.
391 Vgl. Karsten Schmidt, JurBl. 2000, 482; Schulze-Osterloh, in FS Lutter. S. 711ff; Baumbach/Hueck/Schulze-Osterloh, § 64 Rdn. 84.
392 Vgl. Hirte, NJW 1995, 1202; Lutter, GmbHR 1997, 329ff; Goette, DStR 1994, 1048ff; Lutter/Hommelhoff, § 64 Rdn. 26, 40; Kübler, ZGR 1995, 481; Wilhelm, ZIP 1993, 1833ff.
393 Vgl. BGH vom 30.3.1998, DStR 1998, 651, zitiert von Schmidt in Scholz, § 64 Rdn. 33.
394 Vgl. Flume, ZIP 1994, 337; Uhlenbruck, ZIP 1994, 1153.
395 Vgl. BGH 138, 211.

entfällt auch dann nicht, wenn bereits ein Dritter Insolvenzantrag gestellt hat. Der neue Eröffnungsgrund der drohenden Zahlungsunfähigkeit begründet zwar keine Verpflichtung einen Insolvenzantrag zu stellen, trotzdem kann die drohende Zahlungsunfähigkeit Rechtsfolgen mit sich bringen. Bisher handelte es sich im wesentlichen nur um die Bankrottdelikte nach §§ 283, 283 a-d StGB, die den Schuldner strafrechtlich und nach § 823 Abs. 2 BGB auch haftungsrechtlich sanktionierten. Inwieweit die Grundsätze der Rechtsprechung zur Aufklärungspflicht des organschaftlichen Vertreters gegenüber einem Geschäftspartner auch auf die drohende Zahlungsunfähigkeit anzuwenden sind, ist bislang nicht abschließend geklärt, wird letztlich aber zu verneinen sein.[396]

Sind mehrere Geschäftsführer bestellt, so ist jeder einzelne Geschäftsführer zur Stellung eines Insolvenzantrags berechtigt und verpflichtet.[397] Ob er Alleinvertretungsmacht hat oder nach interner Geschäftsaufteilung anderweitige Zuständigkeit hat, ist gleichgültig und beeinträchtigt die Strafbarkeit nicht.[398] Verletzt der Geschäftsführer die Anzeigepflicht und unterlässt es entgegen § 64 Abs. 1 GmbHG den Insolvenzantrag binnen drei Wochen zu stellen, wird er unter Umständen nach § 84 Abs. 1 Nr.1, 2 GmbHG mit Freiheitsstrafe bis zu drei Jahren oder Geldstrafe bestraft; handelt er fahrlässig, beläuft sich der Strafrahmen auf Freiheitsstrafe bis zu einem Jahr oder Geldstrafe. Interne Regelungen berühren die haftungsrechtliche und strafrechtliche Verantwortung des GmbH-Geschäftsführers nicht.

Umstritten[399] ist, ob der rechtlich unwirksam bestellte, aber faktische Geschäftsführer Täter einer Insolvenzverschleppung sein kann. Im Interesse des redlichen Geschäftsverkehrs erscheint es dringend geboten, die Haftung des faktischen Geschäftsführers anzunehmen, da sich andernfalls die Schutzvorschriften des GmbHG unterlaufen ließen.[400] Ein formell bestellter, jedoch nicht tätiger Geschäftsführer könnte straflos bleiben, weil ihm kein vorsätzlich strafbares Handeln zur Last gelegt werden kann und die Bestrafung des faktischen Geschäftsführers würde entfallen, da er kein tauglicher Täter sein kann.

---

[396] Vgl. Tillmann/Mohr, S. 221, Rdn. 594.
[397] Vgl. BGH, GmbHR 1994, 460, 461.
[398] Vgl. Lutter/Hommelhoff, GmbHG, § 84 Rdn. 5.
[399] Zustimmend BGHSt 3, 37; BGHSt. 6, 315ff; BGHSt. 31, 122; dagegen Achenbach, NStZ 1989, 497, 498; Hoyer, NStZ 1988, 359; Kaligin, BB 1983, 790; Kratzsch, ZGR 1985, 506.
[400] Vgl. Scholz/Tiedemann, § 84 Rdn. 27ff; Stein, ZHR 1984, 219ff.

5.2 Insolvenzstraftaten

Im Falle des Bankrotts wird der Geschäftsführer gemäß § 283 StGB mit Freiheitsstrafe bis zu fünf Jahren oder mit Geldstrafe bestraft, wenn er bei Überschuldung oder bei drohender oder eingetretener Zahlungsunfähigkeit Bestandteile seines Vermögens beiseite schafft oder verheimlicht und diese Bestandteile andernfalls zur Insolvenzmasse gehören würden, den Gläubigern also Haftungsvermögen entzogen wird.[401] Eine strafbare Handlung kann auch darin liegen, dass bestimmte Sicherungsrechte im nachhinein mit rückwirkender Kraft mit einem bestimmten Gläubiger vereinbart werden. Die Geschäftsführer müssen mindestens auch im Interesse der GmbH gehandelt haben. Nimmt er die vermögensmindernden Handlungen ausschließlich im eigenen Interesse vor, so begeht er keine Bankrotthandlung, sondern eine Untreuehandlung nach § 266 StGB.[402]

6. Versicherbare Risiken - D & O Versicherungen

Wie die obigen Ausführungen zeigen, neigt die Rechtsprechung immer mehr dazu, den Schutz der Gesellschaftsgläubiger und geschädigter Dritter auszuweiten, und diesen Personen die Möglichkeit einzuräumen, direkt gegen die Geschäftsführer der GmbH vorzugehen. Die persönliche Inanspruchnahme birgt für den Geschäftsführer schwer kalkulierbare Risiken bei der Unternehmensführung, zumal die Rechtsprechung keine festen Regeln zur Begründung und zum Umfang der Haftung aufstellt.

Angesichts dieser unsicheren Ausgangslage wird daher immer häufiger gefordert, den Geschäftsführer durch den Abschluss einer Vermögensschaden-Haftpflichtversicherung („directors and officers liability insurance - D & O Versicherung")[403] gegen die erhöhten Haftungsrisiken abzusichern.[404] Die Möglichkeit zum Abschluss eines solchen Versicherungsschutzes besteht in Deutschland erst seit 1986.[405] Damals waren zwei Töchter amerikanischer Versicherungsgesellschaften die einzigen Anbieter auf dem deutschen Markt, die Geschäftsführern einen derartigen Schutz ermöglichten. Insbesondere stand das Bundesaufsichtsamt für das Versicherungswesen einer Versicherung unternehmerischer Risi-

---

[401] Vgl. § 283 Abs. 1 Nr. 1 StGB.
[402] Vgl. Brandmüller, S. 186, Rdn. 471.
[403] Die Directors' and Officers' Liability Insurance stammt aus der amerikanischen Unternehmenspraxis, vgl. Thümmel/Sparberg, DB 1995, 1016ff; Lange, ZIP 2003, 466ff.
[404] Vgl. Schneider/Ihlas, DB 1994, 1123ff; Reese, DStR 1995, 694; Thümmel/Sparberg, DB 1995, 1019.
[405] Vgl. Thümmel, Persönlich Haftung von Managern und Aufsichtsräten, Rdn. 310ff.

ken lange Zeit kritisch gegenüber.[406] Erst seit 1995 kann eine D & O Versicherung auch bei deutschen Versicherungsgesellschaften abgeschlossen werden.[407] Im Jahr 1997 hat die Versicherungswirtschaft dann erstmals Musterbedingungen für die D & O Versicherungen vorgestellt.[408]

Versicherbare Risiken, die im Rahmen der D & O Versicherung abgedeckt werden sind diejenigen Fälle, in denen Organe bei der Ausübung ihrer Leitungstätigkeit Dritte geschädigt haben und von diesen auf Schadensersatz in Anspruch genommen werden sowie bei der Geltendmachung von Haftungsansprüchen der GmbH gegenüber ihren Organen. Nicht versicherbar sind dagegen Personen- und Sachschäden sowie Schäden,[409] die durch unternehmerische Fehlentscheidungen der Leitungsorgane verursacht werden.[410]

Die Vorteile, die der Abschluss einer D & O Versicherung mit sich bringt, sind trotz einiger kritischer Stimmen nicht von der Hand zu weisen. Aus der Sicht des Geschäftsführers ist der Versicherungsschutz nicht nur unter dem Aspekt von besonderer Bedeutung, dass seine Einstandspflicht auf die Höhe der Versicherungsprämie begrenzt wird, sondern er profitiert maßgeblich davon, dass der Versicherungsschutz auch die außergerichtliche Inanspruchnahme des Geschäftsführers absichert und damit eine wichtige Ergänzung zur bestehenden Rechtsschutzversicherung darstellt.[411] Hinzu kommt, dass in ca. 98 % der Fälle nicht der Geschäftsführer selbst, sondern die Gesellschaft Prämienschuldnerin und Versicherungsnehmerin ist und der Geschäftsführer sozusagen „kostenlos“ in den Genuss des Versicherungsschutzes gelangt.[412] Dies ist gesellschaftsrechtlich nicht ganz unproblematisch, im Ergebnis wohl aber zulässig, weil die Gesellschaft mit dem Geschäftsführer stattdessen auch eine Haftungsfreistellung vereinbaren könnte.[413] Aber auch die Geschädigten profitieren durch den Abschluss der D & O Versicherung. Für sie besteht nicht mehr das Risiko, ihre Schadensersatzansprüche nicht durchsetzen zu können, da ihnen in der Gemeinschaft der Versicherten ein leistungsstarker Schuldner gegenübersteht und

---

[406] Vgl. VerBAV 1981, 104.
[407] Vgl. Schneider/Ihlas, DB 1994, 1123ff; Meyke, Rdn. 79ff; Sieg, VersR 1996, 1210.
[408] Vgl. Lattwein, VP 1998, 86ff.
[409] Personen- und Sachschäden werden jedoch regelmäßig von der Betriebshaftpflichtversicherung umfasst, vgl. Reese, DStR 1995, 693; Sieg, DB 2002, 1759ff.
[410] Vgl. Thümmel/Sparberg, DB 1995, 1018ff; Schneider/Ihlas, DB 1994, 1126ff.
[411] Anzumerken ist hier, dass lediglich ca. 10 % der Ansprüche gegen Geschäftsführer vor Gericht geltend gemacht werden, während die übrigen außergerichtlich erledigt werden.
[412] Vgl. Thümmel/Sparberg, DB 1995, 1017.
[413] Vgl. Hachenburg/Mertens, § 43 Rdn. 89; Habetha, DZWir 1995, 272, 280; Sieg, VersR 1996, 1210, Scholz, § 43 Rdn. 184; zur Zulässigkeit in England siehe hierzu die nachfolgenden Ausführungen unter § 4, II, 7.

zwar unabhängig davon, auf welche Rechtsgrundlage die geltend gemachten Ansprüche gestützt werden.[414]

So sinnvoll die Risikoabdeckung mit einer D & O Versicherung für beide Seiten auf den ersten Blick auch zu sein scheint, ist ihr Abschluss im Einzelfall jedoch weder angebracht noch möglich. Oftmals finden sich in den Geschäftsführerverträgen eine Vielzahl von Restriktionen, durch die der Handlungsspielraum des Geschäftsführers auf ein Minimum reduziert wird. Der Raum, der in diesen Fällen noch für eine persönliche Inanspruchnahme der Geschäftsführer durch Dritte verbleibt ist so gering, dass sich eine zusätzliche Versicherung dieser Restrisiken angesichts der aufzubringenden enormen monatlichen Prämienhöhe nicht mehr lohnen würde.[415] Darüber hinaus ist der Abschluss einer D & O Versicherung von vornherein schon durch die allgemeinen Versicherungsbedingungen der Versicherungsgesellschaften ausgeschlossen. So ist häufig in den ersten beiden Jahren nach der Gesellschaftsgründung ein Abschluss ebenso unmöglich wie bei Gesellschaften, deren Bilanzsumme 5 Mio. € nicht übersteigt.[416] Durch diese Restriktionen ist bereits ein beträchtlicher Anteil der in Deutschland ansässigen GmbH's von vornherein vom Versicherungsschutz ausgeschlossen.

Schließlich muss sich der Geschäftsführer immer darüber im klaren sein, dass eine Vielzahl von Risiken nicht durch die D & O Versicherung abgedeckt wird. So werden neben den bereits erwähnten Sach- und Personenschäden häufig auch Schäden aus Produzenten- und Umwelthaftung nicht vom Versicherungsschutz umfasst. Dies gilt insbesondere für den in der Praxis relevanten Fall eines verspätet gestellten Insolvenzantrags durch den Geschäftsführer nach § 64 Abs. 1 GmbHG, da regelmäßig nur diejenigen Vermögensschäden versichert sind, die vor dem Eintritt der Unternehmenskrise entstanden sind, so dass bei einem zumindest fahrlässigen Hinauszögern des Insolvenzantrags keine Schadensdeckung mehr besteht.

Die angeführten Einschränkungen sind mit ausschlaggebend dafür, dass die D & O Versicherung in Deutschland bislang noch nicht den Anklang gefunden hat, wie beispiels-

---

[414] Vgl. Adams in Ott/Schäfer, 193, 203.
[415] Die allgemeinen Versicherungsbedingungen sehen im Durchschnitt bei einer Versicherungssumme von 0,5 Mio. € eine monatliche Prämie von 2.500 € vor; vgl. AVB der Chubb Insurance Company of Europe.
[416] Vgl. aktuelle AVB der Chubb Insurance Company of Europe.

weise in den USA, wo ca. 90 % der Unternehmen zugunsten ihrer directors eine D & O Versicherung abgeschlossen haben.[417]

II. Haftung und Enthaftung des directors

Ähnlich wie in Deutschland ist auch in England die der GmbH vergleichbare private company die mit Abstand beliebteste Gesellschaftsform. Derzeit liegt ihre Zahl bei circa 1,84 Millionen.[418] Der Grund, warum die private company in England noch zahlreicher vertreten ist als die GmbH in Deutschland liegt darin, dass sie weitaus größere Vorteile als eine deutsche GmbH bietet. So braucht eine private company beispielsweise kein Mindestkapital zu haben. Ihre Gründung ist einfach und die Gründungskosten sind gering. Es ist daher ohne weiteres möglich, mit einer Mindestanzahl von zwei Gesellschaftern, die jeder nur einen Geschäftsanteil von 1 britischen Pfund (oder sogar nur einen Penny) halten, eine private company zu gründen.[419]

Angesichts dieser einfachen Gründungsmodalitäten und der Vorzüge dieser Gesellschaftsform, ist aber, ähnlich wie in Deutschland, nicht nur die Anzahl der private companies, sondern auch die Zahl der Insolvenzen deutlich gestiegen. Lag die Zahl der Insolvenzverfahren im dritten Quartal 2001 schon bei 3.681, so haben sich diese im dritten Quartal 2002 gegenüber dem Vorjahreszeitraum nochmals um 5,2 % auf 3.873 erhöht.[420] Bedingt durch diese Entwicklung sehen sich auch die Geschäftsführer auf der Insel in Zeiten drohender Insolvenz immer häufiger dem Haftungszugriff auf ihre Person durch die Gesellschaftsgläubiger ausgesetzt.

1. Die Haftungsverhältnisse im Gründungsstadium der private company

Die private company erlangt den Status einer juristischen Person erst mit der Ausstellung des *certificate of incorporation*“ durch den Registrar of Companies.[421] Anders als im

[417] Vgl. Ihlas, Organhaftung und Haftpflichtversicherung, 1997, S.35.
[418] Vgl. Statistischer Bericht des Companies House , Crown Way Cardiff CF14 3 ZU, Stand 31. Oktober 2002.
[419] Vgl. Triebel, S. 215, Rdn. 571.
[420] Vgl. Statistics Directorate Department of Trade and Industry, Statistical Press Release, P/2002/655, 1. November 2002, www.dti.gov.uk/sd/insolv.
[421] Vgl. Salomon v. Salomon & Co. Ltd [1897] AC 22; section 13 CA 1985; Pennington, S.14ff.

deutschen Recht hat sie vor ihrer Eintragung keinerlei rechtliche Existenz.[422] Ein der deutschen Vor-GmbH vergleichbares Institut ist dem englischen Gesellschaftsrecht fremd.[423] Da die Eintragung der private company ins Register wie gezeigt wesentlich schneller erfolgt als in Deutschland, könnte man meinen, dass eine Haftung von Personen, die vor Eintragung bereits Geschäfte mit Dritten abschließen, in der Praxis kein Problem darstellt. Dieser Eindruck täuscht jedoch, da der Abschluss von Geschäften vor Eintragung häufig dort unverzichtbar sein wird, wo die Eintragung der Gesellschaft überhaupt nur dann sinnvoll erscheint, wenn zuvor als Grundlage des beabsichtigten Unternehmens im Hinblick auf mögliche Investoren eine Vielzahl von Geschäften zustande gekommen ist. Um die Rechtslage und die Unterschiede bei der persönlichen Haftung der im Stadium vor der Eintragung handelnden Personen präziser einordnen zu können, wird im folgenden zunächst die Einstandspflicht und die Haftung der Gesellschaft aus von ihren Gründern vor ihrer Eintragung abgeschlossenen Verträgen skizziert.

1.1 Haftung der Gesellschaft

In der Grundsatzentscheidung *Kelner v. Baxter* aus dem Jahre 1866[424], die von vereinzelten abweichenden Entscheidungen abgesehen, auch heute noch uneingeschränkt Gültigkeit hat, setzte sich das House of Lords erstmals mit der Frage der Einstandspflicht und Haftung der Gesellschaft für Rechtsgeschäfte auseinander, die ihre Gründer bereits vor Eintragung der Gesellschaft abgeschlossen hatten.

Der Entscheidung des House of Lords lag dabei der folgende Sachverhalt zugrunde:

> *„Die Gründer einer noch einzutragenden Hotelgesellschaft beabsichtigten für ihren bereits aufgenommenen Hotelbetrieb Wein von einem Lieferanten zu kaufen. Die Gründer setzten den Weinlieferanten davon in Kenntnis, dass die Gesellschaft noch nicht eingetragen sei. Der Weinlieferant unterbreitete den Gründern daraufhin sein Angebot zum Verkauf des Weins im Namen der einzutragenden Gesellschaft („on behalf of the proposed company"), das die Gründer im Namen der-*

[422] Vgl. BGHZ 80, 129ff: nach Abschluss des notariellen Gesellschaftsvertrages, aber noch vor der Eintragung ins Handelsregister, hat die Gesellschaft bereits alle Eigenschaften einer GmbH; die Vorgesellschaft ist damit bereits vollwertige Trägerin von Rechten und Pflichten.
[423] Vgl. Heinemann, ZIP 1991, 760.
[424] Vgl. Kelner v. Baxter [1866] L.R. 2 C.P. 174.

selben („on it's behalf") annahmen. Weiter vereinbarten die Parteien, dass die noch einzutragende Gesellschaft den Vertrag nach ihrer Eintragung genehmigen sollte. Der Lieferant lieferte zunächst die vereinbarte Menge Wein an das Hotel, wo dieser dann verbraucht wurde. Die Zahlung des Weins sollte erst durch die noch einzutragende Gesellschaft erfolgen. Nachdem die Gesellschaft offiziell eingetragen worden war und den zwischen den Gründern und dem Lieferanten geschlossenen Vertrag nachträglich genehmigte, fiel die Gesellschaft jedoch vor Zahlung des vereinbarten Kaufpreises an den Weinlieferanten in Konkurs. Der Weinlieferant verklagte daraufhin die Gründer. Diese wehrten sich gegen die persönliche Inanspruchnahme unter anderem mit dem Argument, dass nicht sie, sondern die Gesellschaft verpflichtet worden sei."

Das House of Lords gab dem Lieferanten Recht und sprach sich für eine Inanspruchnahme der Gründungsgesellschafter aus.[425] Demzufolge kann die Gesellschaft vor ihrer Gründung keine Verträge abschließen, Rechte erwerben oder Verbindlichkeiten eingehen. Da ein Vertreter keine Handlungen vornehmen kann, wozu der Vertretene nicht selbst fähig ist, binden namens der Gesellschaft vor ihrer Gründung geschlossene Verträge diese auch nicht.[426] Die nach der Eintragung entstandene juristische Person ist selbst dann nicht mit den Gründern identisch, wenn dasselbe Rechtsgeschäft auch nach der Eintragung von denselben Personen weiter betrieben wird und auch die Gewinne weiterhin in dieselben Taschen fließen.[427] Dies hat zur Folge, dass anders als im deutschen Gesellschaftsrecht, wo mit der Eintragung der Gesellschaft ins Handelsregister sämtliche Rechte und Pflichten auf diese übergehen, im englischen Recht die von den Gründern eingegangenen Verbindlichkeiten nicht automatisch mit der Eintragung auf die Gesellschaft übergehen.

Als Konsequenz hatte sich das House of Lords dann mit der daraus resultierenden Folgeproblematik auseinander zusetzen, ob die nachträglich eingetragene Gesellschaft nicht die Möglichkeit hat, ein vor der Eintragung abgeschlossenes Rechtsgeschäft nachträglich zu genehmigen, um sich dadurch einseitig zur Vertragspartei zu machen. Unter Zuhilfenah-

[425] Vgl. Kelner v. Baxter [1866] L.R. 2 C.P. 174, 183: „when the company came afterwards into existence, it was a totally new creature, having rights and obligations from that time, but no rights and obligations by reason of anything which might have been done before."
[426] Vgl. Re English and Colonial Produce Co. Ltd. [1906] 2. Ch. 435.
[427] Vgl. Salomon v. Salomon & Co. Ltd [1897] AC 22, 31.

me der im englischen Recht allgemein gültigen Stellvertreterregelungen hat das House of Lords jedoch auch eine nachträgliche Genehmigungsfähigkeit durch die Gesellschaft von zuvor in ihrem Namen abgeschlossenen Rechtsgeschäften verneint.[428]

Neben der Vertretungsmacht des Stellvertreters und dem Handeln im fremdem Namen ist im englischen Recht für eine wirksame Stellvertretung vor allem erforderlich, dass der Vertretene zum Zeitpunkt des Vertragsschlusses durch den Vertreter bereits existiert haben muss, will er den Vertrag später genehmigen.[429] Da die Gesellschaft als Vertretene beim Abschluss von Verträgen, die vor ihrer Eintragung in ihrem Namen abgeschlossen worden sind, noch nicht existent ist, kann eine wirksame Stellvertreterhandlung vor ihrer Eintragung, und damit auch eine nachträgliche Genehmigung des Rechtsgeschäfts, den englischen Stellvertretungsregelungen entsprechend, niemals erreicht werden. Die einzige Möglichkeit, die der Gesellschaft bleibt, um in die Rechte und Pflichten eines bereits vor ihrer Eintragung in ihrem Namen geschlossenen Rechtsgeschäfts einzutreten, ist der erneute Abschluss eines Vertrages mit dem ursprünglichen Vertragspartner der Gründer.[430] Soweit die eine Seite aber bereits vor der Gründung der Gesellschaft eine Leistungshandlung erbracht hat und die andere Seite, wie gezeigt, eigentlich nicht zur Gegenleistung verpflichtet wäre, ist die nach dem common law vorgesehene Möglichkeit des erneuten Vertragsschlusses jedoch für beide Parteien unbefriedigend und häufig auch unbillig.[431] Sie berücksichtigt nicht das Interesse der neugegründeten Gesellschaft, die Vorteile dieser Verträge nutzen zu können und steht darüber hinaus im Widerspruch zu den Erwartungen der dritten Partei, gegen die neugegründete Gesellschaft einen Anspruch zu haben, wenn sie ihren Teil des Vertrages bereits erfüllt hat und die Gesellschaft die Leistung akzeptiert hat.

Obwohl sich diese, von der Rechtsprechung entwickelte, Rechtsfolge sowohl aus Sicht der neu gegründeten Gesellschaften, als auch aus Sicht der potentiellen Vertragspartner wirtschaftlich mehr als unbefriedigend und unbillig darstellt, ist es dem englischen Ge-

---

[428] Vgl. Kelner v. Baxter [1866] L.R. 2 C.P. 174: „ratification can only be by a person as - certained at the time of the act done - by a person in existence either actually or in contemplation of law."
[429] Vgl. Halsbury's Laws of England, Vol. 1, para.760.
[430] Vgl. Pennington, Company Law, S.88.
[431] Vgl. Re Northumberland Avenue Hotel Co., [1886] 33 Ch. D. 16; Natal Land & Colonization Co. v. Pauline Colliery & Development Syndicate [1904] A.C. 120: in beiden Entscheidungen ist eine teilweise Erfüllung des Vertrages oder die Annahme von Leistungen durch die Gesellschaft, entsprechend den Vereinbarungen des mit den Gründern geschlossenen Vertrages, allein als noch kein hinreichender Beweis für den Abschluss eines neuen Vertrages angesehen worden.

setzgeber, trotz zahlreicher Versuche[432], bis heute nicht gelungen, die aus dem common law resultierenden negativen Folgen abzuändern und einer für beide Seiten wirtschaftlich sinnvollen und gerechten Lösung zuzuführen. So hatte das im Jahre 1959 vom Handelsministerium zur Reform des Companies Act 1948 eingesetzte sog. Jenkins Committee in ihrem Abschlussbericht 1962 bereits eine Empfehlung dahingehend abgegeben, dass die Gesellschaft nach ihrer Gründung einseitig und unabhängig von der anderen Vertragspartei die in ihrem Namen von den Gründern abgeschlossenen Verträge als bindend akzeptieren kann - *adoption*.[433]

Der Entwurf der Companies Bill 1973, der in section 6 (1) - abweichend von der bisherigen Rechtsprechung - eine nachträgliche Genehmigung des Vertrages durch die neu gegründete Gesellschaft vorsah, scheiterte jedoch an der Auflösung des Parlaments im Februar 1974 und dem anschließenden Regierungswechsel.

1.2 Haftung der Handelnden

Da die nach Abschluss des Rechtsgeschäfts eingetragene Gesellschaft von jeglicher Haftung befreit ist, stellt sich daher die Frage, inwieweit die am Vertragsschluss Beteiligten für die im Namen der noch einzutragenden Gesellschaft eingegangenen Verpflichtungen gegenüber Dritten einstehen müssen.

1.2.1 Historische Entwicklung der Handelndenhaftung

In der bereits zitierten Entscheidung *Kelner v. Baxter* setzte sich das House of Lords auch mit dieser Problematik auseinander und entschied, dass der am Vertragsschluss Beteiligte für alle im Namen der zukünftigen Gesellschaft geschlossenen Verträge persönlich haftet, und zwar auch dann, wenn er ausdrücklich als Treuhänder oder Vertreter der Gesellschaft aufgetreten ist.[434] Das House of Lords begründet seine Entscheidung für eine persönliche

---

[432] Anders als in England, haben eine Vielzahl von Ländern, in denen das common law zur Anwendung kommt, eine gesetzliche Regelung eingeführt, nach der eine nachträgliche Genehmigung der vor der Eintragung geschlossenen Rechtsgeschäfte durch die Gesellschaft möglich ist (bsplw. Republik Irland, sec. 37 ICA 1963; Südafrika, sec. 71 SACA 1926).

[433] Vgl. Report of the Jenkins Committee on the Reform of English Company Laws, para. 54 (b), CMND 1749 (1962).

[434] Vgl. Kelner v. Baxter [1866] L.R. 2 C.P. 174: „where a contract is signed by one who professes to be signing as agent, but who has no principal existing at that time, and the contract would be altogether inoperative unless binding

Haftung des Handelnden unter anderem damit, dass dem Dritten aus Gründen der Rechtssicherheit ein überwiegendes Interesse dahingehend zugesprochen werden muss, mit dem Handelnden selbst und nicht mit der zukünftigen Gesellschaft einen wirksamen Vertrag abzuschließen, auch wenn der Dritte den Vertrag auf dem Papier mit der noch nicht eingetragenen Gesellschaft abschließt. Ein Handelnder könne nur dann persönlich haften, wenn auch ein wirksamer Vertrag mit dem Dritten zustande gekommen ist.[435]

Bis zum Jahre 1954 war die persönliche Haftung des Handelnden für vor der Eintragung der Gesellschaft getätigte Rechtsgeschäfte gefestigte Rechtsprechung, da ein wirksamer Vertragsabschluss des Handelnden mit dem Dritten vermutet wurde. Im Jahre 1954 sorgte dann die Entscheidung *Newborne v. Sensolid (Great Britain) Ltd.*[436] für erhebliche Unruhe im Wirtschaftsleben, da die Entscheidung im krassen Gegensatz zu der bisher praktizierten Rechtsauffassung beim Zustandekommen von Verträgen vor Eintragung der Gesellschaft stand.

Der Entscheidung lag der folgende Sachverhalt zugrunde:

> *„Der Einzelhändler Newborne beabsichtigte eine Gesellschaft zu gründen. Da er die Gesellschaft schon vor einiger Zeit zur Eintragung beim Registrar angemeldet hatte, ging er davon aus, dass die Gesellschaft bereits eingetragen sei. In diesem Glauben schloss er im Namen der Gesellschaft mit der Sensolid Ltd. einen Vertrag über den Verkauf von Dosenschinken. Kurz nach Abschluss des Vertrages sank der Marktpreis für Schinken und die Sensolid Ltd. verweigerte die Abnahme des gelieferten Schinkens. Als sich in dem anschließend von der Newborne Ltd. geführten Schadensersatzprozess herausstellte, dass die Gesellschaft zum Zeitpunkt des Vertragsschlusses noch nicht eingetragen war, trat Newborne als Unterzeichner des Vertrages persönlich an die Stelle der Gesellschaft."*

Zur großen Überraschung aller, lehnte das Gericht in seiner Entscheidung, entgegen der bisher praktizierten *Kelner v. Baxter* Rechtsprechung, das wirksame Zustandekommen eines Vertrages mit dem persönlich am Vertragsschluss beteiligten Unterzeichner ab. In

upon the person who signed it, he is bound thereby; and a stranger cannot by a subsequent ratification relief him from that responsibility."

[435] Vgl. Kelner v. Baxter [1866] L.R. 2 C.P. 174.

[436] Vgl. Newborne v. Sensolid (Great Britain) Ltd. [1954] 1 Q.B. 45.

seiner Begründung führte das Gericht unter anderem aus, dass die zwischen den Parteien getroffene Vereinbarung dahingehend ausgelegt werden müsse, dass die Sensolid Ltd. den Vertrag ausschließlich mit der Gesellschaft und nicht mit dem Unterzeichner selbst habe abschließen wollen. Die Unterschrift des Klägers habe allein dazu gedient, die Authentizität des Vertragsdokuments zu belegen.[437]

Diese abweichende Entscheidung des Gerichts hat in der Folge Anlass zu reger Diskussion gegeben.[438] Zum einen wurde die Unvereinbarkeit beider Entscheidungen betont[439]; andere versuchten wiederum, die Entscheidungen auf einen gemeinsamen Nenner zu bringen.[440]

Mit Umsetzung des Artikel 7 der ersten gesellschaftsrechtlichen EG Richtlinie in das englische Recht ist der Unterschied zwischen den beiden oben angesprochenen Entscheidungen jedoch beseitigt worden.[441] Nach sec. 36C (I) CA 1985[442] kann der Dritte jetzt den für die zukünftige Gesellschaft Handelnden aufgrund des sog. „pre-incorporation contract“ in Anspruch nehmen. Der unmittelbar Handelnde haftet also immer, unabhängig davon, ob er nun als Vertreter der Gesellschaft aufgetreten ist oder nur, um die Authentizität des Vertragsdokuments zu bestätigen. Trotz der Umsetzung in das englische Recht ist aber heute immer noch zweifelhaft, ob im Gegenzug der Handelnde selbst auch einen solchen Vertrag gegen den Dritten durchsetzen kann. Nach common law spricht die herrschende Meinung aber eher dafür;[443] eine abschließende gerichtliche Entscheidung, ob der Auslegung von sec. 36C (I) CA 1985 etwas anderes zu entnehmen ist, steht noch aus.[444]

---

437 Vgl. Newborne v. Sensolid (Great Britain) Ltd. [1954] Q.B. 45.

438 Vgl. Markesinis, (1976) 35 Camb. L.J. 112, 116; G.R. Sullivan, (1983) Conv. & Prop. Law, 119, 120; M.H. Ogilvie, (1983) 17 U.B.C.L. Rev. 321, 334.

439 Vgl. H.R Gray, (1953) 17 Conv. & Prop. Law 217, 218ff; F.J. Nugan, J.S. Ziegel, Studies in Canadian Company Law, 1967, 197, 199; G. Shapira, (1973-1976) 3 Otago L.Rev. 309, 315ff.

440 Vgl. G.H.L. Fridman, 1966, 166 N.L.J., 1605ff.

441 Die Umsetzung der Richtlinie hatte lediglich Auswirkungen für England; Australien dagegen hält nach wie vor an der geschilderten Unterscheidung zwischen Kelner v. Baxter und Newborne v. Sensolid fest.

442 "A contract which purports to be made by or on behalf of a company at a time when the company has not been formed has effect, subject to any agreement to the contrary, as one made with the person purporting to act for the company or as agent for it, and he is personally liable on the contract accordingly."

443 Vgl. Gower, S.143; Palmers Company Law, Vol. I, 27-03; Markesinis, 35 Camb. L.J. 116, 126.

444 Vgl. Rover International Limited v. Cannon Film Sales Ltd [1987] B.C.L.C. 540.

1.2.2 Schutzmöglichkeiten vor persönlicher Haftung

Anders als in Deutschland, wo die Haftung des Handelnden automatisch erlischt, sobald die Gesellschaft ins Handelsregister eingetragen wird und sämtliche Rechte und Pflichten auf die jetzt entstandene GmbH übergehen, sind die Handelnden in England dazu gezwungen, nach einem anderen Schutzmechanismus zu suchen, um die persönliche Haftung von sich abwenden zu können. Im wesentlichen kommen hierzu aber nur zwei Möglichkeiten in Betracht.

Zum einen hat der Handelnde die Möglichkeit, mit dem Vertragspartner lediglich einen sog. Optionsvertrag abzuschließen, aus dem er nach der Eintragung der Gesellschaft die mit dem Dritten eingegangenen Rechte und Pflichten an diese abtreten kann. Der Handelnde räumt der Gesellschaft also ein Optionsrecht zur Übernahme des Vertrages ein.[445] Der Vorteil für den Handlenden bei dieser Konstruktion ist, dass der Handelnde an den Dritten nur den vereinbarten Preis für die Einräumung des Optionsrechts zahlen muss. Der praktische Nachteil liegt jedoch darin, dass der Dritte als Optionsgeber in der Regel nur gegen einen sehr hohen Preis bereit sein wird, sich bis zur Eintragung der Gesellschaft für eine längere Zeit an die vertraglichen Verpflichtungen zu binden, so dass ein solches Optionsmodell für den Großteil der kleinen und mittleren Gesellschaften nicht bezahlbar und rentabel ist. Der Handelnde trägt außerdem das Risiko, den für die noch einzutragende Gesellschaft verauslagten Optionspreis vollständig zu verlieren, wenn die Gesellschaft nachträglich nicht zur Eintragung gelangt oder das Optionsrecht nicht ausübt.[446]

In der Praxis wird daher zugunsten des Handelnden überwiegend ein anderes Modell favorisiert. Der Vertragspartner vereinbart mit dem Handelnden, ihn unter der Voraussetzung von der persönlichen Haftung zu befreien, dass die noch einzutragende Gesellschaft den zwischen ihnen geschlossenen Vertrag übernimmt.[447] Der Vertragspartner gibt dem Handelnden damit seine ausdrückliche und vorweggenommene Zustimmung, den Vertrag nach der Eintragung der Gesellschaft mit dieser noch einmal erneut abzuschließen („*novation*"). Da durch diese Regelung aber die Haftung des Handelnden wieder auflebt,

[445] Vgl. Pennington, S. 90ff.
[446] Vgl. Gross, 87 L.Q.R. 367, 390ff.
[447] Vgl. Pennington, S. 90; Re Empress Engineering Co. (1880) 16 Ch. D. 125 (C.A.).

wenn die Gesellschaft, aus welchen Gründen auch immer, nachträglich den erneuten Vertragsabschluss mit dem Dritten verweigert, wird in der Praxis weiter vereinbart, dass für den Fall, dass die Gesellschaft den Vertrag mit dem Dritten nicht bis zu einem im voraus festgelegten Zeitpunkt zu den gleichen Bedingungen neu abschließt, der Handelnde ohne rechtliche Konsequenzen von dem Vertrag zurücktreten kann.[448]

2. Die Haftung gegenüber der Gesellschaft

Der director einer private company haftet im company law bei einer Pflichtverletzung in Ausübung seiner Organtätigkeit grundsätzlich nur der Gesellschaft gegenüber. Dies wird, ähnlich wie im deutschen Recht, damit begründet, dass das Handlungsorgan die Erfüllung der ihm übertragenen gesetzlichen und vertraglichen Aufgaben allein der rechtsfähigen Gesellschaft schuldet.[449] Diesen Grundsatz hat der Court of Appeal in seiner Entscheidung *Stein v. Blake*[450] erst kürzlich wieder bestätigt.

> *„Der Kläger und der Beklagte waren zu jeweils 50 % an zwei Gesellschaften beteiligt. Der Beklagte war alleiniger Geschäftsführer beider Gesellschaften und übertrug deren gemeinsame Vermögenswerte auf andere Gesellschaften, deren alleiniger Gesellschafter der Beklagte war. Der Kläger behauptete, der Beklagte hätte durch die missbräuchliche Verwendung der Vermögenswerte gegen seine Treuepflichten verstoßen und machte Schadensersatzansprüche gegen den Beklagten in entsprechender Höhe geltend."*

Das Gericht wies die Klage als unzulässig zurück, mit der Begründung, dass nur die Gesellschaft, nicht aber der Gesellschafter selbst berechtigt sei, Schadensersatzansprüche gegen den geschäftsführenden Gesellschafter geltend zu machen.[451] Das Gericht ging in seiner Entscheidung sogar soweit zu sagen, dass die Klage so offensichtlich unzulässig gewesen sei, dass die Zulassung zur Berufung durch das Untergericht gar nicht erst hätte erfolgen dürfen.

---

[448] Vgl. Pennington, S. 90.
[449] Vgl. Multinational Gas and Petrochemical Co. v. Multinational Gas and Petrochemical Services Ltd. [1983] Ch. 258.
[450] Vgl. Stein v. Blake [1998] 1 All ER 724.
[451] Vgl. Stein v. Blake [1998] 1 All ER 724.

2.1 Äquivalent zu § 43 GmbHG

Anders als das deutsche Recht, kennt aber das englische Recht keinen § 43 GmbHG vergleichbaren gesetzlichen Haftungstatbestand, der allgemeine Sorgfaltspflichten der Organe gegenüber der Gesellschaft festschreibt. Mit Aufnahme ihrer Tätigkeit für die Gesellschaft übernehmen die directors vielmehr eine Reihe unterschiedlichster, von der Rechtsprechung modifizierter, treuhänderischer Sorgfalts- und Treuepflichten, deren fahrlässige oder vorsätzliche Verletzung Schadensersatzansprüche der Gesellschaft auslöst.

2.2 Historische Entwicklung der Sorgfalts- und Treuepflichten aus dem Verständnis des englischen „Trust“ (Treuhand)

Die heute im englischen Gesellschaftsrecht anerkannten Sorgfalts- und Treuepflichten eines directors gegenüber der Gesellschaft basieren auf dem bereits im 18. Jahrhundert vom damaligen Court of Chancery[452] festgelegten treuhänderischen Prinzip, dass alle Personen, die fremdes Vermögen verwalten oder repräsentative Aufgaben zum Wohl und Nutzen Dritter ausüben, unter Haftungsandrohung in besonderem Maße auf Treu und Glauben und auf sorgsame Wahrung der Interessen derer verpflichtet sind, die sie repräsentieren.[453]

Bis zur Mitte des 19. Jahrhunderts gab es in England so gut wie keine eingetragenen Gesellschaften. Der Grund dafür lag nicht in einer mangelnden Eintragungsbereitschaft der Gesellschaften, sondern hatte vielmehr finanzielle Hintergründe. Da die Eintragung einer Gesellschaft unter anderem die kostspielige *Royal Charter*[454] (Verleihung der selbständigen Rechtspersönlichkeit durch einen Staatsakt des Königs) und den *Special Act of Parliament*[455] (Einzelgesetz des Parlaments) voraussetzte, blieb die Eintragung in der Regel nur großen und einflussreichen Kolonialhandelsunternehmen vorbehalten. Um dennoch in den Genuss der Vorteile der Eintragung (Unabhängigkeit vom Gesellschafterbestand, breite Kapitalansammlung, Handel von Anteilen, beschränkte Außenhaftung) zu gelan-

---

[452] Der Court of Chancery ist der Vorgänger der heutigen Chancery Division des High Court, der sich ausschließlich mit Fragen aus dem Bereich des equity beschäftigt.
[453] Vgl. Zweigert/Kötz, Introduction to Comparative Law, Vol. II, S.252.
[454] Vgl. Gower, S.4.
[455] Vgl. Gower, S.4.

gen, schlossen sich partnerships[456] (einfache Personengesellschaften ohne Eintragung) treuhänderisch[457] in sogenannten *equitable-joint-stock-companies* zusammen. Bei den *equitable-joint-stock-companies* verwaltete ein Treuhänder, der auch die Leitung der Gesellschaft übernahm, das Gesellschaftsvermögen der Handelsgesellschaft. Die von dem Gesetzgeber vorgesehene unbeschränkte Außenhaftung der Gesellschafter bei nicht vorhandener Eintragung umgingen diese, indem sie einfach die Gründungsurkunde (*deed of settlement*) nicht zeichneten; anonym konnten sie nicht verklagt und haftbar gemacht werden.[458] Durch den Erlass des Joint Stock Company Act 1844 wurde dann die Möglichkeit der allgemeinen Eintragung geschaffen und durch den Limited Liability Act 1855 wurde die beschränkte Haftung im vollen Umfang zugelassen.

Obwohl sich das Aufgabengebiet eines heutigen directors im Vergleich zu damals erheblich gewandelt hat, ist das englischen Gesellschaftsrecht nach wie vor von dem vor über 200 Jahren entwickelten Prinzip der treuhänderischen Verwaltung geprägt.[459] Ein director hat heute beispielsweise auch eine unternehmerische Funktion, infolge derer er auch gezwungen ist, wirtschaftliche Risiken einzugehen, was einem Treuhänder im eigentlichen Sinne untersagt ist.[460] Da der director jedoch nicht für sich selbst, sondern für die Gesellschaft handelt, hat die Rechtsprechung die Pflichtenstellung des directors gegenüber der Gesellschaft heute sowohl der eines Treuhänders, als auch der eines Vertreters nachempfunden.[461]

Resultat dieser Entwicklung ist, dass aus dem Treuhandverhältnis heraus bestimmte Sorgfalts- und Treuepflichten entstehen, die der director im Verhältnis zur Gesellschaft beachten muss, will er sich nicht haftbar machen.

---

[456] Vgl. Gower, S.19.
[457] Vgl. Gower, S.29; vgl. Allgemein zum Trust: H. Kötz, Trust und Treuhand: Die Rezeption des Trust im deutschen Recht 1962, S.22.
[458] Vgl. Kötz, S. 23; Neuling, S. 7-9.
[459] Vgl. Sealy (1987) 13 MonULR 164, 165: "Much of the law handed down to us reflects this Victorian perception of the company… ."
[460] Vgl. Boyle and Birds, 14.2, S. 499.
[461] Vgl. im einzelnen Gower, S. 598; Pennington, S. 550ff.; Elkington & Co. v. Hürter [1892] 2 Ch. 452; Regal (Hastings) Ltd. v. Gulliver [1942] 1 All E.R. 378.

2.3 Sorgfaltspflichten des directors - "duties of skill and care"

Auf die Frage, was eine Gesellschaft von einem director erwarten darf, um die Interessen der Gesellschaft zu fördern, konnte man bis vor kurzem nur die zynische Antwort geben - „äußerst wenig". Die Gerichte verlangten bisher weder irgend ein Maß an Kompetenz, noch verlangten sie den directors ein hohes Maß an Einsatzbereitschaft für die Gesellschaft ab.[462] Die richterliche Ablehnung, den directors eine Verantwortung für ihr Handeln zuzusprechen, das sich jenseits grober Fahrlässigkeit bewegt, fand seinen vorläufigen Höhepunkt in der Entscheidung *Re City Equitable Fire Insurance Co.*[463], in der der Vorsitzende Romer J. die nachfolgend unter 2.3.1 dargestellten Maßstäbe für die von dem director gegenüber der Gesellschaft geschuldeten Sorgfaltspflichten festlegt hat.

2.3.1 Anforderungen an die Sorgfaltspflichten des directors

Ein director muss bei der Ausübung seiner Pflichten kein höheres Maß an Können und Kompetenz aufweisen, als man gewöhnlich von einer Person mit seiner (subjektiven) Qualifikation erwarten würde.[464] So wurden beispielsweise zwei directors einer Gummi-Handelsgesellschaft von der Haftung freigesprochen, obwohl sie trotz ihrer Unerfahrenheit im Gummi-Handel, durch hochspekulative Geschäfte die Gesellschaft in die Insolvenz getrieben hatten.[465] Der Vorsitzende Neville J. führte hierbei aus,

> *„dass ein director nicht verpflichtet sei, irgendeine spezielle Qualifikation für sein Amt mitzubringen. Er dürfe die Geschäfte einer Gummi-Handelsgesellschaft führen, ohne Rücksicht darauf, ob er besondere Vorkenntnisse auf diesem Gebiet aufweise und sei für Fehlentscheidungen, die aus seiner Unerfahrenheit oder fehlenden Vorkenntnisse resultierten, in keinem Fall verantwortlich. Nur für den Fall, dass der director bereits über besondere Kenntnisse im geschäftlichen Umfeld der Gesellschaft verfüge, sei er auch verpflichtet die Gesellschaft beim Abschluss von Geschäften von diesem Wissen profitieren zu lassen."*[466]

---

[462] Vgl. Loose/Griffiths/Impey, S. 150.
[463] Vgl. Re City Equitable Fire Insurance Co. [1925] Ch. 407, 426ff.
[464] Vgl. Re City Equitable Fire Insurance Co. [1925] Ch. 407, 426ff.
[465] Vgl. Re Brazilian Rubber Plantations and Estates Ltd. [1911]; 1 Ch. 425, 437.
[466] Vgl. Re Brazilian Rubber Plantations and Estates Ltd. [1911]; 1 Ch. 425, 438: "a director is not bound to bring any special qualifications to his office. He may undertake the management of a rubber company in complete ignorance of anything connected with rubber, without incurring responsibility for mistakes which may result from such

Der director ist weiterhin nicht dazu verpflichtet, ständig an der Leitung des Unternehmens mitzuwirken. Die Pflichten des directors zur Leitung des Unternehmens beschränken sich im wesentlichen darauf, von Zeit zu Zeit an Sitzungen der Geschäftsführung teilzunehmen; eine Pflicht zur kontinuierlichen Teilnahme besteht jedoch nicht.[467] Ein sehr extremes Beispiel für diese Vorgehensweise stellt der Fall *Re Cardiff Savings Bank, The Marquis of Bute's case*[468] dar. In diesem Fall entging der Marquis von Bute, der bereits im Alter von sechs Monaten zum Vorstandsvorsitzenden der Bank ernannt worden war, einer Haftung, obwohl die Bank aufgrund von Unregelmäßigkeiten bei der Unternehmensleitung nur deshalb große finanzielle Verluste hinnehmen musste, weil der Marquis von Bute in den 38 Jahren seiner Vorstandstätigkeit nur an einer einzigen Vorstandssitzung teilgenommen hatte. Der Vorsitzende Sterling J. führte hierzu aus:

> *„Das Vernachlässigen oder Auslassen von Vorstandssitzungen ist nicht gleichzusetzen mit dem Unterlassen oder Vernachlässigen der Verpflichtungen, die einen Vorstand bei der Teilnahme an einer solchen Sitzung treffen."*[469]

Schließlich darf ein director auch auf die Angaben der Mitgeschäftsführer vertrauen, sofern er keine konkreten Anhaltspunkte für eine Pflichtverletzung hat.[470] So muss der director auch nicht die Geschäftsbücher selbst überprüfen; er kann sich auf seine Mitgeschäftsführer oder Angestellten verlassen. Solange der director keinen Grund hat, Missbrauch oder Unregelmäßigkeiten innerhalb der Gesellschaft zu vermuten, macht er sich nicht schadensersatzpflichtig.[471]

Anders als im deutschen GmbH-Recht, bei dem der Verschuldensmaßstab rein objektiv bestimmt wird, ist der Sorgfaltsmaßstab im englischen Recht bisher betont subjektiv ausgerichtet. Er bestimmt sich unter anderem nach der Größe der Gesellschaft und den kon-

---

ignorance. ....if a director were to have special knowledge relevant to the business of his company, then he must give the company the benefit of that knowledge when carrying on the business of the company."

[467] Vgl. vgl. Re City Equitable Fire Insurance Co. [1925] Ch. 407, 426ff.

[468] Vgl. Re Cardiff Savings Bank, The Marquis of Bute's case [1892] 2 Ch. 100, 108.

[469] Vgl. Re Cardiff Savings Bank, The Marquis of Bute's case [1892] 2 Ch. 100, 108: „ Neglect or omission to attend meetings is not, in my opinion, the same thing as neglect or omission of a duty which ought to be performed at those meetings"; mit der Einführung von reg. 81 Table A Companies Regulations 1985, SI 1985/805, muss die Entscheidung unter dem Aspekt neu überdacht werden, dass wenn ein director über einen Zeitraum von sechs Monaten hinweg ununterbrochen an keiner Sitzung teilgenommen hat, die Mitgeschäftsführer dazu berechtigt sein sollen, für dessen Abberufung zu stimmen.

[470] Vgl. Re City Equitable Fire Insurance Co. [1925] Ch. 407, 426ff.

[471] Vgl. Dovey v. Corey [1901] A.C. 477, 483ff; Land Credit Co. of Ireland v. Lord Fermoy [1870] 5 Ch. App. 763; Huckerby v. Elliot [1970] 1 All ER 189.

kreten Aufgaben des directors. Der director übt im Gegensatz zu seiner Stellung im deutschen Recht eher eine Art Repräsentantenfunktion aus. Entscheidend ist, dass den Gesellschaftern mit dem director eine integre Persönlichkeit zur Verfügung steht. Für das Fachwissen in den einzelnen Geschäftsbereichen sind dagegen die Mitarbeiter verantwortlich. Die Loyalität gegenüber der Gesellschaft wird höher bewertet, als das von dem Geschäftsführer objektiv einzubringende Fachwissen. Der Satz „to act honestly for the benefit of the company“[472], charakterisiert die Funktion des directors zutreffend. Es genügt daher, wenn der director sich bei der Leitung des Unternehmens bemüht, im Rahmen seiner persönlichen Fähigkeiten zu handeln.

2.3.2 Entwicklungstendenzen

Obwohl die oben genannten Grundsätze im englischen Gesellschaftsrecht bisher immer als unangefochtener Maßstab für die Beurteilung der von dem director gegenüber der Gesellschaft geschuldeten Sorgfaltspflichten galten[473], so mehren sich doch seit kurzem die Anzeichen dafür, dass diese, vor über 75 Jahren festgelegten Grundsätze, mittlerweile nicht mehr zeitgemäß sind und als überholt gelten. Die Entscheidungen in der Vergangenheit betrafen größtenteils die nicht aktiven Geschäftsführer der „alten Schule“, die lediglich ihren guten Namen und ihre Beziehungen in die Gesellschaft eingebracht hatten, von denen aber zu keinem Zeitpunkt erwartet werden konnte, dass sie auch kaufmännischen oder finanziellen Sachverstand in die Gesellschaft mit einbrachten. In der bereits zitierten Brazilian Rubber-Entscheidung wurde einer der Geschäftsführer von den Gesellschaftern damit geködert, dass sie ihm eine „angenehme Teilzeittätigkeit ohne Verantwortung und Pflichten“ versicherten.

Aufgrund des sich stetig wandelnden Wirtschaftslebens setzt sich seit kurzem in der Rechtsprechung immer mehr die Ansicht durch, dass ein director unabhängig von seiner Qualifikation oder seiner Kompetenz immer die Sorgfalt walten lassen muss, die man von einem durchschnittlichen Geschäftsmann in eigenen Angelegenheiten erwarten darf.[474] Diese Sorgfaltspflicht soll sich dabei aber nicht nur auf das aktive Tun des directors beschränken, sondern sie soll insbesondere auch die Pflicht des directors mit einschließen,

---

[472] „Ehrlich handeln, zum Wohl der Gesellschaft.“
[473] Vgl. Huckerby v. Elliott [1970] 1 All ER 189; diese Grundsätze wurden selbst noch in der Entscheidung Kuwait Asia Bank EC v. National Mutual Life Nominees Ltd. [1990] 3 All ER 404 zitiert.
[474] Vgl. Dorchester Finance Co. Ltd. v. Stebbings [1989] BCLC 498.

in bestimmten Situationen selbst Initiative zu zeigen. Bis zu einem gewissen Grad sind diese erweiterten Pflichten des directors auch schon gesetzlich verankert, wenn auch in einem anderen Kontext.[475] So setzen sich die Bestimmungen der sec. 214 des Insolvency Act 1986 und der sec. 6 des Company Directors Disqualification Act 1986 mit der Frage auseinander, ob ein director - qualifiziert oder nicht - erkennen musste, dass sich die Gesellschaft in finanziellen Schwierigkeiten befindet. Es ist davon auszugehen, dass sich die für den Fall einer drohenden Insolvenz gesetzlich festgelegten Anforderungen an die Sorgfaltspflichten[476] eines directors, über kurz oder lang inhaltlich auch auf die allgemein gegenüber der Gesellschaft geschuldeten Sorgfaltspflichten des directors auswirken werden.

Dass auch das englische Gesellschaftsrecht immer mehr zur Anwendung eines objektiveren Sorgfaltsmaßstabes tendiert, scheint sich in zwei jüngeren Urteilen zu bestätigen, in denen Lord Hoffmann den Vorsitz führte. In der Entscheidung *Norman v. Theodore Goddard*[477] statuierte Richter Hoffmann, dass sich der Sorgfaltsmaßstab, den ein director gegenüber der Gesellschaft allgemein anzuwenden hat, ausdrücklich aus sec. 214 (4) des Insolvency Acts 1986 entnehmen lasse. In anderen Worten ist der director dazu verpflichtet, das erforderliche Wissen und Können zu zeigen, das man von einem durchschnittlichen Geschäftsmann in dieser Position erwarten darf.

Derselbe Richter wiederholte diese Rechtsauffassung noch einmal in der Entscheidung *Re D`Jan of London Ltd.*[478] Richter Hoffmann führte hierzu aus:

> *„aus meiner Sicht ergibt sich die allgemein geschuldete Sorgfaltspflicht eines directors aus sec. 214 (4) des Insolvency Act 1986.“*[479]

Es ist daher davon auszugehen, dass der englische Gesetzgeber nicht umhinkommen wird, den Companies Act 1985 um eine neue sec. 309A zu erweitern, um die Entscheidung *Re D`Jan of London Ltd.* auf eine gesetzliche Grundlage zu stellen. Die Umsetzung

---

[475] Für den Fall einer drohender Insolvenz einer Gesellschaft, hat der Gesetzgeber 1986 durch die Einführung des Insovency Act und des Directors Disqualifications Act erstmals Sorgfaltspflichten eines directors gesetzlich verankert.
[476] Vgl. hierzu eingehend die Ausführungen unter § 4 II Ziffer 5.
[477] Vgl. Norman v. Theodore Goddard [1992] BCC 14.
[478] Vgl. Re D`Jan of London Ltd. [1993] BCC 646.
[479] „In my view, the duty of care owed by a director at common law is accurately stated in s. 214(4) of the Insolvency Act 1986.“

dieser richterlichen Feststellung durch den englischen Gesetzgeber hat mittlerweile auch die Law Commission in seinem im September 1999 veröffentlichten Report zur Modernisierung des englischen Gesellschaftsrechts vorgeschlagen.[480]

2.4 Treuepflichten des directors - "fiduciary duties of loyalty and good faith"

Inhalt der Treuepflichten ist vor allem, dass die directors im Interesse der Gesellschaft handeln müssen.[481] Bei der Bestimmung dessen, was genau das Interesse der Gesellschaft eigentlich darstellt, spielt das eingangs beschriebene Treuhandverständnis eine wichtige Rolle. Es führt im Ergebnis zu einer Ausrichtung des Gesellschaftsinteresses auf die einheitlichen Interessen aller gegenwärtigen und zukünftigen Gesellschafter.[482] Ein eigenständiges Gesellschaftsinteresse wird dagegen verneint.[483]

Ebenso wenig sind andere Interessen, wie beispielsweise diejenigen der Arbeitnehmer[484], der Allgemeinheit oder Gesellschaftsdritter relevant.[485] Die Pflichten der Geschäftsführer sind somit ausschließlich der Gesellschaft geschuldet. Sie bestehen aber darin, das Interesse aller Gesellschafter zu beachten. Weitere grundlegende Treuepflichten des directors sind die Pflicht, nur für einen lauteren Zweck zu handeln, Konflikte zwischen persönlichem und Gesellschaftsinteresse zu vermeiden (hierbei kommt es weniger auf die formelle Rechtsstellung an - wie etwa nach der traditionellen Auslegung des § 181 BGB - als auf den eigentlichen materiellen Interessenkonflikt)[486] sowie keine geheimen, persönli-

---

[480] Vgl. Law Commissioners Draft Statement of Directors' Duties, Law Com No 261, September 1999; "a director owes the company a duty to exercise the care, skill and diligence which would be exercised in the same circumstances by a reasonable person having both: a) the knowledge and experience that may reasonably be expected of a person in the same position as the director, and b) the knowledge and experience which the director has."

[481] Vgl. Lord Greene MR in Re Smith & Fawcett Ltd [1942] Ch. 304, 306.

[482] Vgl. Farrar, S. 383ff. Dies gilt auch schon deshalb, weil nach englischem Rechtsverständnis nur natürliche Personen Interessen haben können, Grantham (1991) JBL 5.

[483] Vgl. Evershed M.R in Greenhalgh v. Arderne Cinemas [1951] Ch. 286, 291: "The phrase the company as a whole does not mean, the company as a commercial entity as distinct from the corporators."; Ford, Principles of Company Law, para.1507: "The company is not the abstract entity, but the members as a whole in their capacity as associated persons."

[484] Beachte aber sec. 309 CA 1985, wonach der director die Interessen der Arbeitnehmer zu beachten hat. Da diese Pflicht aber unter die Treuepflicht fällt, schuldet der Geschäftsführer diese auch nur gegenüber der Gesellschaft und nicht gegenüber dem einzelnen Arbeitnehmer. Der einzelne Arbeitnehmer kann daher auch die Einhaltung dieser Pflicht nicht einklagen.

[485] Vgl. Multinational Gas and Petrochemical Co v. Multinational Gas and Petrochemical Services Ltd. [1983] 2 All ER 563; Stein v. Blake [1998] 1 All ER 724.

[486] Vgl. Industrial Development Consultants Ltd. v. Cooley [1972] 1 WLR 443; Selangor United Rubber Estates Ltd v. Craddock (No.3) [1968] 1 WLR 1555.

chen Gewinne und Vorteile[487] aus seiner Stellung zu ziehen. Obwohl directors ohne besondere Vereinbarung keinem Wettbewerbsverbot unterliegen, schränkt die Treuepflicht ihren Spielraum für Wettbewerb weitestgehend ein.[488]

Interessant ist jedoch die Frage, ob der von den Gerichten bei der Beurteilung des Handelns im Interesse der Gesellschaft anzusetzende Maßstab subjektiv oder objektiv ausgerichtet sein muss. Die Tendenz der Gerichte geht dabei eindeutig zugunsten des directors von einer subjektiven Betrachtungsweise aus, auch wenn im Einzelfall objektive Kriterien zu Hilfe genommen werden müssen.[489]

2.5 Haftungsfreistellung der directors

Unter bestimmten Umständen kann der director einer private company von der Haftung gegenüber der Gesellschaft freigestellt werden.

2.5.1 Genehmigung (ratification) und Zustimmung

Ähnlich der Entlastung im GmbH-Recht kann die Gesellschaftergesamtheit den director durch einfachen Mehrheitsbeschluss von der Haftung im Innenverhältnis freistellen.[490] Diese Freistellung durch einfachen Mehrheitsbeschluss kann jedoch nur für solche Pflichtverletzungen erfolgen, die keine ungesetzlichen Handlungen oder Handlungen ultra-vires darstellen.[491] Dies ist insbesondere bei kleinen Gesellschaften von Bedeutung, in denen die directors üblicherweise auch die Mehrheit der Gesellschaftsanteile innehaben und als Gesellschafter bei der Beschlussfassung nicht nur teilnahme-, sondern auch stimmberechtigt sind.[492] Zu den Pflichtverletzungen, die bisher von den Gerichten als nachträglich genehmigungsfähig angesehen wurden, gehören unter anderem die folgen-

[487] Vgl. Industrial Development Consultants Ltd. v. Cooley [1972] 1 WLR 443; Canadian Aero Service v. Malley [1973] 40 DLR 371 (Can. S.C.).
[488] Vgl. Thomas Marshall (Exporters) Ltd. v. Guinle [1978] 3 WLR 116.
[489] Vgl. Lord Greene MR in Re Smith & Fawcett Ltd [1942] Ch. 304, 306: "directors must act bona fide in what they consider - not what a court may consider – is in the interests of the company."; Lord Buckley in Hogg v. Cramphorn Ltd. [1967] Ch. 254: "this means, that directors will be in a breach of their duty to the company if they act either not bona fide in the interests of the company (subjective) or for some improper purpose (objective) even if they themselves believed reasonably that they were acting bona fide in the interests of the company."
[490] Eine Entlastung wie im deutschen Recht ist dem englischen Gesellschaftsrecht fremd; vgl. Pennington, Rdn. 72, Ch. 6.10, S.101; Holt, Britisches Gesellschaftsrecht, AG 1973, S.183, 187.
[491] Vgl. Hogg v. Cramphorn Ltd [1967] Ch. 254.
[492] Vgl. North-West Transportation Co. Ltd. v. Beatty [1887] 12 App. Cas. 589.

den Handlungen: Das Erzielen eines persönlichen und nicht offengelegten Gewinns durch den director, ohne dabei jedoch die Gesellschaft zu schädigen; fahrlässige oder nachlässige Verfügungen über das Gesellschaftsvermögen,[493] vorausgesetzt, der director hat durch die fahrlässige Verfügung selbst keinen Nutzen gezogen.[494]

Pflichtverletzungen dürfen dagegen dann nicht nachträglich genehmigt werden, zumindest nicht unter Zuhilfenahme der eigenen Stimmen der directors, wenn diese nicht in gutem Glauben gehandelt haben oder wenn ihr Verhalten einen Betrug zum Nachteil der Minderheitsgesellschafter darstellt, so beispielsweise, wenn die directors eine geschäftliche Gelegenheit selbst ergreifen, die sie eigentlich der Gesellschaft zur Verfügung hätten stellen müssen. In der Entscheidung *Cook v. Deeks*[495] wurde den directors bei der Beschlussfassung ihr Stimmrecht, mit dem sie ihre Handlungen nachträglich hätten genehmigen können, verwehrt, da dies einen Missbrauch zu Lasten der Minderheitsgesellschafter bedeutet hätte.

In Bezug auf ultra-vires-Handlungen, die vor Einführung des CA 1985 nicht genehmigungsfähig waren, sieht sec. 35 Absatz 3 CA 1985 nunmehr vor, dass auch Rechtsgeschäfte außerhalb des Gesellschaftsgegenstandes von der Gesellschafterversammlung genehmigt werden können, jedoch nur mit qualifizierter Mehrheit. Im Gegensatz zur nachträglichen Genehmigung, können die Gesellschafter auch schon im voraus ihre Zustimmung zum Verhalten des directors geben. Eine solche vorangegangene Zustimmung bedarf, ebenso wie die nachträgliche Genehmigung, nicht unbedingt eines formellen Gesellschafterbeschlusses mit einfacher Mehrheit; ausreichend ist vielmehr schon, wenn sich die zur Beschlussfassung berechtigten Gesellschafter formlos und einstimmig darüber geeinigt haben, dass man dem zukünftigen Handeln des directors zustimmt[496], eine Voraussetzung, die wohl nur in kleinen private companies in die Tat umgesetzt werden kann. Die vorhergehende Autorisierung schützt den director aber nicht aus dem Grund, weil er

---

[493] Vgl. Pavlides v. Jensen [1956] 2 All ER 518; die Minderheitsgesellschafter beklagten, dass eine Mine der Gesellschaft unter Wert verkauft worden sei, der Verkauf aber nachträglich durch die Gesellschafterversammlung ordnungsgemäß genehmigt wurde, da die für den Verkauf der Mine verantwortlichen directors die Mehrheitsgesellschafter darstellten.
[494] Vgl. Daniels v. Daniels [1978] 2 All ER 89.
[495] Vgl. Cook v. Deeks [1916] 1 AC 554.
[496] Vgl. Re Horsely and Weight Ltd. [1982] Ch. 442 (C.A.).

durch sie von den Folgen einer Pflichtverletzung freigesprochen wird, sondern weil sie von Anfang an verhindert, dass eine Pflichtverletzung überhaupt entstehen kann.[497]

Im Fall einer nachträglichen Genehmigung ist die Pflichtverletzung dagegen bereits eingetreten. Unklar ist in diesem Fall jedoch, ob die Gesellschafter durch die nachträgliche Genehmigung tatsächlich den director von der Haftung für die Pflichtverletzung freisprechen wollten oder ob sie lediglich beabsichtigten, die Durchführung des Geschäfts zu heilen.[498] Da nach der Regelung in sec. 35 Absatz 3 CA 1985 lediglich die Heilung des Geschäfts vorgesehen ist, bedarf es daher grundsätzlich noch eines weiteren Gesellschafterbeschlusses, durch den der director explizit von der Haftung freigestellt wird. Erfolgt ein solcher Beschluss jedoch nicht, ist es im Falle einer gerichtlichen Auseinandersetzung die Aufgabe des Gerichts festzustellen, ob den Gesellschaftern bei der Beschlussfassung der Unterschied zwischen der bloßen Heilung des ultra-vires-Geschäfts und der Haftungsfreistellung des directors bewusst war.[499]

2.5.2 Haftungsfreistellung durch Satzung oder Vertrag

Im englischen Gesellschaftsrecht ist die nachträgliche vertragliche Freistellung eines directors von der internen Haftung, auch wenn gesetzlich nicht geregelt, grundsätzlich erlaubt.[500]

In der Vergangenheit war es zudem üblich und weit verbreitet, die Haftung der directors gegenüber der Gesellschaft für die Verletzung von Sorgfaltspflichten durch entsprechende Klauseln in der Satzung oder im Anstellungsvertrag im voraus auszuschließen oder einzuschränken.[501] Eine Schadensersatzpflicht sollte immer nur dann in Betracht kommen, wenn man dem director ein vorsätzliches Handeln zum Nachteil der Gesellschaft (wilful default) nachweisen konnte.[502] In der bereits zitierten Entscheidung *Re City Equitable Fire Insurance Co. Ltd.*[503] entgingen die directors, obwohl sie eine Sorgfaltspflichtverletzung begangen hatten, nur deshalb einer Haftung, da eine Inanspruchnahme durch

[497] Vgl. Movitex Ltd. v. Bulfield [1988] BCLC 104.
[498] Vgl. Loose/Griffiths/Impey, S. 194.
[499] Vgl. Loose/Griffiths/Impey, S. 194.
[500] Vgl. Pennington, Fn.72, Ch. 6.10, S.100ff.
[501] Vgl. Loose/Griffiths/Impey, S. 195.
[502] Vgl. Re Brazilian Rubber Plantations and Estates Ltd. [1911]; 1 Ch. 425, 440
[503] [1925] Ch. 407, 426ff.

die Gesellschaft im Rahmen der Satzung zuvor ausgeschlossen worden war. Im Laufe der schritt weisen Modernisierung und Kodifizierung des englischen Gesellschaftsrechts im Rahmen der Companies Acts, bestimmt heute sec. 310 des Company Acts 1985, modifiziert durch den Companies Act 1989, dass eine Regelung in einer Satzung oder in einem Anstellungsvertrag, die die Haftung des directors im voraus ausschließt oder reduziert, immer unwirksam ist.[504]

Der Entscheidung *Movitex Ltd. v. Bulfield*[505] ist darüber hinaus zu entnehmen, dass auch eine Klausel, die lediglich darauf abzielt, die bestehenden Sorgfaltspflichten des directors zu modifizieren oder zu reduzieren, anstatt die Haftung für die Sorgfaltspflichtverletzung von vornherein zu reduzieren oder auszuschließen, unwirksam sein soll. Auf der anderen Seite sind nach sec. 310 CA 1985 Regelungen zulässig, die eine Entschädigung des directors durch die Gesellschaft für den Fall vorsehen, dass sich der director entweder erfolgreich verteidigt und exkulpiert oder durch ein Gericht von der Sorgfaltspflichtverletzung freigesprochen wird. Seit der Modifizierung der alten sec. 310 durch den Companies Act 1989 ist es der Gesellschaft nunmehr auch ausdrücklich erlaubt, für ihre directors Haftpflichtversicherungen abzuschließen. Dies war bisher umstritten.[506] Eine Verschärfung der Haftung zu Lasten der directors ist dagegen immer möglich.

Wie der Vergleich zum deutschen Recht zeigt, bestehen in beiden Rechtsordnungen erhebliche Bedenken gegen eine vorweggenommene Freistellung bzw. Einschränkung der Haftung der Geschäftsführer durch Regelungen in der Satzung oder im Anstellungsvertrag. Anders als in Deutschland eröffnet der englische Gesetzgeber den Parteien jedoch die Möglichkeit, eine Entschädigungsklausel zugunsten des directors zu vereinbaren, die die Gesellschaft zur Zahlung einer bestimmten Summe an den director für den Fall verpflichtet, dass dieser sich erfolgreich exkulpieren kann.

2.5.3 Haftungsfreistellung durch richterliche Entscheidung

Trotz dieser strikten gesetzlichen Regelung besteht nach sec. 727 CA 1985 für den director dennoch die Möglichkeit, bei einer Pflichtverletzung, einem Vertrauensbruch oder ir-

[504] Vgl. R.R. Pennington, Directors' Personal Liability, Ch. 6; R.R. Drury, S. 140ff.
[505] Vgl. Movitex Ltd. v. Bulfield [1988] BCLC 104.
[506] Vgl. hierzu im einzelnen die nachfolgenden Ausführungen unter § 4, II., 7.

gendeiner anderen Verfehlung, der persönlichen Haftung zu entgehen, wenn ein Gericht auf Antrag entscheidet, dass der director ehrlich und vernünftig (honestly and reasonably) gehandelt hat und in Anbetracht aller Umstände fairerweise entschuldigt werden muss.[507] Zu beachten ist dabei aber, dass für eine Exkulpation des directors alle drei genannten Voraussetzungen zusammen vorliegen müssen, wobei es sich bei den beiden zuerst genannten Punkten um Umstände handelt, die dem Beweis zugänglich sind, und bei dem letztgenannten Punkt um einen Umstand, der ganz im Ermessen des jeweiligen Richters steht. Fehlt eine der drei Voraussetzungen, so reicht dies bereits aus, um dem director die Haftungsfreistellung zu versagen, auch wenn er nach den äußeren Umständen wohl fairer weise entschuldigt werden müsste.[508] Im Umkehrschluss ergibt sich daraus für den Anwendungsbereich von sec. 727 CA 1985, dass dieser niemals im Zusammenhang mit einem fahrlässigen oder nachlässigen Verhalten eines directors für eine Haftungsfreistellung herangezogen werden kann, da das Handeln eines directors in diesen Fällen schon nicht vernünftig im Sinne der gesetzlichen Definition gewesen sein kann.[509]

Den Gerichten steht nach dem englischen Recht also die Befugnis zu, vertragliche Vereinbarungen und gesetzliche Regelungen außer Kraft zu setzen. So sind in der Vergangenheit beispielsweise directors deshalb von ihrer persönlichen Haftung freigesprochen worden, weil sie ein ultra-vires-Geschäft im guten Glauben und nach rechtlicher Beratung vorgenommen hatten.[510] Dagegen wurde in einer anderen Entscheidung den directors, die ihrer Pflicht zur Einholung der Zustimmung der Gesellschafter zur Zahlung einer Abfindung an einen entlassenen director nicht nachgekommen waren, eine Haftungsfreistellung vom Gericht versagt.[511] Eine derartige gesetzliche Regelung in bezug auf die Haftung des Geschäftsführers ist dem deutschen Gesellschaftsrecht dagegen fremd, aber auch nicht erforderlich, da der Sorgfaltsmaßstab, der dem Geschäftsführer abverlangt wird, „präzise" im Gesetz festgelegt ist.

---

[507] Vgl. Loose/Griffiths/Impey, S. 195.

[508] So auch entschieden in Re J Franklin & Sons Ltd [1937] 4 All ER 43, wo die directors zu Unrecht der Witwe eines verstorbenen directors Geld aus dem Vermögen der Gesellschaft ausbezahlten und das Gericht eine Haftungsfreistellung für diese Verfehlung verweigerte.

[509] Vgl. Re Produce Marketing [1989] BCLC 513.

[510] Vgl. Re Claridge's Patent Asphalte Co Ltd [1921] 1 Ch 543.

[511] Vgl. Re Duomatic Ltd [1969] 1 All ER 161.

3. Die Haftung gegenüber Mitgliedern und Dritten

3.1 Allgemeines

Der director einer private company haftet im company law bei einer Pflichtverletzung in Ausübung seiner Tätigkeit nach den vorstehend dargestellten Ausführungen grundsätzlich nur der Gesellschaft gegenüber. Dies wird unter anderem damit begründet, dass die Gesellschaft eine von den directors und Mitgliedern zu unterscheidende Rechtseinheit (legal entity) darstellt. Daher können die directors grundsätzlich auch nicht für deliktische Handlungen und Vertragsverletzungen der Gesellschaft haftbar gemacht werden.[512] Eine Inanspruchnahme des directors durch Dritte kommt aber dennoch in Ausnahmefällen in Betracht. Von besonderer Bedeutung ist dabei die deliktische Eigenhaftung des directors.

Anders als in Deutschland, wird die deliktische Eigenhaftung des Geschäftsführers in England bereits seit mehr als einem Jahrhundert maßgeblich von einer gesellschaftsrechtlichen Grundsatzentscheidung geprägt:

3.2 Entwicklung der deliktischen Eigenhaftung des directors

Bereits im Jahre 1897 hat die höchstrichterliche Rechtsprechung in der Grundsatzentscheidung *Salomon v A Salomon & Co Ltd*[513] die Kernprinzipien des englischen Gesellschaftsrechts hinsichtlich einer deliktischen Eigenhaftung des Geschäftsführers entwickelt und diese seither in ständiger Rechtsprechung bestätigt.[514]

Danach trifft einen Einzelkaufmann, der sein Unternehmen in eine von ihm gegründete company einbringt, keine persönliche Haftung mehr, auch wenn er deren einziger Geschäftsführer und wesentlicher Anteilseigner ist. Zum ersten mal wurde hier die Möglichkeit bejaht, eine Gesellschaft nur zum Zweck der Haftungsabschottung zu gründen. Diese grundsätzliche Entscheidung für eine Verselbständigung der juristischen Person und gegen eine persönliche Haftung ihrer Mitglieder[515] begrenzt von vornherein die Mög-

[512] Vgl. Evans & Sons Ltd. V. Spritebrand Ltd. [1985] 2 All E.R. 415.
[513] Vgl. [1897] AC 22, HL.
[514] Vgl. JH Rayner (Mining Lane) Ltd v Department of Trade and Industry [1990] 2 AC 418.
[515] Vgl. Lord Cooke of Thorndon, (1998) 16 Company and Securities Law Journal 160; sowie Sealy, (1998) 16 Company and Securities Law Journal 176.

lichkeiten einer deliktischen Außenhaftung von Geschäftsführern und führt dazu, dass ein Geschäftsführer grundsätzlich nicht für deliktische Verfehlungen der Gesellschaft mit seinem Privatvermögen haften muss.

Diese generelle Immunität der Geschäftsführer vor jeglicher Haftung gegenüber Gesellschaftsgläubigern ist aber in jüngster Zeit durch diverse untergerichtliche Entscheidungen, insbesondere im Bereich der drohenden Insolvenz der Gesellschaft, immer weiter aufgeweicht worden. Bestanden Sorgfaltspflichten des Geschäftsführers bisher nur gegenüber der Gesellschaft[516], so wurden diese nun auch zunehmend auf die Gesellschaftsgläubiger ausgedehnt.[517] Diese Rechtsprechungsentwicklung hat im englischen Recht zu einer dogmatischen Kontroverse geführt. Nun kam nämlich eine Haftung wegen Sorgfaltspflichtverletzungen nicht nur im Verhältnis der Geschäftsführer zur Gesellschaft, sondern auch im Verhältnis der Gläubiger zum Geschäftsführer in Betracht.

3.3 Kritikpunkte an den neuen Entwicklungstendenzen

Eine solche Ausdehnung der Sorgfaltspflichtberechtigten auf den Kreis der Gläubiger zu Lasten des Geschäftsführers wird in der englischen Rechtswissenschaft überwiegend abgelehnt.[518] So sehen die Kritiker durch die Einbeziehung der Gesellschaftsgläubiger in den Kreis der Sorgfaltspflichtberechtigten den Versuch das Schuldverhältnis zwischen der Gesellschaft (Schuldner) und den Gläubigern über den Umweg der deliktischen Haftung neu zu regeln, um damit vermeintliche Löcher im Vertragsrecht zu stopfen.[519] Diese Ausdehnung des Deliktsrechts zu Lasten des allgemeinen Vertragsrechts verstößt nach Ansicht der Kritiker aber gegen sämtliche Traditionen des Vertrags- und Handelsrechts und hebt den bisher praktizierten Schutz der Geschäftsführer vor Ansprüchen der Gläubiger der Gesellschaft auf.

Darüber hinaus entstehen durch die Ausdehnung der Sorgfaltspflichten auf die Gläubiger aber noch weitere praktische Probleme:

---

[516] Vgl. Pennington, S. 815: "directors are generally immune from liability to creditors of their company"; ebenso Grantham (1999) 62 MLR, 133.
[517] Vgl. Nicholson v Permakraft Ltd [1985] 1 NZLR 242, 248; Re Joshua Shaw & Sons Ltd, [1989] BCLC 362, 364; Winkworth v Edward Baron Development Co. Ltd [1986], 1 WLR 1512.
[518] Vgl. Sealy (1988) MonULR 164, 175; Prentice (1990) OJLS 265, 277.
[519] Vgl. Sealy (1988) MonULR 164, 175; Prentice (1990) OJLS 265, 277.

3.3.1 Interessenkonflikt des Geschäftsführers

Problematisch ist insbesondere, dass der Zeitpunkt des Umkippens der vom Geschäftsführer zu beachtenden Interessen von den Gesellschaftern auf die Gläubiger nicht genau festgelegt werden kann.[520] Eine allgemeingültige Definition dafür, wann das Gläubigerinteresse das Gesellschaftsinteresse in den Hintergrund drängt, besteht nicht. Die Rechtsprechung hierzu ist ebenfalls uneinheitlich. Zum einen wird ein Umkippen der Interessen bereits bei einer drohenden Insolvenz bejaht, die immer dann vorliegen soll, wenn die Gesellschaft ihre Fähigkeit verloren hat, gegenwärtige und zur weiteren Zusammenarbeit bereite Gläubiger nicht jederzeit auszahlen zu können[521] oder wenn die Gesellschaftsschulden das Gesellschaftsvermögen übersteigen.[522]

Zum anderen wird ausdrücklich darauf verzichtet, die Voraussetzungen, bei denen ein Geschäftsführer die Interessen der Gläubiger beachten muss, zu definieren.[523] Ein solcher Verzicht wird auch von Teilen der Literatur gefordert, da der betreffende Zeitpunkt je nach Gesellschaft und ausgeübter Geschäftstätigkeit verschieden sein kann und die finanzielle Situation einer Gesellschaft auch schwanken kann.[524] Diese unklare Rechtslage macht es den Geschäftsführern beinahe unmöglich in einer finanziell angespannten Lage der Gesellschaft, das Gesellschaftsinteresse zu definieren, und setzt sie deshalb einem unkalkulierbaren Haftungsrisiko aus.

Allerdings bietet diese Situation für die Geschäftsführer auch gewisse Vorteile. Da eine genaue Definition nicht besteht, können die Gerichte lediglich überprüfen, ob der Geschäftsführer bei seiner Entscheidung eine ausreichende Interessenabwägung vorgenommen hat. In der Grauzone zwischen ausreichender Liquidität und drohender Insolvenz werden sich die Geschäftsführer allerdings immer auf die gegenläufigen Gesellschaftsinteressen berufen können, ohne dass ihnen dadurch ein haftungsrelevantes Verhalten zur Last gelegt werden könnte.

---

[520] Vgl. Hawke (1989) JBL 54; Finch, in: Clarke, S.87, 105ff.
[521] Vgl. Nicholson v Permakraft Ltd (1985) 1 NZLR 242, 249.
[522] Vgl. Nicholson v Permakraft Ltd (1985) 1 NZLR 242, 254.
[523] Vgl. Kinsela v Russell Kinsela Pty Ltd (1986) 4 ACLC 215, 223:"we hesitate....to formulate a general test or the degree of financial instability which would impose on directors an obligation to consider the interest of creditors."
[524] Vgl. Sealy (1988) MonULR 164, 178ff; Grantham (1991) JBL 1, 15.

Die Beachtung von originär gesellschaftsfremden Interessen führt außerdem zu einem Wandel im klassischen Gesellschaftsverständnis, bei dem die Förderung der Gesellschaftsinteressen und der Schutz der Geschäftsführer im Mittelpunkt stehen.[525]

3.3.2 Rechtsfolgenproblematik

Im Hinblick auf die Rechtsfolge der Deliktshaftung ist problematisch, dass eine Haftung aus Delikt im englischen Recht nicht den Ersatz reiner Vermögensschäden vorsieht.[526] Grundsätzlich entspricht die Rechtslage derjenigen des § 823 Abs. 1 BGB, d.h. Vermögensschäden als Folge fahrlässigen Verhaltens sind nicht erstattungsfähig, es sei denn, sie entstehen infolge von Personen- oder Eigentumsverletzungen.[527] Außerdem ruft eine direkte Pflicht der Geschäftsführer gegenüber den Gläubigern die Gefahr der doppelten Inanspruchnahme sowie der Parallelität von Gerichtsverfahren hervor.[528]

3.3.3 Bevorzugung der Gläubiger in der Insolvenz

Ferner steht die neue Entwicklung mit den Grundprinzipien des englischen Insolvenzrechts im Widerspruch, wonach alle Gläubiger zu gleichen Teilen befriedigt und deren Ansprüche im Wege einer „class action" (Verfahren welche von der Gruppe und für die Gruppe betrieben werden, um die Bevorzugung einzelner - ungesicherter - Gläubiger vor anderen Gläubigern zu verhindern) durch den Insolvenzverwalter geltend gemacht werden sollen.[529] Gewährt man nun den Gläubigern einer Gesellschaft selbständig durchsetzbare Ansprüche gegen die Geschäftsführer untergräbt man damit zugleich das Gleichbehandlungsgebot, dem das englische Insolvenzrecht unterliegt. Einige Gläubiger könnten die Geschäftsführer mit der Drohung, sie persönlich in Anspruch zu nehmen, zu einer bevorzugten Erfüllung ihrer Gesellschaftsforderung bewegen.[530]

---

525 Vgl. Sealy (1988) MonULR 164ff, Pennington, S. 801ff.
526 Vgl. Prentice (1990) OJLS 265, 275; Sealy (1988) CLJ 175, 177.
527 Vgl. Spartan Steel & Alloys Ltd v Martin & Co (Contractors) Ltd [1973] 1 QB 27.
528 Vgl. Prentice (1990) OJLS 265, 275.
529 Vgl. Prentice (1990) OJLS 265, 275; Sealy (1988) CLJ 175, 177.
530 Vgl. Sealy (1988) MonULR 164, 186.

3.4 Der Fall Williams v Natural Life Health Foods Ltd.

Die wechselhaften und unklaren Entwicklungstendenzen innerhalb der jüngeren Entscheidungen der Untergerichte und die daraus resultierenden praktischen Probleme haben im englischen Gesellschaftsrecht eine große Unsicherheit hinsichtlich der deliktischen Eigenhaftung des Geschäftsführers hervorgerufen. Diese Unsicherheit ist durch eine kürzlich ergangene Grundsatzentscheidung des House of Lords (Williams v Natural Life Health Foods Ltd.[531]) zumindest teilweise beseitigt worden. Das House of Lords hatte sich in seiner Entscheidung mit den grundsätzlichen Fragen auseinander zusetzen, (1) ob und inwieweit Geschäftsführer im Rahmen einer deliktischen Außenhaftung für Rechtsgutsverletzungen einstehen müssen, die ohne ihr Zutun aus dem Unternehmen heraus begangen worden sind, und (2) ob hierbei ein reiner Vermögensschaden ersetzt werden kann, der nicht infolge von Personen- oder Eigentumsverletzungen entstanden ist.

Der Entscheidung lag folgender Sachverhalt zugrunde:

> *Gestritten wurde über die haftungsrechtlichen Folgen einer gescheiterten Unternehmensgründung im Rahmen eines Franchise-Konzepts. Der Beklagte hatte im Jahre 1983 ein Einzelhandelsgeschäft für Gesundheitskost eröffnet und drei Jahre später unter der Firma National Life Health Foods Ltd eine geschlossene Kapitalgesellschaft (private company) gegründet, die als Franchisegeberin für die Geschäftsidee auftrat. Einziger Geschäftsführer und wesentlicher Anteilseigner dieser Gesellschaft war der Beklagte. Außerdem arbeiteten seine Ehefrau und zwei weitere Angestellte in dem Unternehmen mit. Die Kläger zeigten Interesse an der Übernahme einer Franchise-Lizenz. Sie erhielten darauf von der Gesellschaft eine Broschüre, welche die Franchise-Idee als „erprobtes Konzept" und den von dem Beklagten gegründeten Bioladen als „Pilotgeschäft" vorstellte. Ermutigt durch die vielversprechende Broschüre schlossen die Kläger 1987 einen Franchisevertrag mit der Gesellschaft ab und erhielten daraufhin detaillierte Kosten- und Umsatzkalkulationen. Schon bald stellte sich heraus, dass die projektierten Zahlen weit hinter den tatsächlichen zurückblieben. Die Kläger stellten daraufhin ihre*

[531] [1998] 2 All ER 577 = [1998] BCC 428 = [1998] BCLC 689 = [1998] 1 WLR 830; dazu die Besprechungen von Griffin, 115 L.Q.R 36 (1999), Payne, C.L.J. 1998, 456; sowie die Rezensionsabhandlung von Grantham/Rickett, 62 M.L.R., 33 (1999).

Geschäftstätigkeit ein und verklagten die Gesellschaft auf Schadensersatz wegen der sorgfaltswidrig ausgearbeiteten Finanzpläne. Als die Gesellschaft im Prozessverlauf aufgelöst wurde, erweiterten sie ihre Klage und nahmen auch den Geschäftsführer persönlich in Anspruch, obwohl dieser die fehlerhaften Kalkulationen weder selbst erstellt hatte noch sonst wie in persönlichen Kontakt zu den Klägern getreten war.

3.5 Die Grundsatzentscheidung des House of Lords

Nachdem die beiden Vorinstanzen (High Court und Court of Appeal) eine deliktische Außenhaftung des Geschäftsführers, den neuen Entwicklungstendenzen der Untergerichte entsprechend, ausnahmsweise bejaht hatten, sprach sich dagegen das House of Lords einstimmig für eine Haftungsfreistellung des Geschäftsführers aus und bestätigte damit einmal mehr das im englischen Gesellschaftsrecht seit der Entscheidung *Salomon v Salomon & Co Ltd* fest verankerte Trennungsprinzip. Der Lösungsweg, den das House of Lords dabei zur Harmonisierung der delikts- und der gesellschaftsrechtlichen Gründsätze gewählt hat, lässt sich in dreierlei Hinsicht zusammenfassen:

3.5.1 Regel-Ausnahme-Verhältnis

Das House of Lords stellte zunächst fest, dass es sich bei der deliktischen Geschäftsführerhaftung gegenüber außenstehenden Dritten lediglich um einen begründungsbedürftigen Sondertatbestand handelt. Danach sind weder die Geschäftsführerstellung als solche, noch die Doppelstellung als Unternehmensleiter und alleiniger Anteilseigner ausreichend, um Sorgfaltspflichten gegenüber Dritten zu begründen. Das entspricht der altehrwürdigen Tradition des englischen Gesellschaftsrechts, das seit *Salomon v Salomon & Co. Ltd* festverankerte Trennungsprinzip gegen alle Aufweichungstendenzen zu verteidigen und der Rechtsfigur des *piercing of the corporate veil*[532] (Durchgriffshaftung) - anders als in den Vereinigten Staaten - nur ganz ausnahmsweise Raum zu gewähren.

[532] „Das Aufheben des Schleiers der Rechtspersönlichkeit".

3.5.2 Ableitungsbasis der deliktischen Außenhaftung

Bei der Beurteilung, wann ausnahmsweise von einer deliktischen Außenhaftung des Geschäftsführers auszugehen ist, bediente sich das House of Lords bei seiner Entscheidung der bereits in einem anderen Zusammenhang[533] entwickelten Rechtsfigur der *assumption of responsibility* (persönlichen Verantwortungsübernahme) durch den Geschäftsführer und gab dabei zugleich zu erkennen, dass die gegenüber außenstehenden Dritten verletzte Sorgfaltspflicht im Ansatz nur eine solche der Gesellschaft und nicht des Geschäftsführers ist.[534] Damit diese Sorgfaltspflicht in die persönliche Sphäre des Geschäftsführers herüberwirken kann ist zunächst eine Verantwortungsübernahme (assumption of responsibility) des Geschäftsführers erforderlich, durch die eine besondere Verbindung (special relationship) mit dem Geschädigten entsteht.[535] Ob eine solche Verantwortungsübernahme vorliegt oder nicht, wird nach objektiven Maßstäben beurteilt. Liegt sie vor, muss aber auch noch der Geschädigte auf die Haftung des Geschäftsführers vertraut haben oder zumindest vernünftigerweise darauf vertrauen dürfen (reliance).[536]

3.5.3 Indizien für eine persönliche Verantwortungsübernahme

Da die herangezogene Rechtsfigur aber nur eine ausfüllungsbedürftige Generalklausel darstellt und sowohl Rechtsprechung als auch Lehre einen verbindlichen Kriterienkatalog für das Vorliegen einer persönlichen Verantwortungsübernahme bisher nicht entwickelt hatten, war das House of Lords gezwungen eigene Abgrenzungskriterien herauszuarbeiten. In seiner Entscheidung kam das House of Lords dabei erstmalig zu dem Ergebnis, dass die Abgrenzungskriterien für eine deliktische Außenhaftung der Geschäftsführer dieselben sind, egal, ob es sich dabei um bloße Vermögensschäden handelt, wie in der hier vorgestellten Entscheidung *Williams v National Life Health Foods Ltd*[537], oder ob die geltend gemachten Schäden aus einer Eigentumsverletzung herrühren, wie in den unter-

---

[533] Vgl. Hedley Byrne & Co Ltd v Heller & Partners Ltd [1964] AC 465: Zwar kennt das englische Recht seit dieser Grundsatzentscheidung eine deliktische Haftung für bloße Vermögensschäden bei fahrlässiger Falschinformation. Vorliegend ergab sich aber die zusätzliche Schwierigkeit, die negligence-Haftung nach den Hedley-Byrne-Leitlinien mit den Kernprinzipien des englischen Kapitalgesellschaftsrechts in Einklang zu bringen.

[534] Vgl. Grantham, 1997 C.L.J. 259, 261: "The special treatment of directors in such cases thus arises because in law the tortious act is not that of the director, but of the company he embodies."; Grantham/Rickett, 62 M.L.R. 133, 138 (1999).

[535] Vgl. Williams v Natural Life Health Foods Ltd [1998] BCC 428, 431-432.

[536] Vgl. Williams v Natural Life Health Foods Ltd [1998] BCC 428, 433-434.

[537] Vgl. [1998] BCC 428.

gerichtlichen Vorgängerurteilen *Fairline Shipping Corp v Adamson*[538] und *Trevor Ivory Ltd v Anderson.*[539]

Danach haftet ein Geschäftsführer nur dann persönlich, wenn er zugesichert hat, sich selbst um die Wahrnehmung einer bestimmten Aufgabe zu kümmern. Des weiteren wird die Grenze zur Eigenhaftung des Leitungsorgans auch dann überschritten, wenn der Geschäftsführer bei seinem Gegenüber den unzutreffenden Eindruck erweckt hat, dass er mit einer natürlichen Person und nicht mit einer Gesellschaft mit beschränkter Haftung ein Geschäft abschließt.

In der Entscheidung *Fairline Shipping Corp. v Adamson*[540] nahm die Klägerin den Geschäftsführer einer kleinen Kapitalgesellschaft wegen der nachlässigen Lagerung verderblicher Lebensmittel in Anspruch und behielt vor dem High Court die Oberhand. Das Gericht stellte in seiner Entscheidungsbegründung maßgeblich auf den Schriftverkehr zwischen den Beteiligten ab: der Geschäftsführer hatte sich in einem persönlich gehaltenen Brief an den Geschäftskunden gewandt und dadurch den Eindruck erweckt, dass er selbst für die ordnungsgemäße Lagerung Sorge tragen will. Hätte er stattdessen das Briefpapier der Gesellschaft benutzt, wäre eine deliktische Außenhaftung auch nach Ansicht des House of Lords rückblickend wohl nicht in Betracht gekommen.[541]

In der Entscheidung *Trevor Ivory Ltd v Anderson*[542], der zweiten vom House of Lords herangezogenen Entscheidung, verneinte der New Zealand Court of Appeal demgegenüber eine persönliche Haftung des Geschäftsführers. Geklagt hatte der Eigentümer einer Obstplantage, dem der Gesellschafter-Geschäftsführer einer kleinen Einmanngesellschaft zur Benutzung eines zu starken Unkrautvernichtungsmittels geraten hatte, das die gesamte Himbeerernte vernichtete. Der Ratschlag des Geschäftsführers erfolgte im Rahmen der gewöhnlichen Geschäftstätigkeit, befanden die Richter, und sei für sich alleine nicht geeignet, seine persönliche Haftung zu begründen. Vielmehr hat der Beklagte durch die In-

[538] Vgl. [1975] QB 180.
[539] Vgl. [1992] 2 NZLR 517.
[540] Vgl. Fairline Shipping Corp. v Adamson [1975] QB 180, 191.
[541] Vgl. Williams v Natural Life Health Foods Ltd [1998] BCC 428, 433.
[542] Vgl. [1992] 2 NZLR 517.

korporierung hinreichend deutlich gemacht, dass er bei seinen Geschäften eine Haftungsbeschränkung anstrebt.[543]

Ob es über diese beiden Sonderfälle hinaus eine präjudizielle Basis für eine Geschäftsführeraußenhaftung kraft Organisationsherrschaft gibt, ist auch nach der Entscheidung des House of Lords noch nicht abschließend geklärt. Zwar ist der Gedanke der Organisationsherrschaft als ein mögliches Abgrenzungskriterium bereits in der Entscheidung *Trevor Ivory Ltd v Anderson*[544] erstmalig aufgegriffen worden, und auch in den erstinstanzlichen *Williams*-Entscheidungen blickte dieser Gesichtspunkt durch[545], jedoch hat ihn das House of Lords im weiteren mit Stillschweigen abgewiesen.

Im Ergebnis orientiert sich das House of Lords vielmehr daran, ob die Pflichtenstellung und der Sorgfaltsverstoß in den gesellschaftlichen oder den persönlichen Bereich fallen.[546]

4. Vergleichende Gegenüberstellung

Die in der Entscheidungsfindung zugrundegelegten Überlegungen und Ergebnisse des House of Lords eignen sich sehr gut dazu, die Voraussetzungen und die Reichweite der deliktischen Geschäftsführerhaftung im englischen Kapitalgesellschaftsrecht mit der deliktischen Haftungssituation in Deutschland zu vergleichen:

Bei der Gegenüberstellung wird deutlich, dass bei der Abstimmung zwischen den delikts- und den gesellschaftsrechtlichen Grundsätzen im Rahmen der deliktischen Außenhaftung des Geschäftsführers in beiden Rechtskreisen viele Gemeinsamkeiten bestehen:

---

[543] Vgl. Hardie Boys J in Trevor Ivory Ltd v Anderson [1992] 2 NZLR 517, 524: „I commit myself to the opinion that, when he formed his company, Mr. Ivory made it plain to all the world that limited liability was intended."
[544] Vgl. [1992] 2 NZLR 517, 527:"assumption of responsibility may well arise or be imputed where the director or employee exercises particular control or control over a particular operation or activity."; zurückhaltender Farrar's, S. 152; ablehnend Borrowdale, 1998 Journal of Business Law 96, 102-105.
[545] Vgl. Williams v Natural Life Health Foods Ltd [1997] 605, 622.
[546] Vgl. Farrar's, S. 152.

Soweit das House of Lords die deliktische Organaußenhaftung als einen begründungsbedürftigen Sondertatbestand ansieht, findet dieser strenge Standpunkt auch in der deutschen Diskussion gewichtige Fürsprecher[547]: Im Gefolge des Baustoff-Urteils wurde in der Literatur verschiedentlich darauf hingewiesen, dass eine zu weitreichende Organaußenhaftung wegen Organisationspflichtverletzung der Haftungstrennung nach § 13 Abs. 2 GmbHG widerspricht[548] und den Geschäftsführer zum wirtschaftlichen Ausfallbürgen der Gesellschaft macht.[549] Auch der Bundesgerichtshof versuchte im Rahmen seiner Baustoff-Entscheidung die Frage der Organaußenhaftung im Rahmen eines Regel-Ausnahme-Verhältnisses zu beantworten. Hierzu führte er aus, dass für die Dritten gegenüber bestehenden Pflichten der GmbH prinzipiell nur diese und nicht deren Organ einstandspflichtig ist. Etwas anderes könne aber ausnahmsweise dann gelten, wenn die Pflicht der GmbH den Geschäftsführer aus besonderen Gründen persönlich gegenüber dem Dritten treffe. Für das Vorliegen eines solchen besonderen persönlichen Grundes ließ der BGH dann aber bereits die Geschäftsführerstellung selbst für das Bestehen drittgerichteter Pflichten ausreichen, ohne aber einen weitergehenden Kriterienkatalog aufzustellen. Von einem Regel-Ausnahme-Verhältnis, wie es der Bundesgerichtshof antizipierte, kann aber bei einem solchen - stets vorliegenden - Sachverhalt nicht die Rede sein.[550]

Bei der Beurteilung, wann ausnahmsweise von einer deliktischen Außenhaftung des Geschäftsführers ausgegangen werden kann, finden sich auch hierzulande ganz ähnliche Erwägungen. So wird bereits vielfach für die Erstreckung der Sorgfaltspflicht juristischer Personen auf den Geschäftsführer eine besondere Beziehung des Dritten zur Organperson im Sinne der Inanspruchnahme und Gewährung besonderen persönlichen Vertrauens[551] oder einer persönlichen Verantwortungsübernahme[552] gefordert.

Bei der Bestimmung der Abgrenzungskriterien dafür, ob die Pflichtenstellung und der Sorgfaltsverstoß in den gesellschaftlichen oder den persönlichen Bereich fallen, findet

---

547 Vgl. Fleischer, ZGR 2000, 152 (161ff).
548 Vgl. Lutter, ZHR 157 (1993), 464, 471.
549 Vgl. Lutter/Hommelhoff, § 43 Rdn. 46; Lutter, GmbHR 1997, S. 334ff; Sieg, VersR 1996, 1210, 1211; Westermann, DNotZ 1991, 813, 818; Medicus, ZGR 1998, 585.
550 Vgl. Schubel, ZGR 1998, 586, 588; Lutter, DB 1994, 129, 132.
551 Vgl. Lutter, ZHR 157 (1993), 464, 481; Medicus, FS Lorenz, S. 155, 169; Götting, GRUR 1994, 6, 12; Dreher, ZGR 1992, 22, 41ff.
552 Vgl. Mertens/Mertens, JZ 1990, 486, 489; Grunewald, ZHR 157 (1993), 451, 455.

bisher in England die in der deutschen Rechtslehre erwogene Differenzierung nach dem jeweils geschützten Rechtsgut[553] keinen rechtsvergleichenden Rückhalt. Vermögensschäden und Eigentumsverletzungen werden im Einklang mit der Grundkonzeption des englischen Deliktsrechts prinzipiell gleich behandelt.[554]

4.2 Haftung des Geschäftsführers aus culpa in contrahendo

Bei der Anpassung von Vertrag und Delikt stehen sowohl das englische, als auch das deutsche Recht vor den gleichen Problemen. Im Ergebnis beschreiten beide Systeme aber einen unterschiedlichen Lösungsweg.[555]

Überträgt man den vom House of Lords zu entscheidenden Fall auf das deutsche Recht, stellt man schnell fest, dass ein deliktischer Anspruch aus § 823 Abs. 1 BGB nicht besteht, da keine Verletzung absoluter Rechte, sondern nur ein Vermögensschaden geltend gemacht worden ist.[556] Eine mögliche Anspruchsgrundlage bietet allein die Dritthaftung des Geschäftsführers unter dem Gesichtspunkt vorvertraglichen Verschuldens (heute: § 311 BGB)[557], die aber von der Rechtsprechung in den vergangenen Jahren wesentlich entschärft worden ist: Wie bereits ausgeführt, hat der BGH, in Übereinstimmung mit der Literatur, die Dritthaftung des Gesellschafter-Geschäftsführers unter dem Gesichtspunkt des wirtschaftlichen Eigeninteresses ausdrücklich aufgegeben[558], so dass allenfalls eine Eigenhaftung aus culpa in contrahendo wegen der Inanspruchnahme besonderen Vertrauens in Betracht kommt, die mit Rücksicht auf das in § 13 Abs. 2 GmbHG verankerte Trennungsprinzip allerdings an strenge Tatbestandsvoraussetzungen geknüpft wird.[559]

Das englische Recht steht im Gefolge der Salomon-Entscheidung vor denselben Problemen, beschreitet in der rechtlichen Konstruktion allerdings eigene Wege:[560] Ein vorvertraglicher Rundum-Schutz der Verhandlungspartner nach dem Vorbild der culpa in

[553] Vgl. Lutter/Hommelhoff, § 43 Rdn. 41; Fleischer, ZGR 2000, 152 (164).
[554] Vgl. Feldthusen, S. 49; Fleischer, ZGR 2000, 152 (164).
[555] Vgl. Fleischer, ZGR 2000, 152 (159, 160).
[556] Vgl. Fleischer, ZGR 2000, 152 (159).
[557] Vgl. zur gesetzlichen Verankerung des Rechtsinstituts der c.i.c. im Rahmen des Schuldrechtsmodernisierungsgesetzes die Ausführungen in der Fußnote unter § 4 I. 3.2.
[558] Vgl. BGHZ 126, 181, 184ff; BGH ZIP 1993, S.763, 764; Müller, ZIP 1993, S.1531, 1532; Medicus, GmbHR 1993, S.533, 535; Fleischer, ZGR 2000, 152 (160).
[559] Vgl. Lutter/Hommelhoff, § 43 Rdn. 28ff; Fleischer, ZGR 2000, 152 (160).
[560] Vgl. Fleischer, ZGR 2000, 152 (160).

contrahendo hat sich in England bislang nicht durchsetzen können.[561] Dafür sind neben rechtstheoretischen Vorbehalten gegenüber Generalklauseln[562] auch unterschiedliche rechtspolitische Wertentscheidungen[563] verantwortlich, die somit zu einer engen Begrenzung des Vertragsrechts führen.

Allerdings ist die Einführung eines vorvertraglichen Rundum-Schutzes in England auch weniger dringend als hierzulande, weil sich die deliktische Fahrlässigkeitshaftung (negligence) nicht nur auf die Verletzung absoluter Rechte beschränkt, sondern sich auch auf den Ersatz reiner Vermögensschäden (pure economic loss) erstreckt.[564] Im englischen Recht besteht also ein wesentlich weiterer deliktischer Einzugsbereich als im deutschen Recht.

5. Persönliche Haftung der directors im Rahmen der Insolvenz

5.1 Allgemeines

Bis in die Mitte der achtziger Jahre bestanden für directors im englischen Insolvenzrecht keine strengeren Haftungsmaßstäbe.[565]

Eine wie im deutschen Recht gesetzlich normierte Insolvenzantragspflicht existierte nicht. Unabhängig von der eigentlichen Qualifikation, Gewissenhaftigkeit und Sachkunde der directors wurden lediglich deren grob unverantwortliches und unredliches Verhalten geahndet.[566] Soweit den directors ein gesetzwidriges oder betrügerisches Handeln im Rahmen der Insolvenz nicht nachweisbar war, konnten diese ohne irgendeine Kontrolle oder Überprüfung ihrer Kompetenz unmittelbar nach der Abwicklung der Gesellschaft eine neue Gesellschaft im gleichen Geschäftszweig, mit unter sogar unter gleicher Firma, gründen, auch wenn ihr inkompetentes Handeln zuvor die Insolvenz der alten Gesell-

[561] Vgl. Chitty (-Whittaker), Rdn. 1-055; Cohen, in: Beatson/Friedman, S. 25,30; Markesinis, 103 LQR 354; Fleischer, ZGR 2000, 152 (160).
[562] Vgl. Fleischer, ZGR 2000, 152 (160); Interfoto Picture Library Ltd. V Stiletto Visual Programmes Ltd. [1989] Q.B. 433, 439:"English Law has, characteristically, committed itself to no such overriding principle, but has developed piecemeal solutions in response to demonstrated problems of unfairness."
[563] Vgl. Walford v Miles [1992] 2 A.C. 128, 138:" the concept of a duty to carry on negotiations in good faith is inherently repugnant to the adversarial position of the parties when involved in negotiations."
[564] Vgl. Winfield/Jolowicz (-Rogers), S. 132-143; Fleischer, ZGR 2000, 152 (160).
[565] Vgl. Goode, Principles, S.450; Lingard, Corporate Rescues, Kap. 2.10.
[566] Vgl. Re City Equitable Fire Insurance Co. Ltd. [1925] Ch. 407; Sealy Kap. 607.

schaft zur Folge hatte.[567] Diese, vom englischen Gesetzgeber geförderte Tolerierung eigener Inkompetenz, ebnete den directors den Weg zu einem jederzeitigen Neuanfang, jedoch auf Kosten der geprellten Gesellschafter und Gläubiger.[568]

Im Zuge dieser unbefriedigenden Entwicklung ist das englische Insolvenzrecht in seiner heutigen Form das Ergebnis umfangreicher Reformen des englischen Gesetzgebers in den achtziger Jahren, die zunächst ihren vorläufigen Abschluss im Erlass des Insolvency Act 1986 fanden und dem zuvor vernachlässigten Schutz der Allgemeinheit Rechnung tragen sollten. Die Abwicklung insolventer Gesellschaften richtet sich ausschließlich nach den Regelungen des Insolvency Act 1986, der durch die detaillierten Insolvency Rules 1986 ausführlich ergänzt wird. Mit Erlass des Insolvency Act 2000, dessen Regelungen seit dem 2. April 2001 in Kraft sind, ist der Insolvency Act 1986 noch einmal ergänzt bzw. erweitert worden.[569]

Ein wesentlicher Unterschied zum deutschen Insolvenzrecht besteht darin, dass eine company nur dann aufgelöst werden kann, wenn sie zuvor das Abwicklungsverfahren (winding up oder liquidation) durchlaufen hat. Dagegen geht im deutschen Recht die Auflösung der Gesellschaft der Abwicklung voraus.

Eine company kann entweder aufgrund gerichtlicher Anordnung (winding up by the court) zwangsabgewickelt[570] oder durch Gesellschafterbeschluss mit ¾ Mehrheit freiwillig[571] abgewickelt (members` voluntary winding up) werden. Die Gründe für einen Antrag auf Abwicklung durch eine gerichtliche Anordnung folgen aus sec. 122 Insolvency Act 1986. Den häufigsten Grund für eine gerichtlich angeordnete Zwangsabwicklung stellt die Zahlungsunfähigkeit der Gesellschaft dar. Eine Zahlungsunfähigkeit liegt unter anderem dann vor, wenn ein Gläubiger eine gesetzliche Mahnung in vorgeschriebener Form über mehr als £ 750[572] zustellt und die company nicht - auch nicht im Wege einer Ratenzahlung - innerhalb von drei Wochen zahlt, wenn die Zwangsvollstreckung zuguns-

[567] Der mangelnde Schutz der Allgemeinheit wurde auch bereits von der Cork-Commission, der zuständigen Reform-Kommission für die Einführung eines neuen Insolvenzrechts, beklagt, vgl. Cork Report S.391.
[568] Man spricht hierbei vom sog. „Phoenix-syndrome", vgl. Sealy/Milman, General note zur heutigen sec. 216 Insolvency Act 1986: danach ist es einem ehemaligen director einer insolventen Gesellschaft nunmehr zum Schutz der Allgemeinheit untersagt, eine neue Gesellschaft noch einmal unter gleicher oder ähnlicher Firma zu gründen.
[569] Zu den Änderungen im einzelnen vgl. die Ausführungen unter § 5 II. 4.4.
[570] Vgl. Sec. 124, 129 Insolvency Act 1986.
[571] Vgl. Sec. 84 Insolvency Act 1986.
[572] Durch den Erlass des Insolvency Act 1986 ist der Betrag von vorher £ 300 auf nunmehr £ 750 erhöht worden.

ten eines Gesellschaftsgläubigers fruchtlos verlaufen ist oder wenn dem Gericht bewiesen wird, dass die company unter Berücksichtigung bedingter und künftiger Verbindlichkeiten ihre Schulden nicht bezahlen kann. Die bloße Überschuldung der Gesellschaft bedeutet dabei aber noch nicht deren Zahlungsunfähigkeit.[573] Der Antrag kann von der Gesellschaft, einem Gesellschaftsgläubiger, einem nachschusspflichtigen Gesellschafter, einem director oder dem Wirtschaftsministerium gestellt werden. Erlässt das Gericht eine entsprechende Abwicklungsanordnung, wirkt diese auf den Zeitpunkt der Antragstellung zurück. Mit Erlass der Abwicklungsanordnung wird ein amtlicher Insolvenzverwalter, ein Beamter des Wirtschaftsministeriums, zum sogenannten Liquidator bestellt. Dieser entscheidet darüber, ob er eine Gläubigerversammlung oder eine Versammlung der Nachschusspflichtigen einberufen soll, auf der entschieden wird, ob ein anderer qualifizierter Insolvenzpraktiker als Liquidator die Gesellschaft abwickeln soll.[574]

Im Gegensatz zur zwangsweisen Abwicklung der Gesellschaft erfolgt die freiwillige Liquidation ohne Zuhilfenahme der Gerichte. Geben die directors eine Solvenzerklärung ab, wonach die Gesellschaft in der Lage ist, innerhalb eines Jahres nach Beschlussfassung sämtliche Verbindlichkeiten zu begleichen, handelt es sich bei der Liquidation um eine freiwillige Abwicklung durch die Gesellschafter selbst.[575] Wird dagegen keine Solvenzerklärung eingereicht, spricht man von einer freiwilligen Abwicklung durch die Gläubiger (creditors` voluntary winding up).[576] In einem solchen Fall muss 14 Tage nach der Beschlussfassung eine Gläubigerversammlung stattfinden. Die freiwillige Abwicklung bedarf nicht der Zustimmung durch die Gläubiger. Jedoch gehen bei der Liquidation durch die Gläubiger deren Wünsche bezüglich der Durchführung der Liquidation den Wünschen der Gesellschafter vor.[577]

5.2 Fälle persönlicher Haftung des directors

Auch im englischen Insolvenzrecht kann den director unter bestimmten Voraussetzungen eine persönliche Haftung treffen. Hierzu gehören im wesentlichen die Fälle des soge-

[573] Vgl. Triebel, S. 290ff.
[574] Vgl. Sec. 135 Insolvency Act 1986.
[575] Vgl. Sec. 89,90 Insolvency Act 1986.
[576] Vgl. Sec. 90, 96 Insolvency Act 1986.
[577] Vgl. hierzu die Insolvency Rules 1986, rule 4. 152 (3).

nannten *fraudulent* (betrügerisches Handeln) - und *wrongful trading* (fehlerhaftes Handeln), die ebenfalls im Insolvency Act 1986 geregelt sind.

5.2.1 fraudulent trading

Der Tatbestand des fraudulent trading ist in sec. 213 Insolvency Act 1986 verankert:

> *„Hat eine company in der Absicht der Gläubigerbenachteiligung Geschäfte getätigt, kann das Gericht im Rahmen der Abwicklung der Gesellschaft auf Antrag des Liquidators die persönliche Haftung eines jeden - also auch eines directors*[578] *- anordnen, der sich wissentlich an solchen Geschäften beteiligt hat."*[579]

Die bloße Insolvenz der Gesellschaft oder das Bemühen der Gesellschafter, die persönliche Haftung[580] zu vermeiden, reichen hierzu jedoch nicht aus. Andererseits ist aber eine dauerhafte Gläubigerbenachteiligung nicht unbedingt Voraussetzung für eine Haftung, da im Einzelfall auch schon eine einzige Transaktion gegenüber einem einzelnen Gläubiger ausreichend sein kann.[581] Der director muss sich jedoch in jedem Fall unehrlich bzw. unehrenhaft (dishonest) verhalten, um sich einer persönlichen Haftung auszusetzen. In der Rechtsprechung war lange unklar, welche Voraussetzungen genau erfüllt sein müssen, damit von einer unehrlichen Absicht des directors gesprochen werden kann.[582] Es ging dabei nicht so sehr um die Frage der Verletzung allgemein anerkannter Grundsätze des fairen Handels, sondern darum, ob der director der festen Überzeugung sein musste, dass der Vertragspartner zu keinem Zeitpunkt die geschuldeten Güter, Leistungen oder Zahlungen erhalten werde.[583]

In der Entscheidung *Re William C. Leitch Bros.* aus dem Jahre 1932 ordnete der Richter Maugham J. die persönliche Haftung eines directors für Kaufpreisschulden der Gesellschaft an. Der director hatte die Geschäfte der company geführt und Waren für diese zu

[578] Einschub durch den Verfasser.
[579] „If in the course of the winding up of a company it appears that any business of the company has been carried on with intent to defraud creditors of the company, ... the court, on the application of the liquidator may declare that any person who were knowingly parties to carrying on of the business in the above-mentioned manner are to be liable to make such contributions (if any) to the company`s assets as the court thinks proper."
[580] Vgl. Re Patrick Lyon Ltd. [1933] All. E.R. 590.
[581] Vgl. Loose/Griffiths/Impey, S. 187.
[582] Vgl. Loose/Griffiths/Impey, S. 187.
[583] Vgl. Re Patrick & Lyon Ltd. [1933] 2 Ch 786; ebenso: Re William C. Leitch Bros. [1932] 2 Ch 71.

einem Zeitpunkt bestellt, als die Aussichten, dass die company den Kaufpreis hierfür würde begleichen können, äußert gering waren.[584]

Mittlerweile hält es die Rechtsprechung für ausreichend, dass dem director bewusst sein muss, dass die Forderung zum Zeitpunkt ihrer Fälligkeit oder zumindest kurz danach nicht bezahlt werden kann; dagegen ist die Absicht, überhaupt nicht zu leisten bzw. zu zahlen nicht erforderlich, um ein unehrliches Verhalten zu begründen.[585]

Der Betrag, den der director im Haftungsfall auf Anordnung des Gerichts zu zahlen hat, wird Bestandteil der Insolvenzmasse der Gesellschaft in Händen des Liquidators.[586] Auch wenn die Regelung in sec. 213 Insolvency Act 1986 in erster Linie Entschädigungscharakter hat, ist das Gericht jedoch auch dazu ermächtigt, zusätzlich ein strafendes Element anzuordnen. So sprach das Gericht beispielsweise in der Entscheidung *Re a Company*[587] neben einer Entschädigung in Höhe von £ 131.420,00 noch ein zusätzliches Bußgeld in Höhe £ 25.000,00 aus, weil der director davon Kenntnis hatte, dass die bestehenden Verbindlichkeiten das Vermögen der Gesellschaft bei weitem überstiegen.

5.2.2 wrongful trading

Da den directors ein betrügerisches Verhalten oft nur sehr schwer nachzuweisen war, verliefen in der Vergangenheit viele der gegen einen director im Zusammenhang mit einer Insolvenz angestrengten Prozesse mangels Beweisbarkeit im Sande.[588] Die nunmehr in sec. 214 Insolvency Act 1986 eingeführte Haftungsnorm des wrongful trading gleicht dieses Manko aus, indem sie eine Anspruchsgrundlage gegen rechtschaffene, aber wirtschaftlich unfähige directors zur Verfügung stellt und die gleichzeitig wegen ihrer geringen Beweisanforderungen auch noch zahlreiche Fälle des fraudulent trading mit umfasst.[589] Die Frage, wann tatsächlich von einer fehlerhaften Geschäftsführung durch einen director ausgegangen werden kann, lässt sich jedoch mangels genauer gesetzlicher Definition nicht eindeutig bestimmen. Bei der näheren Bestimmung der fehlerhaften Ge-

[584] Vgl. Re William C. Leitch Bros. [1932] 2 Ch 71.
[585] Vgl. R v Grantham [1984] 1 QB 675 (CA).
[586] Vgl. Re Cyona Distributions Ltd. [1967] Ch 889, at p 904 (Lord Denning MR).
[587] Vgl. Re a Company [1990] BCC 526.
[588] Vgl. Lingard, Kap. 2.8 ff.
[589] Vgl. Loose/Griffiths/Impey, S. 177.

schäftsführung ist daher auf den vom Gesetzgeber verfolgten Zweck abzustellen.[590] Danach führt ein director die Geschäfte einer Gesellschaft vorwerfbar fehlerhaft, wenn er in Kenntnis der nicht mehr zu vermeidenden Insolvenz der Gesellschaft nicht alles unternimmt, um den möglichen Schaden für die Gläubiger so gering wie möglich zu halten.[591] Sec. 214 Insolvency Act 1986 sanktioniert daher sowohl das vorsätzliche, bzw. fahrlässige Nichterkennen der Insolvenz, als auch das Untätigbleiben, bzw. das Nichtergreifen von konkreten Maßnahmen zur Schadensbegrenzung, insbesondere der Einleitung eines Insolvenzverfahrens.

Hier zeigt sich nunmehr ein wesentlicher Unterschied zum deutschen Insolvenzrecht. Während in Deutschland bereits seit längerem eine Insolvenzantragspflicht des Geschäftsführers gesetzlich normiert ist, deren Missachtung Schadensersatzansprüche nach sich zieht, kommt die Regelung in sec. 214 Insolvency Act 1986 nur in die Nähe einer Insolvenzantragspflicht, ohne diese jedoch ausdrücklich gesetzlich zu normieren, d.h. die Stellung eines Insolvenzantrags durch den director kann, muss aber nicht erfolgen. Hintergrund für dieses, dem director überlassene, Optionsrecht ist, dass dem director im Falle der Insolvenz bei einer aussichtsreichen Prognose noch die Möglichkeit gegeben werden soll, die Gesellschaft zu sanieren. Auch in der englischen Literatur wird eine uneingeschränkte Insolvenzantragspflicht wegen der damit verbundenen Gefahr einer verfrühten und übereilten Geschäftsaufgabe kritisiert und daher auch nicht für notwendig erachtet.[592] Sollten die Sanierungsmaßnahmen jedoch scheitern, wird sich die Verantwortlichkeit des directors jedoch wiederum maßgeblich daran messen lassen müssen, ob die von ihm durchgeführten Rettungsversuche von Anfang an überhaupt als aussichtsreich eingestuft werden konnten oder nicht. Entscheidend ist also, dass im englischen Recht nicht das Missmanagement, das möglicherweise für die Insolvenz der Gesellschaft ausschlaggebend war, geahndet wird, sondern vielmehr das Nichtergreifen geeigneter Maßnahmen zum Schutz der Gläubiger nach dem Eintritt der Insolvenz. Insoweit folgt der englische Gesetzgeber der in Deutschland normierten Haftung für die Insolvenzverschleppung und orientiert sich nicht an einer Insolvenzverursachungshaftung, für die auf das allgemeine Gesellschaftsrecht verwiesen wird.[593]

---

590 Vgl. Goode, Principles, S. 458 ff.
591 Vgl. Goode, Principles, S. 464 ff.
592 Vgl. hierzu Sealy Kap. 609 ff.; Cooke, ILP 1988, 157, Farmery, CLD 1985, 56, 59.
593 Vgl. Goode, Principles, S. 449 ff., danach können allgemeine Sorgfaltspflichtverletzungen des directors gegenüber der Gesellschaft im Namen der Gesellschaft geltend gemacht werden.

5.2.3 Haftungsvoraussetzungen

Eine Haftung wegen fehlerhafter Geschäftsführung nach sec. 214 Insolvency Act 1986 kommt dann in Betracht, wenn sich a) die Gesellschaft in einem Liquidationsverfahren befindet, das im Hinblick auf die Insolvenz der Gesellschaft eingeleitet wurde, b) der Beklagte zu einem Zeitpunkt vor Eintritt in das Liquidationsverfahren hätte wissen oder zumindest erkennen müssen, dass eine realistische Aussicht auf Vermeidung des Insolvenzverfahrens nicht mehr bestand und c) der Beklagte zu diesem Zeitpunkt director oder shadow director[594] der Gesellschaft war.[595]

Shadow directors sind gemäß sec. 251 Insolvency Act 1986 natürliche oder juristische Personen, deren Anweisungen der eigentlich bestellte director der Gesellschaft üblicherweise befolgt. Hiezu gehören unter anderem Mehrheitsgesellschafter und Muttergesellschaften, die die eigentlichen Fäden der Geschäftsführung in der Hand halten sowie die wirtschaftlichen und finanziellen Geschicke der Gesellschaft lenken, es sei denn ihre Tätigkeit beschränkt sich lediglich auf eine reine Beratertätigkeit. Auch Banken und Risiko-Kapital-Geber, die in Krisensituationen weitere Kredite gewähren oder Kapital zuschießen, um Einfluss auf die eigentliche Unternehmensführung zu gewinnen, setzen sich dem Risiko der Haftung als shadow director aus.[596]

Angesichts der unpräzisen Formulierung in sec. 214(2) (b) Insolvency Act 1986 kann der für die Kenntnis des directors von der Unausweichlichkeit des Insolvenzverfahrens ausschlaggebende Zeitpunkt jedoch nicht genau bestimmt werden. Eine Entscheidung darüber kann daher immer nur im Einzelfall erfolgen. Fraglich ist jedoch, welcher Maßstab, objektiv oder subjektiv, bei der Beurteilung des Erkennensmüssens der Insolvenz durch den director anzulegen ist. Nach sec. 214 (4) Insolvency Act 1986 muss sich der director sowohl daran messen lassen, wie ein gewissenhafter und ordentlicher Dritter in der gleichen Position gehandelt hätte, als auch daran, welche eigenen Fähigkeiten, Kenntnisse und Erfahrungen er selbst besitzt. Der Maßstab ist daher sowohl objektiv, als auch sub-

---

594 Vgl. hierzu Goode, Principles S. 444-447, 466 ff.; Sealy, Kap. 109; Pennington, Directors' Liability, Kap. 2.04 ff.; Re MC Bacon Ltd [1988] 4 BCC 425; Re Tasbian Ltd (No 3) [1992] BCC 358.

595 „This subsection applies in relation to a person if – a) the company has gone into insolvent liquidation, b) at some time before the commencement of the winding up of the company, that person knew or ought to have concluded that there was no reasonable prospect that the company would avoid going into insolvent liquidation, and c) that person was a director of the company at that time."

596 Vgl. hierzu Goode, Principles S. 444-447, 466 ff.; Sealy, Kap. 109; Pennington, Directors' Liability, Kap. 2.04 ff.; Re MC Bacon Ltd [1988] 4 BCC 425; Re Tasbian Ltd (No 3) [1992] BCC 358.

jektiv ausgerichtet. Welche Betrachtungsweise für den betreffenden director jedoch günstiger ist, hängt einzig und allein von seinen eigenen persönlichen Fähigkeiten ab. Ist er kompetenter und besitzt bessere Kenntnisse als ein durchschnittlicher director in der gleichen Position, werden auch nur diese Kenntnisse bei der Beurteilung der Haftung zugrundegelegt. Der objektive Beurteilungsmaßstab ist damit im Ergebnis auf ein Minimum reduziert.

Anders als das deutsche Insolvenzrecht kennt das englische Insolvenzrecht haftungsrechtlich nur den Insolvenzgrund der Überschuldung.[597] Gemäß sec. 214 (6) Insolvency Act 1986 sind in die Bilanzaufstellung (*balance sheet*) jedoch auch die voraussichtlichen Kosten des drohenden Liquidationsverfahrens mit einzubeziehen. Die Feststellung des Insolvenzgrundes stellt in der Praxis jedoch eines der größten Probleme dar. Unbestritten ist dabei, dass nicht eine Überschuldung in der nach allgemeinen handelsrechtlichen Grundsätzen aufgestellten Bilanz maßgeblich ist, sondern dass ein Vermögensstatus nach speziellen insolvenzrechtlichen Gesichtspunkten zu erstellen ist. Nach herrschender Meinung erfolgt die Bewertung auf der Grundlage des sogenannten *going concern* (wörtlich „gutgehendes Geschäft").[598] Nach dieser Methode ist Insolvenzreife auch bei rechnerischer Überschuldung nicht gegeben, wenn - völlig unabhängig von einer Gegenüberstellung von Aktiva und Passiva - eine positive Prognose zur Fortführung des Unternehmens abgegeben werden kann. Das englische Insolvenzrecht folgt damit der bis zur Einführung der neuen Insolvenzordnung am 1. Januar 1999 vom Bundesgerichtshof[599] entwickelten sogenannten „modifizierten zweistufigen Überschuldensprüfung". Danach liegt eine Überschuldung vor, wenn (i) das Vermögen der Gesellschaft bei Ansatz von Liquidationswerten die bestehenden Verbindlichkeiten nicht deckt (rechnerische Überschuldung als erste Stufe) und wenn (ii) die Finanzkraft des Unternehmens mittelfristig nicht zur Fortführung ausreicht (Fortführungsprognose als zweite Stufe). Mit Einführung der Insolvenzordnung hat sich der deutsche Gesetzgeber jedoch gegen die noch vom BGH vertretene modifizierte zweistufige Überschuldungsdefinition ausgesprochen und sich für einen strengeren Maßstab entschieden.[600] Dadurch soll die Möglichkeit ausgeschlossen werden,

[597] Vgl. sec. 214 (6) Insolvency Act 1986: „For the purpose of this section a company goes into insolvent liquidation if it goes into liquidation at a time when its assets are insufficient for the payment of its debts and other liabilities and the expenses of the winding up."
[598] Vgl. Sealy, Kap. 604.
[599] Vgl. z.B. BGH v. 13.7.1992 – II ZR 269/91; BGHZ 119, 201; zur Entwicklung dieses Überschuldungsbegriffs: K. Schmidt, AG 1978, 337 ff.
[600] Vgl. Tillmann/Mohr, S. 210; Schmidt in Schmidt/Uhlenbruck, Rdn. 578ff.

dass eine positive Prognose stets zur Verneinung der Überschuldung führt, selbst dann, wenn ein die Schulden deckendes Kapital nicht zur Verfügung steht.

Entscheidend für eine Haftung ist im englischen Insolvenzrecht ausschließlich, dass der director erkennen konnte, dass die Gesellschaft überschuldet ist. Dagegen kommt es nicht darauf an, dass die Überschuldung auch tatsächlich festgestellt worden ist. Die Beurteilung über die Erkennbarkeit erfolgt dabei stets ex ante und nicht ex post.[601] Die Beweislast hierfür liegt beim Insolvenzverwalter.

5.2.4 Exkulpation des directors

Liegen die drei oben genannten tatbestandlichen Voraussetzungen für eine persönliche Haftung des directors vor, prüft das Gericht anschließend, ob sich der director gemäß sec. 214 (3) Insolvency Act 1986 ausreichend exkulpiert hat. Danach ist die Haftung des directors ausgeschlossen, wenn er beweisen kann, dass er zu dem fraglichen Zeitpunkt jede Maßnahme unternommen hat, um den voraussichtlichen Verlust für die Gläubiger der Gesellschaft so gering wie möglich zu halten. Damit wird deutlich, dass der director im Interesse sowohl bereits bestehender, als auch potentieller Gesellschaftsgläubiger handeln muss[602], was wiederum bedeutet, dass er sich nicht einfach durch die Niederlegung seines Amtes von dieser Verantwortung befreien kann, um auf diese Weise einer möglichen persönlichen Haftung zu entgehen. Bei der Beurteilung, welche Maßnahme für die Gläubiger der Gesellschaft die beste ist, steht der director vor einer nahezu unlösbaren Aufgabe, die er niemals zur Zufriedenheit aller Gläubiger wird lösen können. Führt er die Geschäfte des Unternehmens weiter, vergrößert er zwar die Habenseite und löst alte Schulden ab, aber im Gegenzug entstehen zwangsläufig wiederum neue Forderungen gegen die Gesellschaft. Entschließt er sich dagegen für die Einstellung der Geschäfte und die Beantragung eines Insolvenzverfahrens, besteht die Gefahr, dass er auf diese Weise einen möglichen Verkauf des Unternehmens vorzeitig vereitelt.[603]

Erschwerend kommt für den director hinzu, dass der Entlastungsbeweis nach dem Gesetzeswortlaut nur äußerst schwer zu führen ist. Der Grund dafür liegt darin, dass der direc-

[601] Vgl. Perker, S. 139.
[602] Vgl. Re Purpoint Ltd [1991] BCC 121, at p. 125.
[603] Vgl. Goode, Principles, S. 472 ff.

tor nicht einfach nur darlegen muss, dass er *alle angemessenen* Maßnahmen unternommen hat, um die Verluste der Gläubiger zu minimieren, sondern vielmehr, dass er *jede* Maßnahme ergriffen hat.[604] Bereits im Vorfeld des Gesetzentwurfs hatte Lord Denning vergeblich versucht, das Parlament zum Schutze der directors davon zu überzeugen, den beabsichtigten Gesetzeswortlaut von „jeder Maßnahme" in „jede angemessene Maßnahme" abzuändern.[605] Im Fall *Re Produce Marketing Consortium Ltd, Halls v David*[606] unternahmen die beklagten directors den Versuch, sich im Rahmen eines Vergehens nach sec. 214 Insolvency Act 1986 auf die allgemeine, mildere Haftungsbefreiung nach sec. 727 CA 1985 zu stützen. Dieser Befreiungstatbestand sieht folgende Regelung vor:

> *„Wenn das Gericht in einem Verfahren gegen einen director ... wegen der Verletzung einer Sorgfalts- oder Treuepflicht .... zu der Auffassung gelangt, dass der verantwortliche director rechtschaffen und gewissenhaft gehandelt hat, und er nach Berücksichtigung aller anderen Umstände des Einzelfalls gerechterweise für sein Verhalten entschuldigt werden sollte..., steht es dem Gericht frei, den director entweder vollständig oder teilweise von seiner Haftung zu befreien."*[607]

Der zuständige Richter im oben genannten Verfahren, Richer Knox J., erklärte diese generelle Verteidigung in Prozessen wegen fehlerhafter Geschäftsführung jedoch für unanwendbar, und hielt den Entlastungsbeweis der directors für nicht ausreichend erbracht.[608] Sec. 214 Insolvency Act 1986 zwingt die directors dazu, sich und gegebenenfalls auch die Hauptgläubiger, laufend über die aktuelle Finanzlage der Gesellschaft zu informieren und sich, wenn nötig, möglichst frühzeitig einen professionellen und erfahrenen Berater zu suchen.[609]

---

[604] Vgl. sec. 214 (3) Insolvency Act 1986: "...if... that person took every step with a view to minimising the potential loss to the company's creditors as .... he ought to have taken."

[605] Vgl. Loose/Griffiths/Impey, S. 182.

[606] Vgl. Re Produce Marketing Consortium Ltd, Halls v David (1989) 5 BCC 399; entscheidungserheblich ist außerdem, wie hoch der Bilanzierungs- und Buchführungsaufwand in einem Unternehmen angesetzt wird. Bei einer kleinen Gesellschaft sind daher wesentlich geringere Anforderungen zu stellen, als an den director einer großen Gesellschaft.; vgl. hierzu auch Prentice, OxJLS 1990, 265, 266 ff.

[607] „If in any proceedings for negligence, breach of duty or breach of trust against an officer of the company......, it appears to the court hearing the case that that officer is liable in respect of the breach of trust ...., but that he has acted honestly and reasonably, and that having regard to all the circumstances of the case he ought fairly to be excused for ......, that court may relieve him, either wholly or partly, from his liability... ."

[608] Vgl. Re Produce Marketing Consortium Ltd, Halls v David (1989) 5 BCC 399; Loose/Griffiths/Impey, S. 182.

[609] Vgl. zu der empfohlenen Vorgehensweise für directors, Goode, Principles, S. 472 ff.

6. Strafrechtliche Verantwortung der directors

Vor Einführung des Companies Act 1989 enthielt allein schon der Companies Act 1985 um die 200 verschiedenen Tatbestände, nach denen sich die directors strafbar machen konnten. Die bisherige Praxis des Wirtschaftsministeriums bei der Strafverfolgung konzentrierte sich jedoch nur auf eklatante und langwierige Straftaten und Fälle, die Dritten gegenüber in betrügerischer oder schädigender Absicht vorgenommen wurden.[610] Nach der Systematik der Companies Acts wird dem director dabei regelmäßig eine Pflicht auferlegt, beispielsweise zur Einreichung des Jahresberichts, die gleichzeitig mit der Sanktion verbunden ist, „dass die Gesellschaft sowie jeder director der die Pflicht versäumt, einer Geldstrafe unterliegt, bei wiederholtem Verstoß sogar einer täglichen Geldstrafe."[611] Daraus ergibt sich, dass (i) ein director immer dann strafbar handelt, wenn er hinsichtlich des Versäumnisses wissentlich und vorsätzlich handelt[612]; (ii) als Folge dieses Verhaltens unterliegt er für jeden Tag der Versäumnis einer Geldstrafe in Höhe von 1/10 oder 1/5 der jeweils gesetzlich vorgesehenen Höchststrafe.[613] Darüber hinaus sind für zahlreiche Vergehen der directors auch Haftstrafen vorgesehen. Bei einer Verurteilung des directors durch ein Amtsgericht beträgt die maximale Haftstrafe 6 Monate. Erfolgt die Verurteilung dagegen durch ein höheres Gericht, können die Haftstrafen zwischen 2 und 7 Jahren liegen.[614]

Wird über das Vermögen einer company das Insolvenzverfahren eröffnet, kann der director zu einer Haftstrafe verurteilt werden, wenn er beispielsweise in den letzten beiden Jahren vor der Eröffnung des Insolvenzverfahrens die Geschäftsbücher nicht ordentlich geführt oder Geschäftsunterlagen der company gefälscht oder vernichtet hat.[615] Die Verurteilung setzt jedoch stets eine Täuschungsabsicht bzw. eine betrügerische Absicht gegenüber Dritten voraus.[616] Eine Schädigungsabsicht des Dritten ist dagegen nicht erforderlich. Eine Verurteilung im Zusammenhang mit der Insolvenzeröffnung ist jedoch dann

[610] Vgl. Loose/Griffiths/Impey, S. 196, 197.
[611] Vgl. section 343 Companies Act 1985. "...the company and every officer.... of it who is in default is liable to a fine and, for continued contravention, to a daily default fine."
[612] Vgl. Beck v. Board of Trade Solicitor (1932) 76 SJ 414.
[613] Momentan liegt das gesetzlich vorgesehene Höchstmaß der Geldstrafe bei £ 5.000,00.
[614] Vgl. Loose/Griffiths/Impey, S. 197.
[615] Vgl. sec. 206 – 211 Insolvency Act 1986.
[616] Vgl. Loose/Griffiths/Impey, S. 197:"with the intent to deceive or defraud".

ausgeschlossen, wenn der director nachweisen kann, dass er gewissenhaft und ehrlich gehandelt hat.[617]

Die Haftung des directors unterscheidet sich grundsätzlich nicht von derjenigen des Geschäftsführers in Deutschland. Die Straftatbestände sind im wesentlichen identisch. Eine strafrechtliche Haftung des directors wegen unterlassener oder verspäteter Beantragung der Eröffnung des Insolvenzverfahrens ist dem englischen Gesellschaftsrecht dagegen fremd. Eine Strafverschärfung erfolgt in der Regel dann, wenn der director in der Absicht gehandelt hat, die Gläubiger der Gesellschaft zu benachteiligen.

7. Versicherbare Risiken - D & O Versicherungen

Die Möglichkeit der Gesellschaft, ihre Leitungsorgane gegen Haftungsrisiken abzusichern, hat sich, ähnlich wie in Deutschland, auch in England erst zu Beginn der achtziger Jahre entwickelt.[618] Mit Erlass des Companies Act 1985 stellte sich jedoch auf einmal die grundsätzliche Frage nach der rechtlichen Zulässigkeit des Abschlusses solcher Versicherungen. Wie bereits weiter oben erwähnt,[619] sieht sec. 310 Companies Act 1985 vor, dass eine Regelung in einer Satzung oder in einem Vertrag mit der Gesellschaft, die die Haftung des directors im voraus ausschließt oder reduziert, immer unwirksam ist. Bei einer strikten Auslegung und Anwendung dieser Vorschrift am Wortlaut wäre daher auch der Abschluss von Versicherungsverträgen der Gesellschaft zum Zwecke der Haftungsfreistellung der directors nicht erlaubt. Dementsprechend äußerte sich dann auch das für gesellschaftsrechtliche Fragen zuständige English Law Society`s Standing Committee im Jahre 1986 und erklärte, dass der Abschluss eines solchen Versicherungsvertrags ihrer Ansicht nach unwirksam sei, unabhängig davon, ob die Gesellschaft oder der director selbst die Versicherungsprämie zahlt.[620] Dieser Auffassung folgte die englische Literatur jedoch nicht. Sie ging vielmehr davon aus, dass ein Vertrag, durch den ein außenstehender Dritter (der Versicherer) sich mit der Kompensation der Haftungsfolgen eines Fehlverhaltens durch den director einverstanden erklärt, nicht vom gesetzlichen Verbot der sec. 310 Companies Act 1985 umfasst wird.[621]

---

[617] Vgl. Bücker, S. 129ff.
[618] Vgl. Drury, S. 147.
[619] Vgl. hierzu die Ausführungen unter § 4 II. 2.5.2.
[620] Vgl. Drury, S. 148.
[621] Vgl. Pennington, S. 97.

Mit Einführung der sec. 137 Companies Act 1989, der sec. 310 Companies Act 1985 um einen neuen Absatz 3 ergänzt, hat der englische Gesetzgeber der Diskussion um einer Wirksamkeit der D & O - Versicherungsverträge dann endgültig ein Ende gesetzt, indem er den Abschluss eines solchen Vertrages durch die Gesellschaft zum Schutz ihrer Leitungsorgane ausdrücklich im Gesetz gestattete.

Angesichts hoher Prämien und einer Vielzahl von Risiken, für die nach den allgemeinen Geschäftsbedingungen der Versicherer eine Deckung bereits von vornherein ausgeschlossen ist, bleibt der Abschluss einer D & O - Versicherung auch in England heute in erster Linie den größeren Gesellschaften vorbehalten.

§ 5 Das Ende der Geschäftsführertätigkeit

I. Die Tätigkeit für die GmbH

Ähnlich wie bei der Aufnahme der Geschäftsführertätigkeit zwischen Anstellung und Bestellung differenziert wird, muss auch bei der Beendigung der Geschäftsführertätigkeit für eine GmbH zwischen der Beendigung des Anstellungsverhältnisses und der Beendigung der Organstellung unterschieden werden.

1. Die Beendigung der Geschäftsführerstellung durch Abberufung

Der Geschäftsführer einer GmbH kann gemäß § 38 Abs. 1 GmbHG jederzeit ohne das Vorliegen oder die Angabe von Gründen von seinem Amt abberufen werden. Diese einfache Vorgehensweise ist unter anderem der Ausgleich dafür, dass die Vertretungsmacht des Geschäftsführers nach außen unbeschränkt und unbeschränkbar ist.[622]

Bei der Frage, ob die Abberufung des Geschäftsführers gleichzeitig auch dessen Anstellungsverhältnis beendet oder ob umgekehrt in der Kündigung des Anstellungsvertrages eine Abberufung liegt, ist jeweils wie folgt zu differenzieren: Grundsätzlich hat die Abberufung keine unmittelbaren Auswirkungen auf den Bestand des Anstellungsvertrages.[623]

---

[622] Vgl. Lutter/Hommelhoff, § 38 Rdn. 2.
[623] Vgl. BGHZ 79, 38, 41; BGH, GmbHR 1990, 345; OLG Rostock, NZG 1999, 216.

Die ordentliche Kündigung des Anstellungsvertrages wird man in der Regel dahingehend auslegen können, dass darin gleichzeitig auch eine Abberufung des Geschäftsführers liegt[624], denn der Geschäftsführer wird nicht gewillt sein, ohne Anstellungsvertrag, auch weiter seine Dienste für die Gesellschaft zu erbringen. Ob umgekehrt in der Abberufung zugleich eine Kündigung des Anstellungsvertrages liegt[625], hängt jeweils vom Einzelfall ab. Solange die Kündigung nicht erfolgt und wirksam geworden ist, bleiben daher die vertraglichen Ansprüche des Geschäftsführers aus dem Anstellungsvertrag, insbesondere dessen Vergütungsansprüche, erhalten.[626] Der Geschäftsführer kann aber, wenn nach der Abberufung sein Anstellungsvertrag weiter besteht, gehalten sein, eine angemessene andere Beschäftigung, d.h. leitende Aufgabe - auch unterhalb der Geschäftsführungsebene - wahrzunehmen, wenn er eine fristlose Kündigung des Anstellungsvertrages vermeiden will.[627] Wird als Grund der Abberufung ein wichtiger Grund im Sinne von § 626 BGB behauptet, so wird man darin die gleichzeitige Kündigung des Anstellungsvertrages sehen müssen. Die Abberufung wird dabei auch dann wirksam, wenn der wichtige Grund nicht vorlag, wohingegen der Zeitpunkt der Beendigung des Anstellungsvertrages davon abhängt, ob tatsächlich auch ein wichtiger Grund vorlag.[628]

Für die Abberufung ist grundsätzlich das Organ zuständig, welches den Geschäftsführer bestellt hat. Üblicherweise ist dies die Gesellschafterversammlung, wenn nicht ausnahmsweise in der Satzung einem anderen Organ (Beirat, Aufsichtsrat) diese Kompetenz zugewiesen worden ist.[629] Nur bei mitbestimmten GmbH´s besteht gemäß § 31 Abs. 5 MitbestG eine gesetzliche Zuständigkeit des Aufsichtsrats.

In der Satzung kann gemäß § 38 Abs. 2 GmbHG die Abberufung auf das Vorliegen eines wichtigen Grundes beschränkt werden. Ein solcher ist nach § 38 Abs. 2 Satz 2 GmbHG grobe Pflichtverletzung oder Unfähigkeit zur ordnungsgemäßen Geschäftsführung. Bei einer Abberufung aus wichtigem Grund muss der Gesellschafterbeschluss eine angemessene Zeit nach Kenntniserlangung der maßgeblichen Umstände gefasst werden. Anders als bei einer Kündigung des Anstellungsverhältnisses aus wichtigem Grund muss über die

[624] Vgl. BGHZ 79, 38, 41; Goette, die GmbH nach der BGH-Rechtsprechung, S. 194.
[625] Vgl. Rowedder/Koppensteiner, § 38 Rdn. 35.
[626] Vgl. Scholz/Schneider, § 38 Rdn. 34.
[627] Vgl. OLG Karlsruhe, GmbHR 1996, 208; Henze, Rdn. 1174.
[628] Vgl. Scholz/Schneider, § 38 Rdn. 35.
[629] Vgl. Baumbach/Hueck/Zöllner, § 38 Rdn. 12.

Abberufung aber nicht innerhalb der Zweiwochenfrist seit Kenntnis vom Vorliegen des wichtigen Grundes entschieden werden.[630]

Vor der Abberufung eines Geschäftsführers ist es grundsätzlich nicht erforderlich, diesen vorher anzuhören.[631] Ist der abzuberufende Geschäftsführer gleichzeitig auch Gesellschafter und soll seine Abberufung lediglich nach § 38 Abs. 1 GmbHG ohne Vorliegen eines wichtigen Grundes erfolgen, steht ihm nicht nur ein Teilnahmerecht[632] an der Gesellschafterversammlung zu, sondern er ist darüber hinaus auch berechtigt über seine Abberufung mit abzustimmen.[633] Anders verhält es sich dagegen bei der Abberufung eines Gesellschafter-Geschäftsführers aus wichtigem Grund. In diesem Fall ist der Gesellschafter-Geschäftsführer gemäß § 47 Abs. 4 GmbHG vom Stimmrecht ausgeschlossen.[634] Zur Begründung des Ausschlusses vom Stimmrecht wird auf den Gesichtspunkt des „Richtens in eigener Sache“ verwiesen.[635] Zu der umstrittenen Frage, ob die bloße Behauptung eines wichtigen Grundes für das Stimmverbot ausreicht, ist mit der herrschenden Meinung davon auszugehen, dass es nur darauf ankommt, ob ein als wichtiger Grund qualifizierbarer, nicht bloß hergeholter oder ins Blaue behaupteter Sachverhalt ohne offensichtliche Treuwidrigkeit Gegenstand der Beschlussfassung über die Abberufung ist[636], und es nicht notwendig, dass der wichtige Grund auch objektiv existent ist.[637] Da die Berechtigung der Abberufung der gerichtlichen Nachprüfung unterliegt, ist der betroffene Gesellschafter auch nicht schutzlos. Welche Bedeutung der Hintergrund der Abberufung und die damit verbundenen unterschiedlichen Befugnisse des Gesellschafter-Geschäftsführers haben können, zeigt sich in den Fällen, in denen es den Minderheitsgesellschaftern allein deshalb gelingt einen Mehrheitsgesellschafter abzuberufen, weil dieser aufgrund einer Abberufung aus wichtigem Grund nicht stimmberechtigt gewesen ist.

Erfahrungsgemäß ist das Vorliegen eines wichtigen Grundes unter den Beteiligten heftig umstritten. Um so mehr kommt daher der Frage Bedeutung zu, ob ein Abberufungsbe-

---

[630] Vgl. BGHZ 13, 194.
[631] Vgl. Höhn, S. 210; Baumbach/Hueck/Zöllner, § 38 Rdn. 2; Roth, § 38 Rdn. 2.2.1; Hachenburg/Mertens, § 38 Rdn. 90.
[632] Vgl. BGH, GmbHR 1985, 256; OLG Düsseldorf, GmbHR 1999, 1098.
[633] Vgl. BGH, GmbHR 1985, 256; OLG Düsseldorf, GmbHR 1999, 1098.
[634] Vgl. RGZ 124, 380; BGH, WM 1985, 567; OLG Stuttgart, NJW-RR 1994, 811; OLG Düsseldorf, GmbHR 1999, 549, 550; OLG Frankfurt, GmbHR 1999, 551.
[635] Vgl. Scholz/Schmidt, § 46 Rdn. 76; § 47 Rdn. 141.
[636] Vgl. Scholz/Schmidt, § 46 Rdn. 76; BGHZ 86, 177, 181 ff.
[637] Vgl. Hachenburg/Hüffer, § 47 Rdn. 173.

schluss sofort seine Wirksamkeit entfaltet und solange gilt, bis seine Unwirksamkeit festgesellt worden ist oder aber ob er erst dann wirksam wird, wenn dies durch das Gericht festgesellt wird. Man wird differenzieren müssen: Die Abberufung des Geschäftsführers wird - ungeachtet der Rechtmäßigkeit des Abberufungsbeschlusses – wirksam, wenn der Geschäftsführer von der entsprechenden mehrheitlichen Gesellschafterbeschlussfassung Kenntnis erlangt. Ist er bei der Gesellschafterbeschlussfassung abwesend, so wird die Abberufung wirksam, wenn der Gesellschafterbeschluss ihm zugegangen ist.[638] Die Abberufung bleibt dann gemäß § 84 Abs. 3 Satz 4 AktG analog solange wirksam, bis ihre Unwirksamkeit durch ein Gericht festgestellt wird.[639] Dafür spricht auch die Rechtsprechung des BGH, wonach bei Fehlen eines wichtigen Grundes zwar der Gesellschafterbeschluss nur anfechtbar, die Abberufung aber unwirksam sein soll.[640]

Demgegenüber wird der Abberufungsbeschluss nicht sofort wirksam, wenn es sich um die Abberufung eines mit Mehrheit beteiligten Gesellschafter-Geschäftsführers[641] handelt oder um eine GmbH mit zwei Gesellschaftern, bei der jeder Gesellschafter mit 50 % beteiligt ist und beide oder einer von beiden zum Geschäftsführer bestellt und der Widerruf nicht einem anderen Organ als der Gesellschafterversammlung übertragen worden ist. Da hier jede Seite die andere Seite allein durch die Geltendmachung eines wichtigen Grundes an der Abstimmung hindern könnte, richtet sich die Wirksamkeit des Abberufungsbeschlusses allein nach der materiellen Rechtslage.[642] Erfolgte die Abberufung nach gerichtlicher Überprüfung zu Unrecht, hat der Gesellschafter-Geschäftsführer von Anfang an seine Vertretungsmacht und seine Geschäftsführungsbefugnis nie verloren; stellt sich jedoch heraus, dass die Abberufung wirksam war, treten die Rechtswirkungen bereits durch die Bekanntgabe des Beschlusses gegenüber dem Geschäftsführer ein.[643]

Der Streit um das Vorliegen eines wichtigen Grundes führt zwangsläufig dazu, dass eine Partei versuchen wird, vorläufigen Rechtsschutz im Zusammenhang mit der Abberufung zu erwirken. Entscheidendes Kriterium für die Zulässigkeit dieses Eilverfahrens ist dabei, ob den Parteien im Einzelfall überhaupt ein berechtigtes Interesse an der Durchsetzung ihrer Ansprüche im Rahmen eines vorläufigen Rechtsschutzverfahrens zugebilligt werden

[638] Vgl. Baumbach/Hueck/Zöllner, § 38 Rdn. 18; LG Dortmund, GmbHR 1998, 334.
[639] Vgl. OLG Braunschweig, GmbHR 1977, 61; Lutter/Hommelhoff, § 38 Rdn. 27.
[640] Vgl. BGH, WM 1966, 615.
[641] Vgl. Lutter/Hommelhoff, § 38 Rdn. 33.
[642] Vgl. BGHZ 86, 181ff; OLG Köln, GmbHR 1995, 299.
[643] Vgl. Lutter/Hommelhoff, § 38 Rdn. 31.

kann. Daher kann bei einer sofortigen Wirksamkeit des Abberufungsbeschlusses nur der Geschäftsführer eine einstweilige Verfügung erwirken.[644] Entfaltet der Abberufungsbeschluss dagegen keine sofortige Wirksamkeit, steht dem Geschäftsführer die Möglichkeit offen, den Beschluss durch Anfechtungs- oder Nichtigkeitsklage anzugreifen. In diesem Fall hat dann die GmbH - wegen des eintretenden Schwebezustandes – ein berechtigtes Interesse daran, eine einstweilige Verfügung durchzusetzen, mit der dem abberufenen Geschäftsführer bis zur abschließenden Klärung Maßnahmen der Geschäftsführung und Vertretung untersagt werden können.[645] Gegebenenfalls muss dann gleichzeitig von der Gesellschaft die Einsetzung eines Notgeschäftsführers beantragt werden.

Mit der wirksamen Abberufung verliert der Geschäftsführer sein Amt und damit auch seine Geschäftsführungs- und Vertretungsbefugnis.[646] Der Geschäftsführer hat, wenn nach der Abberufung sein Anstellungsvertrag weiter besteht, eine seine Kenntnissen und Fähigkeiten angemessene andere leitende Stellung - auch unterhalb der Geschäftsführungsebene - wahrzunehmen, wenn er eine fristlose Kündigung des Anstellungsvertrages vermeiden will.[647]

Der Geschäftsführer kann sich gegen seine Abberufung schützen, indem er im Anstellungsvertrag vereinbart, dass eine Abberufung nur aus wichtigem Grund erfolgen darf. Gesellschafter-Geschäftsführer haben ferner die Möglichkeit, ihre Bestellung zum Geschäftsführer in der Satzung zu vereinbaren. Ihre Abberufung macht dann einen satzungsändernden Gesellschafterbeschluss erforderlich, der nur mit einer Mehrheit von 75 % der Stimmen gefasst werden kann.

2. Die Beendigung des Geschäftsführervertrages

2.1 Aufhebungsvertrag oder Kündigung

Der Geschäftsführervertrag zwischen GmbH und Geschäftsführer endet üblicherweise durch ordentliche oder außerordentliche Kündigung, Aufhebungsvertrag oder Zeitablauf. Zuständig für den Abschluss des Aufhebungsvertrages oder auch für den Ausspruch der

644 Vgl. OLG Stuttgart, GmbHR 1997, 313; OLG Celle, GmbHR 1981, 264.
645 Vgl. OLG Karlsruhe, GmbHR 1993, 154; Littbarski, DStR 1994, 906.
646 Vgl. Scholz/Schneider, § 38 Rdn. 32.
647 Vgl. OLG Karlsruhe, GmbHR 1996, 208; Anschluss an BGH vom 14.7.1966, GmbHR 1966, 277.

Kündigung ist - soweit keine Übertragung auf einen Aufsichts- oder Beirat stattgefunden hat - die Gesellschafterversammlung, wobei sie sich jedoch nicht durch einen Mitgeschäftsführer vertreten lassen darf.[648] Eine Ausnahme gilt für den Fall, dass das Anstellungsverhältnis nach der Abberufung des Geschäftsführers oder dessen Amtsniederlegung als Arbeitsverhältnis fortgeführt wurde. In diesem Fall muss dann der neue oder ein anderer Geschäftsführer die Kündigung aussprechen.[649]

Ist der Geschäftsführervertrag auf unbestimmte Zeit geschlossen und sind im Vertrag keine Kündigungsfristen enthalten, bestimmt sich die Kündigungsfrist nach dem Dienstvertragsrecht des BGB. Umstritten[650] ist hierbei aber insbesondere die Frage, ob für die Bestimmung der Kündigungsfristen zwischen den Fremdgeschäftsführern und den nicht beherrschenden Gesellschafter-Geschäftsführern einerseits und den beherrschenden Gesellschafter-Geschäftsführern andererseits unterschieden werden muss.

Da sowohl die Fremdgeschäftsführer, als auch die nicht beherrschenden Gesellschafter-Geschäftsführer mehr oder weniger von der Gesellschaft, für die sie hauptberuflich tätig sind, wirtschaftlich abhängig sind, ist die Zubilligung der längeren Kündigungsfristen entsprechend § 622 BGB angemessen, um den Geschäftsführern genügend Zeit zu lassen, sich beruflich umzuorientieren.[651] Dies gilt ebenso für einen Geschäftsführer einer Komplementär-GmbH, der den Geschäftsführervertrag unmittelbar mit der GmbH & Co. KG abgeschlossen hat.[652] Danach ist eine ordentliche Kündigung mit einer Frist von vier Wochen zum 15. oder letzten eines jeden Kalendermonats („Grundkündigungsfrist“) zulässig. Nach bestimmter Betriebszugehörigkeit des Geschäftsführers verlängern sich die Kündigungsfristen dann entsprechend der in § 622 BGB aufgeführten Staffel; für die Eigenkündigung durch den Geschäftsführer bleibt es jedoch bei der Grundkündigungsfrist.[653]

---

[648] Vgl. BGH, GmbHR 1991, 363.
[649] Vgl. BGH, WM 1984, 533.
[650] Vgl. Tillmann/Mohr, S. 156; Lutter/Hommelhoff, Anh. § 6 Rdn. 53.
[651] Vgl. dafür BGH, GmbHR 1981, 158; BGH, GmbHR 1984, 312; OLG Hamm, ZIP 1992, 418; dagegen OLG Düsseldorf, BB 1976, 901.
[652] Vgl. BGH, GmbHR 1987, 263.
[653] Vgl. Hoffmann/Liebs, S. 119, Rdn. 266.

Hinsichtlich der beherrschenden Gesellschafter-Geschäftsführer ist die herrschende Meinung[654] dagegen der Auffassung, dass eine ähnliche wirtschaftliche Abhängigkeit von der Gesellschaft nicht besteht. Demzufolge gilt für sie die kurze Kündigungsfrist des § 621 Nr.3 BGB, d.h. die ordentliche Kündigung ist spätestens am 15. eines Monats zum Schluss des Kalendermonats zulässig. Dies ist insbesondere im Hinblick darauf ausschlaggebend, dass das Anstellungsverhältnis in der Insolvenz der GmbH nicht automatisch aufgelöst wird, sondern es nach § 113 InsO vielmehr einer ordentlichen Kündigung mit längstens dreimonatiger Frist bedarf.

Vor dem Ablauf der vertraglich vorgesehenen Kündigungsfrist oder der Kündigungsfrist nach Gesetz kann der Geschäftsführervertrag nur gekündigt werden, wenn ein wichtiger Grund im Sinne von § 626 Abs. 1 BGB vorliegt. Anders als beim Widerruf der Bestellung nach § 38 Abs. 2 GmbHG kommen für die außerordentliche Kündigung des Geschäftsführervertrages in der Regel nur solche Gründe in Betracht, die in der Person des Geschäftsführers liegen.[655] Betriebsstillegung und Unternehmensveräußerung stellen keine wichtigen Gründe dar, dagegen sind grobe Dienstpflichtverletzungen, Treuepflichtverletzungen[656] oder strafbare Handlungen[657] wichtige Gründe. Ebenso stellt es einen wichtigen Grund dar, wenn der Geschäftsführer wiederholt schuldhaft gegen Anweisungen der Gesellschafterversammlung verstößt[658] oder seiner Verpflichtung zur Erteilung von Auskünften gegenüber den Gesellschaftern nicht nachkommt.[659]

2.2 Kündigungsschutz, Abfindung und Rechtsweg

2.2.1 Kündigungsschutz

Die arbeitsrechtlichen Schutzvorschriften sind auf den Geschäftsführer grundsätzlich nicht anwendbar. Es gelten für ihn lediglich die einschlägigen Bestimmungen des BGB. Daher findet gemäß § 14 KSchG auch das Kündigungsschutzgesetz in der Regel keine Anwendung auf Geschäftsführer. Geschäftsführer einer GmbH, egal ob Fremdgeschäfts-

---

[654] Vgl. dafür BGH GmbHR 1987, 263; OLG Hamm, GmbHR 1992, 378; dagegen Lutter/Hommelhoff, Anh. § 6 Rdn. 53; Scholz/Priester, § 53 Rdn. 226.
[655] Vgl. BGH, WM 1975, 790; BGH, WM 1978, 110.
[656] Vgl. BGH, GmbHR 1995, 296; BGH, DStR 1995, 695.
[657] Vgl. LAG Berlin, GmbHR 1997, 841; BGH, WM 1984, 1187.
[658] Vgl. OLG Frankfurt, GmbHR 1997, 349; OLG Düsseldorf, ZIP 1984; 1476.
[659] Vgl. OLG Frankfurt, GmbHR 1994, 114.

führer oder Gesellschafter-Geschäftsführer, sind zur Vertretung der GmbH berufen und kommen somit auch nicht in den Genuss des allgemeinen Kündigungsschutzes, was bedeutet, dass sie jederzeit ohne Angabe von Gründen im Rahmen der entsprechend anwendbaren dienstvertraglichen Kündigungsfrist entlassen werden können.[660] Eine Ausnahme hiervon kann jedoch in dem Fall eintreten, in dem der Geschäftsführer vor seiner Bestellung bereits Arbeitnehmer der Gesellschaft war und wieder in den Status des Arbeitnehmers zurückfällt, wenn er von seinem Amt abberufen wird.[661]

Der Vorteil der Aufsteigerrechtsprechung für den Geschäftsführer ist, dass mit dem Rückfall in den Arbeitnehmerstatus seine alten Arbeitnehmerrechte, insbesondere der Kündigungsschutz, wieder aufleben.[662] Die Aufsteigerrechtsprechung findet jedoch in drei praktisch besonders bedeutsamen Konstellationen keine Anwendung. Zum einen dann, wenn der Geschäftsführer mit der Gesellschaft die Aufhebung seines vormaligen Arbeitsverhältnisses ausdrücklich vereinbart hat. Ferner dann, wenn das vormalige Arbeitsverhältnis der Erprobung für eine seinerzeit schon vorgesehene Geschäftsführertätigkeit dienen sollte. Schließlich dann, wenn dem Geschäftsführer anlässlich seiner Bestellung ein Risikoausgleich für den Verlust der Arbeitnehmerschutzrechte gewährt worden ist;[663] ein solcher Risikoausgleich kann z.B. in einem erhöhten Geschäftsführergehalt, einer betrieblichen Altersversorgung oder auch in einer Verlängerung der Kündigungsfristen liegen. Das Bundesarbeitsgericht hat in einer Entscheidung aus dem Jahre 2000 seine bisherige Aufsteigerrechsprechung teilweise korrigiert, nicht jedoch aufgegeben.[664] Wird ein in leitender Position beschäftigter Arbeitnehmer zum Geschäftsführer einer neu gegründeten GmbH bestellt, die wesentliche Teilaufgaben des Betriebes seines bisherigen Arbeitgebers übernimmt, so wird im Zweifel mit Abschluss des Geschäftsführerdienstvertrages das bisherige Arbeitsverhältnis aufgehoben. Die Vergütungshöhe spielt bei einer derartigen Entwicklung des Vertragsverhältnisses nicht die allein entscheidende Rolle. Wenn der frühere Tätigkeitsbereich ausgegliedert und auf eine neue GmbH übertragen wird, so hat nach der Ausgliederung der frühere Arbeitgeber ersichtlich keine Arbeit mehr für den Betreffenden. Unter solchen Umständen eine Vertragsbindung an den alten

[660] Vgl. Lutter/Hommelhoff, Anh. § 6 Rdn. 47; Hachenburg/Stein, § 35 Rdn. 170; Baumbach/Hueck/Zöllner, § 35 Rdn. 129.
[661] Vgl. BAG, DB 1994, 428, 429; sog. Aufsteigerrechtsprechung des BAG vom 7. Oktober 1993.
[662] Vgl. Bauer/Gragert, ZIP 1997, 2181ff.
[663] Vgl. BAG, DB 1994, 428 (429); LAG Berlin, GmbHR 1998, 888ff.
[664] Vgl. BAG, DB 2000, 1918 (1919).

Arbeitgeber in der Form eines ruhenden Arbeitsverhältnisses anzunehmen, setz regelmäßig eine gesonderte Vereinbarung voraus.[665]

2.2.2 Abfindung

Bei Beendigung des Geschäftsführervertrages hat der gekündigte Geschäftsführer keinen gesetzlichen Anspruch auf Zahlung einer Abfindung, es sei denn, eine solche ist ihm im Geschäftsführervertrag ausdrücklich zugesagt worden oder im Rahmen eines Aufhebungsvertrags vereinbart worden.[666]

2.2.3 Rechtsweg

Die Arbeitsgerichte sind nur dann zuständig, wenn die klagende Partei unter den Arbeitnehmerbegriff des § 5 ArbGG fällt. Ausgenommen vom Arbeitnehmerbegriff sind die gesetzlichen Vertreter von juristischen Personen und Personengesamtheiten des öffentlichen und privaten Rechts, wenn sie kraft Gesetzes, Satzung oder Gesellschaftsvertrages allein oder als Mitglieder des Vertretungsorgans zur Vertretung berufen sind (§ 5 Abs. 1 Satz 3 ArbGG). Dieser Ausschluss der Rechtswegzuständigkeit der Arbeitsgerichte gilt, wenn der Organvertreter aufgrund der gegebenen wirtschaftlichen Unselbständigkeit als eine arbeitnehmerähnliche Person angesehen werden müsste. § 5 Abs. 1 Satz 3 ArbGG ist einer einschränkenden Auslegung nicht zugänglich. Auch dann, wenn der Geschäftsführer der GmbH im Innenverhältnis erhebliche Einschränkungen der Geschäftsführerbefugnis zu beachten hat, ist die Zuständigkeit des Arbeitsgerichts nicht gegeben.

II. Tätigkeit für die private company

1. Die Beendigung der Stellung des directors

Wie bereits gezeigt, wird sowohl im deutschen, als auch im englischen Gesellschaftsrecht zwischen der Organbestellung und dem Anstellungsverhältnis differenziert. Der gleichzeitige Abschluss eines Anstellungsvertrages zur Regelung der Lohnansprüche des direc-

---

[665] Vgl. BAG, DB 2000, 1918 (1920).
[666] Vgl. Baumbach/Hueck, § 34 Rdn. 19.

tors, ist für die Bestellung zum Gesellschaftsorgan nicht erforderlich.[667] Anders als im deutschen Recht, bei dem die beiden Rechtsverhältnisse sowohl in ihrer Entstehung, als auch in ihrem Bestand voneinander unabhängig sind, werden dagegen im englischen Recht die beiden in der Begründung unabhängigen Rechtsverhältnisse im Zeitpunkt des Widerrufs der Bestellung rechtlich miteinander verknüpft und gleichzeitig aufgehoben.[668] Vergleichbar der früher im deutschen Recht gültigen Mandatstheorie[669] wird in der Bestellung zum Organ ein Vollmachtsauftrag gesehen, der mit dem Widerruf der Bestellung auch das Anstellungsverhältnis beendet.[670]

Nach englischem Recht bestehen im wesentlichen drei unterschiedliche Möglichkeiten, die Stellung des directors zu beenden: Amtsniederlegung („resignation"; Table A, reg. 81 d); Abberufung durch die Gesellschafter unabhängig vom Vorliegen einer Vertragsverletzung aus dem Anstellungsvertrag („removal"; sec. 303); Ausschluss nach dem Gesetz („disqualification").

2. resignation

Wie im deutschen Recht ist auch ein director nach reg. 81 d, Table A CA 1985 jederzeit berechtigt, ohne Vorliegen eines wichtigen Grundes sein Amt mit sofortiger Wirkung niederzulegen, unabhängig davon, ob die Amtsniederlegung als Beendigungsform in der Satzung festgelegt ist oder nicht. Etwas anderes gilt nur dann, wenn die Satzung die Amtsniederlegung des directors explizit ausschließt oder von besonderen Bedingungen, z.B. der Zustimmung durch die Gesellschafter, abhängig macht.[671] Die Amtsniederlegung des directors erfolgt durch eine einfache Mitteilung an die Gesellschaft. Da reg. 81 d CA 1985 keinerlei Formvorschriften hinsichtlich der Art der Mitteilung vorsieht, genügt der director seiner Mitteilungspflicht auch dann, wenn er der Gesellschaft sein Vorhaben im Rahmen einer Gesellschafterversammlung mündlich mitteilt und diese die Mitteilung akzeptiert.[672] Dabei ist unerheblich, ob die Satzung ausdrücklich die Schriftform vorschreibt.[673] Aus beweisrechtlichen Gründen ist die Schriftform jedoch ratsam. Hat der di-

[667] Vgl. Kerr v. Marine Products Ltd. (1928) 44 T.L.R. 292; Table A CA 1985 Art. 82, 83.
[668] Vgl. Neuling, S. 118.
[669] Vgl. hierzu T. Baums, S.9ff.
[670] Vgl. Loose/Griffiths/Impey, S. 331, Rdn. 4.
[671] Vgl. Glossop v. Glossop [1907], 2 Ch. 370, 374.
[672] Vgl. Latchford Premier Cinema Ltd. v. Ennin [1931] 2 Ch. 370.
[673] Vgl. Latchford Premier Cinema Ltd. v. Ennin [1931] 2 Ch. 370.

rector seine Amtsniederlegung erst einmal gegenüber der Gesellschaft kundgetan, kann er seine Entscheidung nur noch mit der Zustimmung des für seine Bestellung zuständigen Organs zurückziehen, selbst wenn die Gesellschaft die Amtsniederlegung zuvor nicht akzeptiert hat.[674]

Auch wenn die Voraussetzungen und Formvorschriften für eine Amtsniederlegung in beiden Rechtsordnungen identisch sind, bestehen auf der Rechtsfolgenseite aufgrund der rechtlichen Verknüpfung von Organstellung und Anstellung im Zeitpunkt der Beendigung der Geschäftsführertätigkeit im englischen Recht jedoch bedeutende Divergenzen. Im deutschen Recht endet die Organstellung des Geschäftsführers mit sofortiger Wirkung, während das Anstellungsverhältnis durch die Amtsniederlegung nicht berührt wird.[675] Nur wenn ein wichtiger Grund vorliegt, kann der Geschäftsführer das Anstellungsverhältnis gleichzeitig fristlos kündigen. Hatte der Geschäftsführer jedoch keinen wichtigen Grund zur Amtsniederlegung, können der Gesellschaft Schadensersatzansprüche gegen den Geschäftsführer aus der Verletzung des Anstellungsvertrages zustehen, da zu den dienstvertraglichen Pflichten des Geschäftsführers auch die ordnungsgemäße Ausübung seiner Organstellung gehört. Ein solcher Anspruch kommt insbesondere dann in Betracht, wenn bei einer Amtsniederlegung die GmbH ohne den Geschäftsführer handlungsunfähig wird und ihr keine angemessene Zeit zur Neubestellung eines Geschäftsführers verbleibt.[676] Diese Rechtsfolge ist im englischen Recht aufgrund der rechtlichen Verknüpfung jedoch ausgeschlossen, da im Fall einer Amtsniederlegung nicht nur die Organstellung mit sofortiger Wirkung endet, sondern automatisch auch das Anstellungsverhältnis.

3. removal nach sec. 303 CA 1985

Bis zum Jahr 1948 war die Möglichkeit einer Abberufung des directors durch die Gesellschaft gesetzlich nicht vorgesehen. Die einzige Möglichkeit, die die Gesellschaft hatte, um den director dennoch vor der regulären Beendigung seiner Amtszeit abzuberufen, war die ausdrückliche Aufnahme einer vorzeitigen Abberufungsklausel in die Satzung der

[674] Vgl. Glossop v. Glossop [1907], 2 Ch. 370, 374.
[675] Vgl. BGH, NJW 1978, 1435; OLG Düsseldorf, GmbHR 1989, 469.
[676] Vgl. OLG Koblenz, GmbHR 1995, 730.

Gesellschaft.[677] Hatten es die Gesellschafter bei der Gründung der Gesellschaft jedoch versäumt, eine solche Klausel in die Satzung aufzunehmen, kam für sie nur noch die Möglichkeit in Betracht, die Satzung mit einer ¾ Mehrheit zu ändern oder den director nicht mehr wiederzuwählen.[678] Mit Erlass des CA von 1948, mittlerweile modifiziert durch den CA von 1985, sieht das Gesetz in sec. 303 CA 1985 heute folgende Regelung zur vorzeitigen Abberufung eines directors vor:

> *„Die Gesellschaft kann einen director durch einfachen Gesellschafterbeschluss jederzeit, ohne die Angabe von Gründen, vor Ablauf seiner Amtszeit abberufen, ungeachtet dessen, ob in der Satzung der Gesellschaft oder in irgend einer anderen Vereinbarung mit dem Geschäftsführer eine anderweitige Regelung getroffen worden ist."*[679]

Sec. 303 CA 1985 ist die einzige section im Companies Act 1985, in der ein einfacher Gesellschafterbeschluss beschrieben wird, z. B. die einfache Mehrheit der abgegebenen Stimmen innerhalb der Gesellschafterversammlung.

Anders als im deutschen Recht, wo die Abberufung des Geschäftsführers in der Satzung gemäß § 38 Abs. 2 GmbHG auf das Vorliegen eines wichtigen Grundes beschränkt werden kann, macht die gesetzliche Regelung in sec. 303 CA 1985 deutlich, dass das Recht der Gesellschafter zur Abberufung der Geschäftsführer weder durch die Satzung, noch durch eine individuelle vertragliche Abrede mit dem Geschäftsführer eingeschränkt oder ausgeschlossen werden kann. Das Recht der Gesellschafter zur Abberufung der Geschäftsführer ist in Deutschland also unentziehbar aber beschränkbar, in England dagegen unentziehbar und unbeschränkbar.

Mit der Einführung der gesetzlichen Regelung zur jederzeitigen Abberufung der Geschäftsführer durch die Gesellschaft, hat der englische Gesetzgeber auf die sich ausweitende Verschiebung der Machtverhältnisse innerhalb der Gesellschaft zugunsten der Geschäftsführer reagiert. Die Bedeutung der Einführung dieser Regelung kann daher auch ohne Übertreibung als Schlüssel der Kontrolle der Gesellschaft durch die Gesellschafter

[677] Vgl. Bücker, S. 140.
[678] Vgl. Imperial Hydropathic Hotel Co, Blackpool v. Hampson [1882] 23 ChD 1.
[679] „A company may by ordinary resolution, remove a director before the expiration of his period of office, notwithstanding anything in its Articles or in any agreement between it and him."

und als gesetzlicher Ausdruck des traditionell in der englischen Rechtsprechung manifestierten Grundsatzes angesehen werden, dass die Gesellschaftermehrheit, und nicht der Geschäftsführer, letztendlich „das Sagen“ im Hinblick auf die Belange und die Organisation der Gesellschaft haben muss.[680]

3.1 Vorgehensweise bei der Abberufung

Zum Schutz des Geschäftsführers vor einer Überrumpelung müssen die Gesellschafter bei dessen Abberufung jedoch die folgende Vorgehensweise beachten:

Beabsichtigt ein Gesellschafter, den Geschäftsführer durch Gesellschafterbeschluss im Rahmen der nächsten Gesellschafterversammlung abzuberufen, muss er die Gesellschaft von diesem Vorhaben gemäß sec. 379 CA 1985 bereits 28 Tage im voraus in Kenntnis setzen. Die Gesellschaft ist ihrerseits wiederum verpflichtet, die übrigen Gesellschafter innerhalb von 21 Tagen vor der Gesellschafterversammlung zu unterrichten.[681] Die Mitteilung bleibt jedoch nach sec. 379 CA 1985 auch dann wirksam, wenn der Geschäftsführer die Gesellschafterversammlung bereits vor Ablauf der 28-Tagefrist einberufen hat, wenn er zu diesem Zeitpunkt bereits selbst Kenntnis von der beabsichtigten Abberufung hatte. Weigert sich der Geschäftsführer, die Gesellschafterversammlung einzuberufen, können die Gesellschafter ihn nach sec. 368 CA 1985 zur Einberufung auffordern oder die Gesellschafterversammlung selbst einberufen, sofern sie über einen Anteil von mindestens einem Zehntel der Stimmrechte verfügen. Nachdem die Gesellschaft dem Geschäftsführer eine Kopie der Mitteilung zugeschickt hat, kann der Geschäftsführer im Gegenzug von der Gesellschaft verlangen, dass diese eine schriftliche Gegendarstellung im Vorfeld der Gesellschafterversammlung an die Gesellschafter verteilt.[682] Anders als im deutschen Recht, steht dem Geschäftsführer nach sec. 304 CA 1985, unabhängig davon ob er gleichzeitig auch Gesellschafter ist, in jedem Fall ein Rederecht in der Gesellschafterversammlung zu. Nach sec. 304 Abs. 4 kann ein Gericht nachträglich feststellen, dass dem Geschäftsführer kein Rederecht zustand, wenn es zu der Überzeugung gelangt, dass der Geschäftsführer das Rederecht nur dazu missbrauchen wollte, um den beantragenden Gesellschafter zu diffamieren.

---

[680] Vgl. Imperial Hydropathic Hotel Co, Blackpool v. Hampson [1882] 23 ChD 1.
[681] Bei sonstigen einfachen Gesellschafterbeschlüssen ist dagegen gemäß reg. 38, Table A Companies ACT 1985 ein Vorlauf von 14 Tagen ausreichend.
[682] Vgl. Loose/Griffiths/Impey, S. 328.

3.2 Verteilung der Stimmrechte

Auch wenn das generelle Recht der Gesellschafter zur Abberufung der Geschäftsführer nicht durch eine Regelung in der Satzung eingeschränkt oder ausgeschlossen werden kann, setzt sec. 303 CA 1985 jedoch nicht voraus, dass auch die Stimmrechte zu gleichen Teilen verteilt sein müssen. Den Gesellschaftern steht es daher ohne weiteres frei, in der Satzung eine besondere Stimmrechtsverteilung festzulegen, auch wenn diese nur auf die Fälle der Abstimmung über die Abberufung eines Geschäftsführers begrenzt ist.[683] In diesem Sinne hielt auch das House of Lords in der Entscheidung *Bushell v Faith*[684] eine Regelung in der Satzung für wirksam, in der einem Gesellschafter-Geschäftsführer für den Fall seiner eigenen Abberufung zusätzliche Stimmrechte eingeräumt wurden und die sec. 303 nicht verletzte, obwohl der Gesellschafter-Geschäftsführer dadurch immer in der Lage war, jeden Beschluss über seine Abberufung zu vereiteln und zu Fall zu bringen.[685] Wäre das House of Lords dagegen zu einer anderen Entscheidung gelangt, hätte es sich unweigerlich auch mit der Folgeproblematik auseinandersetzen müssen, ob eine besondere Stimmrechtsverteilung für diesen Fall überhaupt zulässig ist, und wo die Grenzen einer ausgewogenen und gerechten Stimmrechtsverteilung anzusetzen ist. Da weder durch vorhandene Rechtsprechung, noch durch gesetzliche Vorschriften eine absolut gleiche Stimmrechtsverteilung vorgeschrieben ist, blieb dem House of Lords nichts anderes übrig, als anzuerkennen, dass sec. 303 CA 1985 durch eine entsprechende Stimmrechtsverteilung in der Satzung jederzeit ausgehebelt und umgangen werden kann. Der Entscheidung liegt die Überlegung zu Grunde, dass die zwingende Regelung der freien Abberufung den Anforderungen und Bedürfnissen kleinerer Gesellschaften, die von Mitgliedern in Selbstorganschaft geführt werden, nicht gerecht wird.[686] Faktisch wird jedoch dadurch die Regelung der freien Abberufung dem Gesetz entzogen und den entsprechenden Vereinbarungen der Gesellschafter in der Satzung unterstellt. Ein solcher Schutz ist dem deutschen Recht fremd.[687]

683 Vgl. Loose/Griffiths/Impey, S. 328.
684 [1970] 1 All ER 53.
685 Vgl. Bushell v. Faith [1970] 1 All ER 53.
686 Vgl. Loose/Griffiths/Impey, S. 328.
687 Vgl. Michalsky, DStR 1991, 1661; Behrens, Rdn. 89.

3.3 Einschränkungen der sec. 303 CA 1985

Wie bereits gezeigt, hat der director, außer im Falle einer besonderen Stimmrechtsverteilung in der Satzung, keine Möglichkeit seine Abberufung nach sec. 303 CA 1985 und damit auch die gleichzeitige Beendigung des Anstellungsvertrages zu verhindern.[688]

Er kann eventuell Ansprüche nach sec. 459 CA 1985 (unredliche Nachteilszufügung) geltend machen. Nach den früheren Fassungen der sec. 459 CA 1985 war es schwierig, die Unterdrückung einer Minorität zu begründen (wie sie ursprünglich einmal verlangt war), wenn diese sich auf eine Person in ihrer Eigenschaft als director im Gegensatz zu derjenigen als Gesellschafter bezog. Jedoch scheinen Gerichtsentscheidungen in jüngster Zeit auf einen vergleichsweise einfacher zu erlangenden Rechtsschutz nach der neugefassten Bestimmung hinzudeuten. Der Kläger muss Gesellschafter der Gesellschaft oder eine Person sein, der Geschäftsanteile übertragen oder überlassen worden sind (sec. 459(2)). Ein durch "equity" geschütztes Recht allein reicht nicht aus.[689] Es gibt mehrere veröffentlichte Gerichtsentscheidungen, in denen die Abberufung eines Direktors als unredlich benachteiligend angesehen worden ist, insbesondere im Falle einer kleinen Gesellschaft.[690] Siehe, z.B.: *In Sachen London School of Electronics Ltd.*, *In Sachen Bird Precision Bellows Ltd*, *In Sachen A Company (Nr. 00477 aus 1986)* und *Quinlan gegen Essex Hinge Co Ltd.* Andererseits führt bei größeren Gesellschaften, insbesondere solchen, bei denen Bestimmungen im Gesellschaftsvertrag existieren, die einem Gesellschafter mit einer Minorität von Geschäftsanteilen gestatten zu angemessenen Bedingungen aus der Gesellschaft auszuscheiden, ohne dass diese aufgelöst würde, ein Ausschluss aus der Geschäftsführung mit weit geringerer Wahrscheinlichkeit zu einem Erfolg bei der Geltendmachung eines Anspruchs wegen unredlicher Nachteilszufügung.[691] (Siehe z.B.: *In Sachen Ringtower Holdings plc* und *in Sachen Blue Arrow plc.*)

Wenn der director jedoch die Art von personengesellschaftsähnlicher Situation aufzeigen kann, die üblicherweise in privaten Gesellschaften besteht, kann er ggf. die zwangsweise Gesellschaftsauflösung aufgrund von "Recht und Billigkeit" gemäß sec. 122(1)(g) Insol-

[688] Vgl. Bentley-Stevens v. Jones [1974] 2 All ER 653.
[689] Vgl. Re a Company, (1986) 2 BCC 98, 951.
[690] Vgl. Re London School of Electronics Ltd., (1985) 1 BCC 99, 394, Re Bird Precision Bellows Ltd, (1985) 1 BCC 99, 467, Re a Company (1986) 2 BCC 99, 171 und Quinlan v. Essex Hinge Co Ltd, [1997] BCC 53.
[691] Vgl. Re Ringtower Holdings plc (1989) 5 BCC 82, Re Blue Arrow plc (1987) 3 BCC 618.

vency Act 1986 verlangen. Das Gericht wird eine dementsprechende Entscheidung erlassen, wenn sich aus den tatsächlichen Umständen eine grundsätzliche Verpflichtung ergibt, dass der director so lange an der Geschäftsführung beteiligt bleibt wie die Gesellschaft besteht.[692] Eine solche Situation kann sich in dem Fall ergeben, dass ein Unternehmen drei gleichberechtigten Gesellschaftern gehört, die es gemeinschaftlich führen und in dem sich zwei von ihnen zusammentun, um den dritten auszuschließen, wobei dieser als Inhaber eines Geschäftsanteils gebunden bleibt, aber von der Geschäftsführervergütung ausgeschlossen wird. Oft liegt die Rendite, die Gesellschafter-Geschäftsführer dieser Art aus dem von ihnen investierten Kapital und Arbeitsaufwand erwarten, eher in einer solchen Vergütung als in Gewinnanteilen. Das Risiko, eine Gesellschaftsauflösung auszulösen stellt sich ggf. als wirkungsvolle Abschreckung gegen ein solches Vorgehen heraus und schränkt in der Praxis eventuell die zugunsten der Mehrheit theoretisch bestehende Möglichkeit gemäß sec. 303 CA 1985 vorzugehen ein.

Abgesehen von Situationen wie im Fall *Ebrahimi v. Westbourne Galleries Ltd*[693], in denen die Gesellschaft ihrem Wesen nach eine Personengesellschaft ist, kann es eine ausdrückliche Absprache zwischen den Parteien auf weitere Mitwirkung in der Geschäftsführung geben. Wenn diese Absprache verletzt wird und eine Partei ausgeschlossen wird, liegen ggf. erneut Gründe zur Gesellschaftsauflösung aufgrund von "Recht und Billigkeit" vor.[694]

3.4 Schadensersatzansprüche bei vorzeitiger Abberufung

Unter Umständen können dem director jedoch nach sec. 303 (5) CA 1985 bei einer vorzeitigen Abberufung Schadensersatzansprüche gegen die Gesellschaft wegen vorzeitigen Vertragsbruchs zustehen.

Unbedingte Voraussetzung für das Vorliegen eines solchen Anspruchs ist, dass der director mit der Gesellschaft für seine Tätigkeit als Geschäftsführer einen Anstellungsvertrag abgeschlossen hat, der unabhängig von etwaigen Regelungen in der Satzung, eine be-

[692] Vgl. Ebrahimi v. Westbourne Galleries Ltd [1973] AC 360; Re JE Cade & Son [1991] BCC 360.
[693] Vgl. Ebrahimi v. Westbourne Galleries Ltd [1973] AC 360.
[694] Vgl. Re A & BC Chewing Gum Ltd [1975] 1 All ER 1017.

stimmte Laufzeit vorsieht.[695] Beruft die Gesellschaft den Geschäftsführer vor Ablauf der im Anstellungsvertrag vereinbarten Vertragslaufzeit ab, steht dem Geschäftsführer gegen die Gesellschaft ein Schadensersatzanspruch wegen vorzeitiger, vertragswidriger, aber dennoch wirksamer Abberufung zu.[696]

Dieser Anspruch des Geschäftsführers gegen die Gesellschaft entfällt auch dann nicht, wenn die Parteien in den Anstellungsvertrag eine Verweisungsklausel auf die in der Satzung getroffenen Regelungen hinsichtlich der Beendigung der Geschäftsführerstellung aufgenommen haben, in denen für bestimmte Fälle der vorzeitigen Abberufung eine Entschädigung des Geschäftsführers vorgesehen wird, diese Regelungen jedoch im nachhinein durch Gesellschafterbeschluss zu Lasten des Geschäftsführers dahingehend modifiziert werden, dass eine Abberufung des Geschäftsführers nunmehr in jedem Fall entschädigungslos erfolgen kann.[697] Maßgeblich für den Inhalt des Anstellungsvertrages und damit auch für den Entschädigungsanspruch des Geschäftsführers ist daher nur diejenige Fassung der Satzung, die zum Zeitpunkt des Abschlusses des Anstellungsvertrages wirksam war.[698]

Anders ist jedoch der Fall gelagert, wenn sich der director nach seiner Bestellung hinsichtlich der Beendigung der Geschäftsführerstellung allein auf die in der Satzung festgelegten Regelungen verlässt, ohne hierüber eine gesonderte schriftliche Vereinbarung mit der Gesellschaft zu treffen.[699] Zwar ist auch in diesem Fall, kraft der Natur des von dem director ausgeübten Amtes, von einem konkludenten Vertragsschluss zwischen den Parteien zu den in der Satzung festgelegten Regelungen auszugehen, jedoch mit dem Unterschied, dass im Fall einer vorzeitigen Abberufung des Geschäftsführers nicht die Satzung, die zum Zeitpunkt der Bestellung wirksam war, Inhalt des Anstellungsvertrages ist, sondern vielmehr die im Zeitpunkt der Abberufung wirksame Satzung.[700] Auf diese Weise ist der director immer dem Risiko ausgesetzt, dass die Gesellschafter mit einer qualifizierten Mehrheit die Änderung der Satzung beschließen und der director danach in jedem Fall entschädigungslos abberufen werden kann. Es kann daher nur im Interesse des directors

[695] Vgl. Loose/Griffiths/Impey, S. 330ff.
[696] Vgl. Shindler v. Northern Raincoat Co Ltd [1960] 2 All ER 239; Read v. Astoria Garage (Streatham) Ltd [1952] 2 All ER 292.
[697] Vgl. Bücker, S. 145.
[698] Vgl. Southern Foundries (1926) Ltd. v. Shirlaw [1940] AC 701, 730; Spencer v. Cosmos Air Holidays (1989), The Times, 6. December.
[699] Vgl. Bücker, S. 146.
[700] Vgl. Shuttleworth v. Cox Bros. and Co. (Maidenhead) Ltd. [1927] 2 KB 9.

sein, in jedem Fall auch einen zusätzlichen schriftlichen Anstellungsvertrag mit der Gesellschaft abzuschließen, in dem eine Laufzeitregelung unabhängig von der Satzung vereinbart wird.

Auch in diesem Zusammenhang wird wieder deutlich, dass die englische Rechtsordnung keine strenge Unterscheidung zwischen dem körperschaftlichen Akt der Bestellung und der Anstellung des directors macht, sondern dessen Stellung zur Gesellschaft nur als ein einheitliches Rechtsverhältnis ansieht. Während dem Geschäftsführer in Deutschland bei seiner Abberufung weiterhin ein Anspruch gegen die Gesellschaft auf Erfüllung der vertraglich vereinbarten Leistungen zusteht, der nur im Fall einer gleichzeitigen Berechtigung zur fristlosen Kündigung des Anstellungsvertrages ausgeschlossen werden kann, kann der englische director gegenüber der Gesellschaft lediglich einen Schadensersatzanspruch für den Fall geltend machen, dass die Gesellschaft einen Vertragsbruch begangen hat.

Die Höhe des von der Gesellschaft zu zahlenden Schadensersatzes bemisst sich an dem finanziellen Ausfall, den der director infolge des vorzeitigen Ausscheidens erleidet. In die Berechnung sind unter anderem der Vergütungsausfall einschließlich Tantieme, die Kürzung von Pensionsansprüchen, der Verlust der Lebensversicherung sowie der Entzug des Dienstwagens mit einzubeziehen.[701] Wie bei allen vertraglichen Schadensersatzansprüchen ist der director immer dazu verpflichtet, im Rahmen der bestehenden Schadensminderungspflicht eine neue Beschäftigung zu suchen und auch anzunehmen, soweit dies vernünftigerweise von ihm erwartet werden kann.[702] Der director ist jedoch nicht verpflichtet irgendeine neue Beschäftigung anzunehmen, sondern er braucht lediglich eine solche anzunehmen, die mit seiner vorangegangenen Tätigkeit bzw. Status vergleichbar ist. So hielt beispielsweise ein englisches Gericht einen Geschäftsführer für berechtigt, eine Stelle als „lediglich“ stellvertretender Geschäftsführer bei im übrigen gleichen Gehalt, abzulehnen.[703]

[701] Vgl. Bold v. Brough, Nicholson and Hall Ltd [1963] 3 All ER 353.
[702] Vgl. Loose/Griffiths/Impey, S. 332.
[703] Vgl. Yetton v. Eastwoods Froy Ltd [1966] 3 All ER 353.

3.5 Abfindung

Steht dem director bei seiner Abberufung kein Anspruch auf Schadensersatz zu, weil die Gesellschaft ihm gegenüber hierdurch keinen Vertragsbruch begangen hat, besteht für den director im Einzelfall jedoch noch die Möglichkeit, unter den Bestimmungen des Employment Rights Act von 1996 innerhalb von sechs Monaten nach der Abberufung einen Anspruch auf Zahlung einer Abfindung gegenüber der Gesellschaft geltend zu machen.[704] Ein solcher gesetzlicher Anspruch auf Zahlung einer Abfindung bei Beendigung des Anstellungsvertrages besteht im deutschen Recht nicht. Der Geschäftsführer einer GmbH sollte daher zu seiner Absicherung versuchen, im Anstellungsvertrag eine Abfindungsregelung zu vereinbaren.

Voraussetzung für die Geltendmachung einer Abfindungszahlung im englischen Recht ist allerdings, dass der director rechtlich als Arbeitnehmer eingestuft werden kann.[705]

Die Frage, wann von einer Arbeitnehmereigenschaft des directors ausgegangen werden kann, wird von der englischen Rechtsprechung uneinheitlich beantwortet.[706] Stimmt die Rechtsprechung im Fall eines Ausscheidens eines Fremdgeschäftsführers und nicht beherrschenden Gesellschafter-Geschäftsführers noch darin überein, dass diesen aufgrund ihrer wirtschaftlichen Abhängigkeit zur Gesellschaft die Arbeitnehmereigenschaft, und damit auch die Zahlung einer entsprechenden Abfindung für die Ausübung ihrer Tätigkeit zugebilligt werden muss, so ist die Rechtslage beim Ausscheiden eines beherrschenden Gesellschafter-Geschäftsführers, dessen beherrschender Einfluss nicht unbedingt offensichtlich ist - insbesondere bei kleineren Gesellschaften - nach wie vor umstritten.[707]

In dem Fall *Buchan v. Secretary of State for Employment*[708] hatte das Arbeitsgericht über den folgenden Sachverhalt zu entscheiden:

> *„Mr. Buchan und ein Kollege übten gemeinsam die Geschäftsführertätigkeit in einer Gesellschaft aus, an der sie zu gleichen Teilen als Gesellschafter beteiligt*

---

[704] Vgl. Loose/Griffiths/Impey, S. 332.
[705] Vgl. Loos/Grifiths/Impey, S. 332.
[706] Vgl. Loose/Griffith/Impey, S. 320.
[707] Vgl. Buchan v. Secretary of State for Employment [1997] BCC 145; Secretary of State v. Bottrill [1998] IRLR 120.
[708] Vgl. Buchan v. Secretary of State for Employment [1997] BCC 145.

waren. Nachdem die Gesellschaft in Konkurs gefallen war, wurde Mr. Buchan von dem eingesetzten Konkursverwalter als Geschäftsführer entlassen und durch einen anderen temporären Geschäftsführer ersetzt. Aufgrund seiner Entlassung als Geschäftsführer machte Mr. Buchan daraufhin vor dem Arbeitsgericht als Arbeitnehmer der Gesellschaft einen Anspruch auf Zahlung einer Abfindung geltend.“

Das Arbeitsgericht lehnte den Anspruch des Mr. Buchan, und damit auch dessen Eigenschaft als Arbeitnehmer, mit der Begründung ab, dass es Sinn und Zweck einer Abfindung sei, einen Arbeitnehmer zu schützen, wenn die Gesellschaft unternehmerisch scheitert. Die Abfindung sei jedoch kein Polster für einen Unternehmer, der das Scheitern der Gesellschaft selbst verursacht habe.[709] Hierzu führt das Arbeitsgericht wie folgt aus:

„Als Gesellschafter mit einer 50%igen Beteiligung war Mr. Buchan jederzeit in der Lage eine Entscheidung über sein Ausscheiden als Geschäftsführer zu blockieren. Da ein Ausscheiden von Mr. Buchan als Geschäftsführer immer nur mit dessen ausdrücklicher Zustimmung hätte erfolgen können, steht ihm auch nicht der Rückgriff auf Abschnitt VI des Employment Rights Act 1996 offen. Die Intervention durch den Konkursverwalter hat an seiner rechtlichen Stellung gegenüber der Gesellschaft nichts geändert.“[710]

Ähnliche Überlegungen zur Arbeitnehmereigenschaft eines directors haben die Arbeitsgerichte auch in zwei weiteren Entscheidungen zugrunde gelegt. In den Fällen *Evans v. Secretary of State for Trade and Industry*[711] und *Helmsley and Butters v. Secretary of State*[712] waren die Kläger wiederum Gesellschafter mit einer 50%igen Beteiligung und gleichzeitig auch Geschäftsführer.[713] Das Arbeitsgericht wertete die regelmäßig getätigten Sozialversicherungsabgaben der Geschäftsführer nicht als maßgebliches Indiz dafür, dass automatisch auch von einer Arbeitnehmereigenschaft der Geschäftsführer ausgegan-

[709] Vgl. Buchan v. Secretary of State for Employment [1997] BCC 145.
[710] Vgl. Buchan v. Secretary of State for Employment [1997] BCC 145: “As beneficial owner of 50 per cent of the shares in the company, he was able to block any decision by the board or of the company in a general meeting with which he did not agree, including a decision as to his own dismissal or terms of service. In other words, Mr Buchan`s agreement was necessary before he could be dismissed summarily or on notice. ... The intervention of the administrative receiver did not and could not alter Mr Buchan`s legal status vis-à-vis the company.”
[711] (Unveröffentlicht) 11. July 1997.
[712] (Unveröffentlicht) 20. June 1997.
[713] Vgl. Loose/Griffiths/Impey, S. 321.

gen werden kann. Vielmehr richtete sich das Arbeitsgericht bei seiner Entscheidung danach, ob die Geschäftsführer bei der Bestimmung ihrer Arbeitsleistung und Arbeitszeit im wesentlichen frei waren oder ob sie sich arbeitsorganisatorisch unterordnen mussten.[714]

4. disqualification

Mittlerweile bestehen im englischen Gesellschaftsrecht eine Vielzahl gesetzlicher Ausschlussgründe für directors. Die weitreichendsten finden sich im Company Directors Disqualification Act von 1986[715]. In diesem Gesetz hat der Gesetzgeber alle Disqualifikations-Tatbestände, die in der Vergangenheit in den unterschiedlichsten Gesetzen zum Gesellschafts- und Insolvenzrecht verstreut waren, unter einem Dach zusammengeführt, um damit dem Schutz der Allgemeinheit vor „windigen und unehrenhaften Geschäftsführern" Rechnung zu tragen.[716]

In der Vergangenheit konnte man einen director, wie auch in Deutschland, nur dann von der Geschäftsführung ausschließen, wenn er wegen einer Konkursstraftat rechtskräftig verurteilt worden war oder bereits einmal ein insolventes Unternehmen geführt hatte.[717] Diese eingeschränkte Vorgehensweise ist mittlerweile durch den Company Directors Disqualification Act 1986 auf die folgenden Fallgruppen ausgedehnt worden: a) Ausschluss aufgrund richterlich festgestellten Gesetzesverstoßes oder strafbarer Handlung (sec. 2, 3, 4, 5, 10); b) Ausschluss ohne vorherige richterliche Feststellung (sec. 11, 12); c) Ausschluss aufgrund allgemeiner Unzuverlässigkeit oder Unfähigkeit (sec. 6, 8).

4.1 Strafbare Handlungen und richterliche Feststellung

Alle Disqualifikationstatbestände in der ersten Gruppe stimmen dahingehend überein, dass die Entscheidung darüber, ob einem director die Ausübung seines Berufs versagt bleibt, ausschließlich eine Ermessensentscheidung der Gerichte ist. Im folgenden sollen einige Beispiele veranschaulichen, wann eine gerichtliche Entscheidung über eine Dis-

---

[714] Vgl. Loose/Griffiths/Impey, S. 321.
[715] Soweit im folgenden Abschnitt nicht anderweitig hervorgehoben, beziehen sich alle genannten Paragraphen auf den Company Directors Disqualification Act 1986.
[716] Vgl. Loose/Griffiths/Impey, S. 41.
[717] Sections 187, 188 CA 1948; section 9 Insolvency Act 1976; § 6 Abs. 2 GmbHG.

qualifikation nach dem Gesetz in Betracht kommt, und welche Folgen dies für den director haben kann:

Sec. 2 (1) sieht folgende Regelung vor:

> *„Das Gericht kann ein Berufsverbot gegen eine Person verhängen, die bereits wegen eines Vergehens*[718] *im Zusammenhang mit der Gründung , Förderung, Geschäftsführung oder Liquidation oder Löschung einer Gesellschaft oder mit der Insolvenzverwaltung oder der Verwaltung von Gesellschaftsvermögen verurteilt worden ist. "*[719]

Als strafbare Geschäftsführungshandlungen werden nach sec. 2 aufgrund der im englischen Gesellschaftsrecht nicht vorhandenen strikten Trennung zwischen Geschäftsführung und Vertretung auch diejenigen Rechtshandlungen des directors erfasst, die er im Außenverhältnis gegenüber Dritten ohne eine entsprechende Genehmigung der Gesellschaft im Innenverhältnis vorgenommen hat.[720] Das maximale Berufsverbot, das das Gericht in diesen Fällen gegen den director verhängen darf, beträgt gemäß sec. 2 (3b) 15 Jahre. Ob das Verhalten des directors über das die Gerichte im Einzelfall zu entscheiden haben, neben der Disqualifikation auch ein strafrechtlich verantwortbares Verhalten darstellt, ist jedoch bei der Beurteilung grundsätzlich unbeachtlich, da das Berufsverbot gemäß sec. 2 (2) von jedem zuständigen Gericht, egal ob Insolvenz- oder Strafgericht, verhängt werden kann.

Auch wiederholt geahndete Verstöße gegen Bestimmungen des Companies Act 1985, wie beispielsweise die Erstellung und Veröffentlichung von Bilanzen und Jahresabschlussberichten im Gesellschaftsregister gemäß sec. 3 und sec. 5 können zum Erlass eines Berufsverbots durch das Gericht gegen den director führen. Bei der Beurteilung darüber, wie viele Verstöße gegen den Companies Act 1985 letztendlich notwendig sind, um ein Berufsverbot zu rechtfertigen, gibt das Gesetz die Vorgabe, dass sowohl im Rahmen von

---

[718] Nach der englischen strafprozessualen Terminologie handelt es sich um "indictable offences", also um Vergehen, die öffentlich angeklagt werden müssen.

[719] „An order may be made against any person convicted of an indictable offence in connection with the promotion, formation, management, liquidation or striking off of a company or with the receivership or management of a company's property."

[720] Vgl. R. v. Georgiou (1988) 4 BCC 322.

sec. 3 als auch sec. 5 drei Verstöße innerhalb von fünf Jahren vorliegen müssen.[721] Ungeachtet dessen müssen die Gerichte bei ihrer Entscheidung jedoch auch noch weitere Umstände mit einbeziehen, die über die im Gesetz geforderten Verstöße hinausgehen.[722] Unterschiede bestehen zwischen sec. 3 und sec. 5 insoweit, als sec. 3 nur im Rahmen eines Insolvenzverfahrens zur Anwendung kommt. Sec. 5 ist dagegen auch außerhalb eines Insolvenzverfahrens einschlägig. Das maximale Berufsverbot, das das erkennende Gericht gegen den director in beiden Fällen verhängen darf, beträgt gemäß sec. 3 (5) und sec. 5 (5) in beiden Fällen 5 Jahre.

Auch im Zusammenhang mit betrügerischem Handeln, d.h. insbesondere bei betrügerischer Geschäftsführung gemäß sec. 213 Insolvency Act 1986 und fehlerhafter Geschäftsführung gemäß sec. 214 Insolvency Act 1986, können die Gerichte nach sec. 4 und sec. 10 ein Berufsverbot anordnen, das jedoch eine Dauer von 15 Jahren nicht überschreiten darf.

4.2 Berufsverbot kraft Gesetzes

Von den unter Ziffer 4.1 genannten Disqualifikations-Tatbeständen, die erst aufgrund richterlicher Entscheidung zu einem Berufsverbot des directors führen, sind diejenigen Berufsverbote zu unterscheiden, die automatisch eintreten und nur in Ausnahmefällen durch gerichtliche Entscheidung wieder aufgehoben werden können. Nach sec. 11 ist Personen, über deren Privatvermögen das Insolvenzverfahren eröffnet, und denen noch keine Schuldentlastung gewährt worden ist, sowohl jegliche Tätigkeit als director als auch jedwede direkte oder indirekte Beteiligung an einer Gesellschaft untersagt. Unter besonderen strengen Voraussetzungen kann das Gericht, das das Insolvenzverfahren durchgeführt hat, den director von diesem gesetzlichen Berufsverbot befreien und die Geschäftsführertätigkeit genehmigen.[723]

---

[721] Vgl. Goode, Principles, S. 481.

[722] Vgl. Re Arctic Engineering Ltd. [1986] 1 WLR 686; in dieser Entscheidung wurde gefordert, dass wiederholte Verstöße erkennbar sein müssten, wenn auch nicht unbedingt vorsätzlich begangen.

[723] Vgl. Re McQuillan [1989] 5 BCC 105.

4.3 Allgemeine Unzuverlässigkeit oder Unfähigkeit des directors

Die zentrale und in der Praxis wohl am häufigsten angewandte Vorschrift im Zusammenhang mit der Verhängung eines Berufsverbots stellt sec. 6 dar:

„Das Gericht soll gegenüber einer Person immer dann ein Berufsverbot erlassen, wenn es zu der festen Überzeugung gelangt,

- dass diese Person director einer Gesellschaft war oder ist, die zu irgend einem Zeitpunkt insolvent geworden ist (unabhängig davon ob die Insolvenz schon während der Tätigkeit der Person als director eingetreten ist oder erst danach)

und

- dass ihn sein Verhalten als director dieser Gesellschaft (entweder einzeln betrachtet oder im Zusammenhang mit seiner Stellung als director weiterer Gesellschaften, insolvent oder nicht) zur Führung derselben unfähig oder ungeeignet erscheinen lässt."[724]

Anders als bei den oben genannten Disqualifikations-Tatbeständen, ist der Ermessensspielraum der Gerichte bei ihrer Entscheidung über ein Berufsverbot in den vorliegenden Fällen stark eingeschränkt. Kommt das Gericht zu der Überzeugung, dass die Voraussetzungen für eine Unfähigkeit oder Ungeeignetheit des directors vorliegen, muss es auch das Berufsverbot erlassen.[725]

Bei der Frage, wann denn nun von der Unfähigkeit eines directors auszugehen ist, kann zunächst auf den generellen Kriterienkatalog im Anhang (Schedule 1) des Directors Disqualification Act 1986 zurückgegriffen werden. Darin sind im wesentlichen die allgemein bekannten gesetzlichen Pflichten des directors und deren Verletzungstatbestände aufgelistet, wie beispielsweise die Veruntreuung und Treuepflichtverletzungen gegenüber der

[724] „The court shall make a disqualification order against a person in any case where, on application under this section, it is satisfied – a) that he is or has been a director of a company which has at any time become insolvent (whether while he was a director or subsequently), and b) that his conduct as a director of that company (either taken alone or taken together with his conduct as a director of any other company or companies) makes him unfit to be concerned in the management of a company."
[725] Vgl. Loose/Griffiths/Impey, S. 42.

Gesellschaft sowie die Missachtung von Publizitäts- und Bilanzierungsvorschriften. Das Gericht kann bei seiner Beurteilung, ob ein Berufsverbot erlassen werden soll, gemäß sec. 6 auch das Verhalten des directors gegenüber anderen Gesellschaften, bei denen er als director tätig ist, mit einbeziehen. Diese Einbeziehung darf jedoch nicht dazu führen, dass der director im Hinblick auf die insolvente Gesellschaft vollständig entlastet wird. Allenfalls kann in diesem Fall ein verkürztes Berufsverbot ausgesprochen werden.[726]

Neben dem besagten Kriterienkatalog steht es den Gerichten zusätzlich frei, auch noch andere Umstände und Einflüsse in ihrer Entscheidung zu berücksichtigen.[727]

Diese Entscheidungsfreiheit der Gerichte hat jedoch im Laufe der Zeit zu einer Vielzahl unterschiedlichster Bewertungsmaßstäbe bei der Frage geführt, wann von einem unfähigen Verhalten im Sinne von sec. 6 ausgegangen werden kann. So forderte das Gericht beispielsweise im Fall *Re Dawson Print Group Ltd.* ein Verhalten, das die Grenzen der üblichen kaufmännischen Moral überschreitet oder ein deutliches Fehlen jedweder Sachkunde und Kompetenz darstellt, das es zum Schutz der Allgemeinheit nahe legt, ein Berufsverbot zu verhängen.[728] Dagegen wurde in der Entscheidung *Re Bath Glass Ltd.* von einem schwerwiegenden Versäumnis eines directors gesprochen, entweder absichtlich oder infolge von Inkompetenz, die mit dem Privileg der beschränkten Haftung verbundenen Pflichten anzuerkennen und zu erfüllen.[729] Auch wenn die einzelnen Ansätze der Gerichte unterschiedlich sind, so ist ihnen jedoch insgesamt gemeinsam, dass ein bloßes Missmanagement, also kaufmännische Fehlentscheidungen und -einschätzungen noch nicht für eine Disqualifikation des directors als ausreichend erachtet wird.[730] Es müssen vielmehr die Grundsätze kaufmännischer Rechtschaffenheit missachtet sein und somit schwerwiegende Pflichtverletzungen seitens des directors vorliegen, durch die die Gläubiger einen erheblichen Schaden erlitten haben, unabhängig davon, ob der director aktiv tätig gewesen ist oder mehrfach notwendige Handlungen unterlassen hat.[731]

---

[726] Vgl. Re Bath Glass Ltd. (1988) 4 BCC 130.
[727] Vgl. Re Bath Glass Ltd. (1988) 4 BCC 130.
[728] Vgl. Re Dawson Print Group Ltd. [1987] 3 BCC 322, 324; so auch Re McNulty's Interchange Ltd. [1989] BCLC 709.
[729] Vgl. Re Bath Glass Ltd. (1988) 4 BCC 130; so auch Re Stanford Services Ltd. & Ors. [1987] 3 BCC 326.
[730] Vgl. Re Bath Glass Ltd. (1988) 4 BCC 130; Re McNulty's Interchange Ltd. [1989] BCLC 709; Re Cladrose Ltd. [1990] BCLC 204; Re Lo-Line Electric Motors Ltd. [1988] 3 WLR 26, 32.
[731] Vgl. Re Cladrose Ltd. [1990] BCLC 204; Re Lo-Line Electric Motors Ltd. [1988] 3 WLR 26, 32; Re Majestic Studios Ltd. [1988] 4 BCC 519.

Da das Berufsverbot in erster Linie dem Schutz der Allgemeinheit und nicht der Bestrafung des directors dienen soll[732], ist es dem director gemäß sec. 1 (1) während der Dauer des ausgesprochenen Berufsverbots jederzeit unbenommen, eine entsprechende Ausnahmegenehmigung für einzelne Tätigkeiten zu beantragen oder unter Umständen sogar eine vollständige Befreiung zu erreichen.

Hinsichtlich der Dauer des zu verhängenden Berufsverbots, das maximal 15 Jahre betragen darf, hat der Court of Appeal in der Entscheidung *Re Sevenoaks Stationers Ltd.*[733] erstmals Richtlinien aufgestellt, anhand derer die Dauer des Berufsverbots von anderen Gerichten gemessen und eingeschätzt werden kann.

Danach soll ein Berufsverbot von 2 bis 5 Jahren bei nur geringfügigen Verfehlungen ausgesprochen werden.[734] Ein solcher Umstand ist beispielsweise dann gegeben, wenn sich der director auf andere qualifizierte Mitarbeiter, die er speziell für eine bestimmte Tätigkeit eingestellt hat, verlassen hat, und dieses Vertrauen missbraucht wird. Dieses Vertrauen darf jedoch nicht so weit gehen, dass der director alle grundsätzlich von ihm zu erledigenden Aufgaben an Dritte delegiert, um sich dadurch seiner Geschäftsführerpflichten zu entledigen.[735]

Der mittlere Abschnitt von 6 bis 10 Jahren soll immer dann zur Anwendung kommen, wenn die Voraussetzungen für ein höheres Berufsverbot nicht vorliegen. Hierzu gehören insbesondere diejenigen Fälle, in denen sich die directors zu Lasten der Gesellschaft selbst bereichert haben.[736] Das Höchstverbot von 11 bis 15 Jahren schließlich soll immer nur bei besonders schwerwiegenden Fällen ausgesprochen werden. Hierzu gehören insbesondere diejenigen Fälle, in denen gegen den director bereits in der Vergangenheit schon einmal ein Berufsverbot ausgesprochen worden ist.[737]

Antragsteller für den Erlass eines Berufsverbots sind in aller Regel die Insolvenzverwalter, da sie die notwendigen Informationen und das entsprechende Hintergrundwissen besitzen. Aber auch die Gesellschafter und die Gläubiger sind gemäß sec. 16 (2) grundsätz-

---

[732] Vgl. Re CU Fittings & Anor [1989] 5 BCC 210; Re Stanford Services Ltd. & Ors [1987] 3 BCC 326.
[733] Vgl. Re Sevenoaks Stationers Ltd. [1990] 3 WLR 1165.
[734] Vgl. Perker, S. 146.
[735] Vgl. schon Re Rolus Properties Ltd. [1988] 4 BCC 446.
[736] Vgl. schon Re T&D (Timber Contractors) Ltd. [1990] BCC 592.
[737] Vgl. Re Sevenoaks Stationers Ltd. [1990] 3 WLR 1165.

lich antragsberechtigt. Im Fall eines Antrags wegen Unfähigkeit des directors, kann dieser jedoch gemäß sec. 7 (2) ausschließlich vom Wirtschaftsminister selbst bei Gericht eingereicht werden. Zuständig für die Entgegennahme der Anträge ist das Department of Trade and Industry - DTI - (Wirtschaftsministerium), als staatliche Aufsichtsbehörde der im Land ansässigen Unternehmen. Nach einer im Jahr 2000 veröffentlichten Statistik des DTI[738], belief sich die Anzahl der Anträge auf ein Berufsverbot im Jahr 1999/2000 auf 5.782. In 1.897 Fällen wurden gerichtliche Verfahren eingeleitet, die wiederum in 1.540 Fällen zu einem Berufsverbot führten. Vergleicht man die aktuellen Zahlen mit Statistiken aus der Vergangenheit, so lässt sich ein rasanter Anstieg der ausgesprochenen Berufsverbote verzeichnen, der ganz im Interesse des Gesetzgebers ist.[739] Lagen die ausgesprochenen Berufsverbote seit Beginn der Einführung des Directors Disqualification Acts im Jahre 1986 bis 1990 bei nur rund 900 Stück, so beliefen sich die ausgesprochenen Berufsverbote allein im Jahr 1998/1999 bereits auf 1.284. Wie die Statistik aus dem Jahr 1999/2000 zeigt, hat sich die Anzahl der Berufsverbote im Folgejahr noch einmal um 20 % gesteigert.[740]

4.4 Der Insolvency Act 2000

Nachdem die britischen Insolvenzgesetze beinahe 14 Jahre lang unverändert Bestand hatten, hat sich der Gesetzgeber nach langem Zögern am 30. November 2000 mit dem Erlass des Insolvency Act 2000 dazu durchgerungen, eine erste Veränderung bzw. Ergänzung herbeizuführen. Angesichts der zunehmend schwächer werdenden US-Wirtschaft und dem unerwarteten Platzen der „dotcom-Seifenblase“ sei jedoch die Anmerkung erlaubt, dass der Gesetzgeber damit, wenn auch ungewollt, den richtigen Zeitpunkt für den Erlass eines solchen Gesetzesvorhabens gewählt hat.

Eine wesentliche Neuerung des Insolvency Act 2000 stellt die Einführung eines beschleunigten Verfahrens zum Erlass von Berufsverboten gegenüber directors dar. Auch wenn die Anzahl der von den Gerichten ausgesprochen Berufsverbote, wie gezeigt, in den letzten Jahren rapide zugenommen hat, sah der Gesetzgeber dennoch die Notwendigkeit, ein beschleunigtes Verfahren zu schaffen, um dadurch windige directors zum Schut-

---

738 Vgl. Statistischer Jahresbericht 1999/2000 des Department of Trade and Industry.
739 Vgl. Sealy, Kap. 102.
740 Vgl. Statistischer Jahresbereicht 1989/1990 und 1998/1999 des Department of Trade and Industry.

ze der Allgemeinheit schneller und effizienter aus dem Geschäftsverkehr ziehen zu können.

Sec. 6 des Insolvency Act 2000 sieht daher eine Erweiterung des Directors Disqualification Act 1986 in sec. 1 (A) vor, wonach der Wirtschaftsminister die verbindliche Zusage eines directors zur Einhaltung eines Berufsverbots für einen zuvor einvernehmlich festgelegten Zeitraum, der zwischen 2 und 15 Jahren liegen muss, akzeptieren kann.

Bisher liefen die Verfahren zum Erlass von Berufsverboten immer nach dem sogenannten „Carecraft-Verfahren" ab.[741] In diesen Fällen einigten sich der director und der Wirtschaftsminister im Vorfeld auf einen Katalog tatsächlicher Verfehlungen auf dessen Basis dann ein Gericht über die eigentliche Dauer des Berufsverbots entschied.[742] Im Fall *Blackspur Plc.*[743] wurde sogar ausdrücklich hervorgehoben, dass die Entscheidung des Wirtschaftsministers zur Fortführung eines gerichtlichen Berufsverbotsverfahrens, trotz Vorliegens einer verbindlichen Zusage des directors, nicht der gerichtlichen Überprüfung zugänglich ist.

Das eigentliche Ziel der gesetzlichen Neuregelung ist es also, die Entscheidung über den Erlass eines Berufsverbots den Gerichten zu entziehen und sie auf die administrative Ebene zu verlagern. Man geht davon aus, dass das Wirtschaftsministerium auf diese Weise jährlich ca. £ 300.000,00 einsparen wird.[744] Gleichzeitig verspricht man sich von dieser Neuregelung auch einen zügigeren Verfahrensablauf, der bisher beim Durchlauf gerichtlicher Verfahren zwischen 2 und 4 Jahren dauerte.[745] Die Möglichkeit, verbindliche Zusagen über ein Berufsverbot zu vereinbaren, ist jedoch beschränkt auf diejenigen Fälle, in denen den directors nach den sec. 6 und 8 Directors Disqualification Act 1986 allgemeine Unzuverlässigkeit oder Unfähigkeit vorgeworfen werden. Dagegen scheidet die Vereinbarung eines einvernehmlichen Berufsverbots bei Vorliegen allgemein pflichtwidrigen Verhaltens und bei Vergehen nach sec. 2-5 Directors Disqualification Act 1986 aus. Für

[741] Das Verfahren basiert auf der Entscheidung Re Carecraft Construction Co Limited [1994] 1 WLR 172.
[742] Vgl. Re Carecraft Construction Co Limited [1994] 1 WLR 172.
[743] Vgl. [1998] 1 WLR 422.
[744] Vgl. Rennie, Boyds: The Legal 500.com, Glasgow, Mai 2001.
[745] Vgl. Rennie, Boyds: The Legal 500.com, Glasgow, Mai 2001.

den director besteht die Möglichkeit, sich auch noch während eines laufenden gerichtlichen Verfahrens mit dem Wirtschaftsminister auf ein Berufsverbot zu verständigen.[746]

Bei der juristischen Beratung betroffener directors stellt sich zwangsläufig die Frage, welcher Weg im Hinblick auf die zu erwartende Länge des Berufsverbots für den director mit dem geringeren Risiko verbunden ist. Auf den ersten Blick erscheint die direkte Einigung für den director sinnvoll, da er auf diese Weise Gerichtskosten sparen kann. Auf der anderen Seite muss er aber auch damit rechnen, dass in diesem Fall das Berufsverbot länger ausfallen kann als bei einer gerichtlichen Entscheidung. Diesbezüglich schafft sec. 5 Insolvency Act 2000 jedoch Klarheit. Danach kann ein director, auch wenn er sich zuvor bereits mit dem Wirtschaftsminister über eine bestimmte Dauer des Berufsverbots geeinigt hat, immer noch gerichtlich beantragen, die Dauer des Berufsverbots aus berechtigten Gründen zu reduzieren oder dieses sogar gänzlich aufzuheben. Diese Regelung zugunsten des directors musste vom Gesetzgeber eingefügt werden, um den Insolvency Act 2000 mit den Vorschriften der Europäischen Übereinkunft für Menschenrechte, Human Rights Act 1998, in Einklang zu bringen und um möglichen Einwendungen vorzubeugen, dass das Wirtschaftsministerium in unzulässiger Weise gleichzeitig sowohl als Exekutive, als auch als Judikative fungiert.[747]

Ein weiterer Vorteil der sich für den director aus dieser Neuregelung ergibt ist, dass im Gesetz keine Regelung über das Inkrafttreten des Berufsverbots im Falle einer Einigung festgelegt ist. Der director hat also die Möglichkeit hinsichtlich des Stichtags mit der zuständigen Stelle ebenfalls eine einvernehmliche Regelung zu treffen. Dies gibt ihm die Möglichkeit, die Geschäfte der Gesellschaft noch ordnungsgemäß abzuwickeln. Eine Einschränkung für den director ergibt sich jedoch daraus, dass er im Falle einer Einigung über ein Berufsverbot keine Ausnahmeregelungen für bestimmte Gesellschaften, Tätigkeiten oder Geschäftsfelder treffen dar. Es gilt vielmehr der Grundsatz „Alles oder Nichts".[748] Ihm bleibt daher wieder nur die Möglichkeit, eine Ausnahmegenehmigung gerichtlich zu beantragen.

[746] Vgl. Rennie, Boyds: The Legal 500.com, Glasgow, Mai 2001.
[747] Vgl. Rennie, Boyds: The Legal 500.com, Glasgow, Mai 2001.
[748] Vgl. Rennie, Boyds: The Legal 500.com, Glasgow, Mai 2001.

Es wird sich zeigen, ob das neue Einigungsverfahren auf administrativer Ebene zu der erhofften Beschleunigung und Kostenersparnis führen wird. Angesichts der nach wie vor bestehenden gerichtlichen Überprüfungsmöglichkeit der Dauer des Berufsverbots durch den director, auch bei bestehender Einigung, erscheint dies jedoch mehr als zweifelhaft.

§ 6 Zusammenfassung

Die private company kann, ebenso wie die GmbH, im Rechtsverkehr nur mit Hilfe ihrer Handlungsorgane auftreten. Die Leitung der private company unterliegt dabei in der Regel einem einheitlichen Kollegium, dem board of directors. Aus Praktikabilitätsgründen überträgt der board jedoch die Geschäftsleitung auf einen managing director und beschränkt sich selbst darauf, die allgemeinen Richtlinien der Geschäftspolitik festzulegen. Unabhängig von seiner rechtlichen Einordnung als Organ oder Vertreter der Gesellschaft nimmt der board daher heute von seiner Funktion her eher die Stellung eines Beirats einer deutschen GmbH ein. Streng genommen entspricht also nur die Position des managing directors der des deutschen GmbH-Geschäftsführers. Jedoch ist er im Gegensatz zu seinem deutschen Pendant nur faktisches Organ der Gesellschaft, da er anders als der deutsche GmbH-Geschäftsführer nicht mit originären Befugnissen ausgestattet ist, sondern diese lediglich vom board bzw. der Gesellschafterversammlung, die ihrerseits dem board die Befugnisse übertragen hat, ableitet. Im Gegensatz zum deutschen Recht, wo die Gesellschafterversammlung von Anfang an nur einige oder wenige Personen zur Leitung der Geschäfte bestellt, ist die Struktur der englischen private company dahingehend ausgerichtet, die Angelegenheiten der Gesellschaft zunächst von einem anfangs großen Gremium auf einen immer kleiner werdenden Personenkreis zu übertragen.

Im Gegensatz zum deutschen Recht wird in England ein Unterschied zwischen der Bestellung der directors im Gründungsstadium der company und der Bestellung der nachfolgenden directors gemacht. Bei der GmbH werden die Geschäftsführer dagegen immer entweder in der Satzung selbst oder durch Gesellschafterbeschluss bestellt. Ein generelles Ausscheiden nach Ablauf des ersten Geschäftsjahres und Neuwahlen in der darauffolgenden Gesellschafterversammlung, wie dies insbesondere bei großen englischen Gesellschaften der Fall ist, ist in Deutschland nicht üblich. Dies liegt unter anderem daran, dass es im deutschen GmbH-Recht nur eine Art von Geschäftsführern gibt und eine Zweiteilung in einfache (d.h. directors im board) und managing directors nicht erfolgt. Im Rahmen dieser Zweiteilung zeigt sich auch noch einmal deutlich, dass der board gleichzeitig sowohl eine Kontroll-, als auch eine Geschäftsführungsfunktion ausübt, da er durch die Überwachung des managing directors zum einen als eine Art Beirat fungiert, daneben aber auch, wenn auch nur eingeschränkt, die ihm von der Gesellschafterversammlung übertragenen Aufgaben der Geschäftsführung wahrnimmt. Ein weiterer Grund für das Ausscheiden der Gründungs-directors liegt darin, dass die ersten directors von den Gründern bestellt werden, zu denen aber im Laufe des ersten Geschäftsjahres in der Regel noch weitere Gesellschafter hinzukommen, denen durch diese Vorgehensweise ein Einfluss auf die Geschäftsleitung gegeben werden soll.

Bestellen die Gesellschafter die Geschäftsführer in Deutschland direkt, so erfolgt die Bestellung des managing directors in England dagegen nur stufenweise. Zunächst bestellen die Gesellschafter die directors des board, die wiederum die ihnen übertragenen Geschäftsführungsbefugnisse aufgrund entsprechender Ermächtigung durch die Gesellschafter auf eines ihrer Mitglieder übertragen.

Ebenso wie im deutschen Recht, wird auch im englischen Gesellschaftsrecht zwischen der Bestellung zum Organ und dem Anstellungsverhältnis differenziert. Der gleichzeitige Abschluss eines Anstellungsvertrages zur Regelung der Lohnansprüche des directors, ist für die Bestellung zum Gesellschaftsorgan aber nicht erforderlich. Anders als im deutschen Recht, bei dem die beiden Rechtsverhältnisse sowohl in ihrer Entstehung, als auch in ihrem Bestand voneinander unabhängig sind, werden dagegen im englischen Recht die beiden in der Begründung unabhängigen Rechtsverhältnisse im Zeitpunkt des Widerrufs der Bestellung rechtlich miteinander verknüpft und gleichzeitig aufgehoben. Vergleichbar der früher im deutschen Recht gültigen Mandatstheorie wird in der Bestellung zum Organ ein Vollmachtsauftrag gesehen, der mit dem Widerruf der Bestellung auch das Anstellungsverhältnis beendet.

Im Falle einer Amtsniederlegung endet die Organstellung des Geschäftsführers im deutschen Recht mit sofortiger Wirkung, während das Anstellungsverhältnis dadurch nicht berührt wird. Erfolgt die Amtsniederlegung ohne wichtigen Grund, können der Gesellschaft Schadensersatzansprüche gegen den Geschäftsführer entstehen. Diese Rechtsfolge ist im englischen Recht jedoch aufgrund der rechtlichen Verknüpfung zwischen Bestellung und Anstellung ausgeschlossen. Ähnlich verhält es sich auch bei der Abberufung des Geschäftsführers. Während dem Geschäftsführer in Deutschland bei seiner Abberufung weiterhin ein Anspruch gegen die Gesellschaft auf Erfüllung der vertraglich vereinbarten Leistungen zusteht, der nur im Fall einer gleichzeitigen Berechtigung zur fristlosen Kündigung des Anstellungsvertrages ausgeschlossen werden kann, kann der englische director gegenüber der Gesellschaft lediglich einen Schadensersatzanspruch für den Fall geltend machen, dass die Gesellschaft mit der Abberufung gleichzeitig auch einen Vertragsbruch begangen hat.

Anders als im deutschen Recht, wo die Abberufung des Geschäftsführers in der Satzung auf das Vorliegen eines wichtigen Grundes beschränkt werden kann, sieht das Gesetz in England vor, dass das Recht der Gesellschafter zur Abberufung der directors weder durch die Satzung, noch durch eine individuelle vertragliche Abrede mit dem Geschäftsführer eingeschränkt oder ausgeschlossen werden kann. Das Recht der Gesellschafter zur Abberufung der Geschäftsführer ist in Deutschland also unentziehbar aber beschränkbar, in England dagegen unentziehbar und unbeschränkbar. Das unbeschränkbare Recht zur jederzeitigen Abberufung der Geschäftsführer durch die Gesellschaft dient damit der Regulierung der Machtverhältnisse innerhalb der Gesellschaft.

Die im Gegensatz zu Deutschland dem englischen Recht nicht bekannte strikte Trennung von Innen- und Außenverhältnis hat einen maßgeblichen Einfluss auf die Ausgestaltung der Vertretungsmacht der englischen directors. Um Dritte, die in geschäftlichen Kontakt zur Gesellschaft treten, zu schützen, hat der deutsche Gesetzgeber den Umfang der organschaftlichen Vertretungsmacht unbeschränkt und unbeschränkbar ausgestaltet. Dagegen richtet sich die Reichweite der Vertretungsmacht eines directors, vergleichbar einer deutschen BGB-Gesellschaft, ausschließlich nach der Geschäftsführungsbefugnis und somit nach dem in der Satzung festgelegten Gesellschaftsgegenstand der Gesellschaft. Der Umfang der Vertretungsmacht der directors ist in zweifacher Hinsicht beschränkt. Die Vertretungsmacht besteht zum einen nur im Rahmen der überwiesenen Zuständigkeiten. Zum anderen wird sie nach wie vor, wenn auch in abgeschwächter Form, durch die ultra-vires-doctrine begrenzt. Zwar hat die ultra-vires-doctrine nach Umsetzung der 1. EG-Richtlinie durch die Einführung von Gutglaubensvorschriften zum Schutz Dritter an Brisanz verloren, jedoch kann dies nicht darüber hinwegtäuschen, dass es den Gesellschaftern auch nach der Änderung des Gesetzes immer noch möglich ist, die Unwirksamkeit eines abgeschlossenen Rechtsgeschäfts so lange geltend zu machen, wie das Rechtsgeschäft noch nicht durchgeführt worden ist. Die Einräumung von Gutglaubensvorschriften zum Schutz Dritter führt damit noch lange nicht zu einer strikten Trennung zwischen Vertretungsmacht und Geschäftsführungsbefugnis, so dass die Kenntnis des Dritten vom Unternehmensgegenstand nach wie vor von Bedeutung ist.

Der bereits angesprochene Gleichlauf zwischen Außen- und Innenverhältnis zieht auch im Rahmen der Geschäftsführungsbefugnis beschränkende Auswirkungen nach sich, die insbesondere im Hinblick auf die Folgepflicht der directors bei Weisungen der Gesellschafter von Bedeutung sind. Da der managing director anders als der deutsche GmbH-Geschäftsführer nicht mit originären Befugnissen ausgestattet ist, sondern diese lediglich vom board bzw. der Gesellschafterversammlung, die ihrerseits dem board die Befugnisse übertragen hat, ableitet, besteht für die Gesellschafterversammlung auch nicht die Möglichkeit dem managing director, wie im deutschen Recht, durch einfache Mehrheit Weisungen zu erteilen. Vielmehr ist hierzu die Beschlussfassung im Rahmen einer *special resolution* mit ¾ Mehrheit der Gesellschafterstimmen erforderlich. Angesichts dieser beschränkten Einflussmöglichkeiten bleibt den Gesellschaftern in der Regel nur die Möglichkeit, bereits im Vorfeld einer Handlung Druck auf den director auszuüben, um so das gewünschte Verhalten zu erzwingen. Dies geschieht in erster Linie durch die Drohung mit dem sofortigen Widerruf der Bestellung bzw. der Verhinderung einer Wiederbestellung nach abgelaufener Amtszeit. Dagegen stellt das Weisungsrecht der Gesellschafter und die daraus resultierende Folgepflicht des Geschäftsführers in der deutschen GmbH-Praxis ein beliebtes und gängiges Mittel der Gesellschafter dar, unliebsame Geschäftsführer zu einem reinen Exekutivorgan herabzustufen, um so beispielsweise eine vorzeitige Beendigung des Geschäftsführervertrages durch den Geschäftsführer selbst zu erreichen. Die unberechtigte Weigerung des Geschäftsführers zur Durchführung der Weisung kann dabei unter Umständen einen wichtigen Grund zur fristlosen Kündigung beziehungsweise Abberufung darstellen oder eine Schadensersatzhaftung begründen.

Bei der Haftung im Gründungsstadium der Gesellschaft ist zunächst zu berücksichtigen, dass die private company anders als die GmbH vor ihrer Eintragung keinerlei rechtliche Existenz hat. Dieser Unterschied ist von ganz erheblicher Bedeutung für die persönliche Haftung der Handelnden in beiden Rechtsordnungen. So trifft den deutschen Geschäftsführer - unabhängig von seiner Beteiligung - die Handelndenhaftung zunächst persönlich, wenn er selbst im Stadium vor der Eintragung Verträge für die Vor-GmbH abgeschlossen hat oder Verbindlichkeiten für die Vor-GmbH eingegangen ist. Ab der Eintragung der Vor-GmbH bestehen jedoch dann sämtliche vor der Eintragung begründeten Verpflichtungen und abgeschlossenen Verträge in der Rechtsperson der GmbH fort und die Haftung erlischt entsprechend. Anders ist dagegen die Haftungssituation der handelnden directors in England. Da eine Art Vor-GmbH in England nicht existiert, kann die eingetragene company nicht bereits im voraus vom Handelnden in der Weise verpflichtet werden, dass ab der Eintragung der Gesellschaft alle vom Handelnden eingegangenen Verpflichtungen automatisch in der company fortbestehen und die Haftung des Handelnden erlischt. Im Rahmen des sogenannten pre-incorporation contract kann auch nach der Eintragung nur der Handelnde persönlich in Anspruch werden, während die company von jeder Haftung frei bleibt. Dies gilt insbesondere unabhängig davon, ob der Handelnde zuvor als Vertreter der company aufgetreten ist oder nur um die Authentizität des unterzeichneten Vertrages zu bestätigen. Der Handelnde muss sich daher in England zusätzlich absichern, um einer persönlichen Haftung zu entgehen. Diese Absicherung erfolgt in der Praxis überwiegend durch eine Vereinbarung zwischen dem Handelnden und dem Vertragspartner, wonach Letzterer bereits vorab seine Zustimmung zum erneuten Vertragsschluss mit der Gesellschaft erteilt und dem Handelnden gleichzeitig ein Rücktrittsrecht vom Vertrag für den Fall einräumt, dass die Gesellschaft den Vertrag nicht bis zu einem bestimmten Zeitpunkt erneut abschließt. Diese Vorgehensweise wird den Interessen der unterschiedlichen Beteiligten jedoch in keiner Weise gerecht. Sie berücksichtigt weder das Interesse der eingetragenen Gesellschaft, die Vorteile der vor ihrer Eintragung geschlossenen Verträge automatisch nutzen zu können, noch das des Handelnden, nicht über die Eintragung hinaus mit dem Risiko der persönlichen Haftung belastet zu bleiben, obwohl man doch gerade eine Gesellschaftsform mit beschränkter Haftung gewählt hat.

Der director einer private company haftet ferner bei einer Pflichtverletzung in Ausübung seiner Organtätigkeit grundsätzlich nur der Gesellschaft gegenüber. Ähnlich wie im deutschen Recht schuldet der director die ihm übertragenen Aufgaben nur der Gesellschaft. Bei der Beurteilung der Haftung des directors gegenüber der Gesellschaft kann im englischen Recht jedoch nicht auf einen gesetzlichen Haftungstatbestand wie in Deutschland zurückgegriffen werden. Vielmehr ist auf einen von der Rechtsprechung aus dem zwischen director und Gesellschaft bestehenden Treuhandverhältnis heraus entwickelten Katalog an Sorgfalts- und Treuepflichten abzustellen, den der director im Verhältnis zur Gesellschaft beachten muss, will er sich nicht haftbar machen. Im Ergebnis unterscheiden sich jedoch die einzelnen Pflichten der Geschäftsführer und directors nicht wesentlich von einander. Anders als im deutschen Recht, bei dem der Verschuldensmaßstab rein objektiv bestimmt wird, war der Sorgfaltsmaßstab im englischen Recht bisher immer betont subjektiv ausgerichtet. Es genügte daher stets, wenn der director sich bei der Leitung des Unternehmens bemühte, im Rahmen seiner persönlichen Fähigkeiten zu handeln. Im Gegensatz zu seinem deutschen Pendant konnte der director daher immer zu seiner Entlastung vortragen, dass er mit der übertragenen Aufgabe überfordert sei oder dass ihm die persönliche Qualifikation fehle. Jedoch sind mittlerweile in der neueren englischen Rechtsprechung eindeutige Tendenzen zu erkennen, den Verschuldensmaßstab in Zukunft auch objektiv zu bestimmen. Danach muss ein director dann unabhängig von seiner Qualifikation oder seiner Kompetenz zumindest immer auch die Sorgfalt walten lassen, die man von einem durchschnittlichen Geschäftsmann in eigenen Angelegenheiten erwarten darf.

Im Laufe der schrittweisen Modernisierung und Kodifizierung des englischen Gesellschaftsrechts ist in England mittlerweile unstreitig, dass eine Regelung in einer Satzung oder in einem Vertrag mit der Gesellschaft, die die Haftung des directors im voraus ausschließt oder reduziert, immer unwirksam ist. Die gesetzliche Regelung ist sogar dahingehend auszulegen, dass auch eine Klausel, die lediglich darauf abzielt, die bestehenden Sorgfaltspflichten des directors zu modifizieren oder zu reduzieren, anstatt die Haftung für die Sorgfaltspflichtverletzung von vornherein zu reduzieren oder auszuschließen, unwirksam sein soll. Dagegen ist die generelle Möglichkeit und Zulässigkeit einer im voraus vereinbarten Haftungsbeschränkung zu Gunsten der Geschäftsführer in Deutschland nach wie vor nicht abschließend geklärt. Nach hier vertretener Auffassung ist eine Haftungsbegrenzung des Geschäftsführers auf Vorsatz und grobe Fahrlässigkeit immer dann zulässig, wenn und soweit es sich hierbei nicht um die Wahrnehmung von Pflichten handelt, die dem Geschäftsführer zumindest auch im Interesse der Gläubiger auferlegt worden sind. Die nachträgliche Freistellung der Geschäftsführer von der Haftung im Innenverhältnis ist in beiden Rechtsordnungen durch einfachen Mehrheitsbeschluss der Gesellschaftergesamtheit zulässig. Mit Einführung der sec. 137 Companies Act 1989, der sec. 310 Companies Act 1985 um einen neuen Absatz 3 ergänzt, hat der englische Gesetzgeber der bis dahin bestehenden Diskussion um die Wirksamkeit des Abschlusses von D & O - Versicherungsverträgen endgültig ein Ende gesetzt, indem er den Abschluss eines solchen Vertrages durch die Gesellschaft zum Schutz ihrer Leitungsorgane ausdrücklich im Gesetz gestattete.

Ähnlich wie in Deutschland, haftet auch der director einer private company bei einer Pflichtverletzung in Ausübung seiner Tätigkeit grundsätzlich nur der Gesellschaft gegenüber. Daher können sowohl directors als auch Geschäftsführer in der Regel nicht für deliktische Handlungen und Vertragsverletzungen der Gesellschaft haftbar gemacht werden. Eine Inanspruchnahme beider Leitungsorgane durch Dritte kommt aber dennoch in Ausnahmefällen, insbesondere im Rahmen der deliktischen Eigenhaftung, in Betracht. Wie die Gegenüberstellung der beiden Rechtsordnungen zeigt, bestehen bei der Abstimmung zwischen den delikts- und den gesellschaftsrechtlichen Grundsätzen im Rahmen der deliktischen Außenhaftung der Leitungsorgane viele Gemeinsamkeiten. Soweit die englische Rechtsprechung die deliktische Außenhaftung des directors als einen begründungsbedürftigen Sondertatbestand ansieht, der nur bei Inanspruchnahme und Gewährung besonderen persönlichen Vertrauens eingreift, findet dieser strenge Standpunkt auch in der deutschen Diskussion immer mehr Befürworter. Bei der Bestimmung der Abgrenzungskriterien dafür, ob die Pflichtenstellung und der Sorgfaltsverstoß in den gesellschaftlichen oder den persönlichen Bereich fallen, findet bisher in England die in der deutschen Rechtslehre erwogene Differenzierung nach dem jeweils geschützten Rechtsgut keinen rechtsvergleichenden Rückhalt, da Eigentumsverletzungen und Vermögensschäden im englischen Deliktsrecht gleich behandelt werden. Aufgrund des wesentlich weiteren Einzugsbereichs des englischen Deliktsrechts ist daher auch die gesetzliche Verankerung eines vorvertraglichen Rundumschutzes nach dem Vorbild der zwischenzeitlich in Deutschland gesetzlich normierten culpa in contrahendo in England nicht zwingend notwendig.

Im Hinblick auf die insolvenzrechtliche Haftung existiert auch im englischen Recht eine dem § 64 GmbHG vergleichbare Norm. Gemäß sec. 214 Insolvency Act 1986 haftet ein director dann persönlich, wenn er in Kenntnis der nicht mehr zu vermeidenden Insolvenz der Gesellschaft nicht alles unternimmt, um den möglichen Schaden für die Gläubiger so gering wie möglich zu halten. Auch im englischen Recht wird daher sowohl das vorsätzliche, bzw. fahrlässige Nichterkennen der Insolvenz, als auch das Untätigbleiben, bzw. das Nichtergreifen von konkreten Maßnahmen zur Schadensbegrenzung, insbesondere der Einleitung eines Insolvenzverfahrens sanktioniert. Insoweit folgt der englische Gesetzgeber der in Deutschland normierten Haftung für die Insolvenzverschleppung und orientiert sich nicht an einer Insolvenzverursachungshaftung. Der wesentliche Unterschied zum deutschen Recht liegt aber darin, dass die Regelung in sec. 214 Insolvency Act 1986 nur in die Nähe einer Insolvenzantragspflicht kommt, ohne diese jedoch ausdrücklich gesetzlich zu normieren, d.h. die Stellung eines Insolvenzantrags durch den director kann, muss aber nicht erfolgen.

Die direkte Geltendmachung eines Schadensersatzanspruches durch die Gesellschaftsgläubiger ist heute im deutschen Recht, trotz einiger kritischer Stimmen in der Literatur, für sogenannte Neugläubiger, d.h. für solche Gläubiger, die erst nach Insolvenzreife zu Gläubigern der GmbH geworden sind, in der Rechtsprechung anerkannt. Anders dagegen in England. Die Literatur lehnt hier eine direkte Außenhaftung der directors gegenüber Gesellschaftsgläubigern bisher strikt ab, da sie im Widerspruch zum englischen Insolvenzrecht steht, wonach alle Gläubiger zu gleichen Teilen befriedigt und deren Ansprüche ausschließlich durch den Insolvenzverwalter geltend gemacht werden sollen. Insbesondere ist im englischen Recht nach wie vor unklar, auf welche Gläubiger sich die Sorgfaltspflichten des directors im Falle der Insolvenz erstrecken sollen - auf alle Gläubiger oder nur auf die Altgläubiger, d.h. die Gläubiger, die ihre Forderungen gegen die in Insolvenz geratene Gesellschaft bereits vor Eintritt der Insolvenzreife erworben haben. Mit einer generellen Besserstellung der Neugläubiger, wie im deutschen Recht, ist jedoch nicht zu rechnen.

SCHLUSSBETRACHTUNG/AUSBLICK

Wie eingangs bereits gezeigt, stellt die private company in England mit über 1,8 Millionen registrierter Gesellschaften die mit Abstand am häufigsten anzutreffende Gesellschaftsform dar. Dagegen beläuft sich die Zahl der public companies, die mit der deutschen Aktiengesellschaft vergleichbar sind, auf lediglich 11.000 bis 12.000.[749] Umso erstaunlicher ist es daher, dass der englische Gesetzgeber der überragenden Bedeutung der private company in der Praxis bis heute noch nicht Rechnung getragen hat. Anders als in Deutschland, wo man in der Aktiengesellschaft und GmbH zwei unterschiedliche Gesellschaftsformen sieht[750], geht der englische Gesetzgeber auch nach der Einführung des Companies Act 1985 nach wie vor von einer einheitlichen Grundstruktur des Kapitalgesellschaftsrechts aus, in der die private company lediglich eine Unterform der public company darstellt.[751] Da der circa 800 Paragrafen umfassende Companies Act 1985 nur vereinzelt, und keinesfalls zusammenhängend zu den Unterschieden zwischen der public und der private company Stellung nimmt, ist er in der Vergangenheit immer wieder von der juristischen Literatur zurecht „als zu komplex und reformbedürftig" kritisiert worden.[752]

Diese Kritik hat das englische Wirtschaftsministerium schließlich auch im März 1998 dazu veranlasst, eine Expertenkommission mit der Reformierung des englischen Kapitalgesellschaftssystems zu beauftragen, um auf diesem Wege den überwiegend kleinen Unternehmen, durch die Schaffung einer vereinfachten und wettbewerbsfähigen Rechtsform zum Zwecke der Haftungsbeschränkung, entgegenzukommen. Die vom Wirtschaftsministerium eingesetzte sog. „steering-group" hat seither mehrere Vorlagen in unterschiedlichen gesellschaftsrechtlichen Bereichen erarbeitet und diese am 26. Juli 2001 im final report zusammenfassend dem Ministerium vorgelegt.[753] Im Ergebnis sprach sich die Expertenkommission dann im Jahr 2001 aus gesellschaftspolitischen Gründen für eine Beibehaltung des bisherigen, integrierten Systems aus, bei dem aber die Vorschriften für die private company in einem separaten Teil aufgeführt sein sollen. Ohne es

---

[749] Vgl. Boucourechliev/Hommelhoff, Rdn.47; von den beim Company House im Jahre 1999 registrierten private companies haben 70 % der Gesellschaften nur einen Gesellschafter und 90 % weniger als 5 Gesellschafter; Bachmann, ZGR 2001, 355.

[750] Das zweigliedrig gestaltete Kapitalgesellschaftssystem in Deutschland ist seit jeher umstritten; vgl. Fischer, ZfB 1937, 177ff; In der Stroth, S.102ff; Roth, S.19ff; insbesondere die Brüsseler EU-Kommission stuft die GmbH als bloße Unterform der Aktiengesellschaft ein und plädiert für ein einheitliches Kapitalgesellschaftsrecht. Danach soll zukünftig nicht mehr nach der Rechtsform unterschieden werden, sondern vielmehr nach der eigentlichen Größe des Unternehmens; vgl. Hirte/de Kluiver/van Gerven, S.95; dagegen jedoch Hommelhoff in Roth, S.26; Neuling, S.222.

[751] Nach dem Companies Act 1985 definiert sich die private company lediglich als eine Gesellschaft, die keine public company ist.

[752] Vgl. Bachmann, ZGR 3/2001, S. 354; Birds in Rider, S.105ff; Thole, S.164ff; Neuling, S.7ff.

[753] Die Ergebnisse und Vorschläge der steering group finden sich unter www.dti.gov.uk/cld/final_report/index.htm.

beim Namen zu nennen entspricht dieser Vorschlag jedoch inhaltlich bereits dem in Deutschland praktizierten zweigliedrigen Kapitalgesellschaftssystem.

Neben dieser grundsätzlichen Stellungnahme zur gesellschaftsrechtlichen Struktur in England hat die Expertenkommission daneben aber auch insbesondere noch zu den folgenden Punkten Reformvorschläge unterbreitet, die jedoch aus kontinentaleuropäischer Sicht zum Teil als eher unspektakulär einzustufen sind:

So schlägt die Kommission beispielsweise vor, die überkommene Zweigliedrigkeit der Satzung englischer Kapitalgesellschaften, in „articles of association" einerseits und „memorandum of association" andererseits, endgültig aufzuheben und durch eine einheitliche „constitution" zu ersetzen.[754] Wie schon im Jahr 1986 im sogenannten Prentice Report „Reform of the Ultra Vires Rule" proklamiert, spricht sich nunmehr auch die steering group wiederholt eindeutig für die Aufgabe des antiquierten „ultra-vires"-Grundsatzes aus und fordert dessen endgültige Abschaffung.[755] Diese Anregung war erneut notwendig, da der englische Gesetzgeber bei der Umsetzung der ersten EG-Richtlinie nur halbherzig vorgegangen war und der „ultra-vires"-Grundsatz bis heute, wenn auch in abgeschwächter Form, im englischen Gesellschaftsrecht seine Gültigkeit hat. Sollte der englische Gesetzgeber diesem Vorschlag in Zukunft nunmehr endgültig und konsequent folgen und sich eindeutig gegen die Beibehaltung des „ultra-vires"-Grundsatzes aussprechen, würde dies im Endeffekt auch die Aufhebung des Gleichlaufs von Geschäftsführungsbefugnis und Vertretungsmacht bedeuten. Es bleibt daher abzuwarten, ob und in welcher Form der englische Gesetzgeber diesen Reformvorschlag im Rahmen eines wohl zu erwartenden neuen Gesetzesvorhabens aufgreifen und umsetzen wird.

Mit der Abschaffung des „ultra-vires"-Grundsatzes geht parallel auch der Vorschlag der Kommission einher, die private company zusätzlich von der Verpflichtung zur Angabe des Gesellschaftsgegenstandes in der Satzung zu befreien.[756] Die Definition und Vorgabe eines Gesellschaftsgegenstandes ist bisher erforderlich, da es der Gesellschaft bei Bösgläubigkeit des Vertragspartners im Hinblick auf die Reichweite des Gesellschaftsgegenstandes nach wie vor möglich ist, die Unwirksamkeit eines abgeschlossenen Rechtsgeschäfts geltend zu machen, wenn und

[754] Vgl. final report der steering group vom 26. Juli 2001, Volume I, Part I, The Company in the Modern Economy, Main Proposals.
[755] Vgl. final report der steering group vom 26. Juli 2001, Volume I, Part I, The Company in the Modern Economy, Main Proposals.
[756] Vgl. final report der steering group vom 26. Juli 2001, Volume I, Part I, The Company in the Modern Economy, Main Proposals.

soweit es noch nicht durchgeführt worden ist. Diese Notwendigkeit entfällt jedoch, wenn gleichzeitig der „ultra-vires"-Gedanke aufgegeben wird, der unmittelbar an den Unternehmensgegenstand gekoppelt ist. Da sich jedoch im englischen Gesellschaftsrecht - ebenso wie im deutschen Recht - der jeweilige Pflichtenkreis des Geschäftsführers traditionell am Gegenstand des Unternehmens orientiert, muss dieser im Interesse der Gesellschafter zukünftig anderweitig geregelt und definiert werden, zum Beispiel im Rahmen einer dem deutschen Recht vergleichbaren Geschäftsordnung für Geschäftsführer. Interessant wird in diesem Zusammenhang auch die Frage sein, ob und wie sich diese Vorgehensweise auf die Möglichkeit der Einflussnahme der Gesellschafter im Rahmen eines Weisungsrechts gegenüber den directors auswirkt, die bisher nur in engen Grenzen möglich ist.

Der vorgeschlagene Verzicht auf die Angabe des Gesellschaftsgegenstandes in der Satzung ist in Deutschland nicht neu[757], jedoch innerhalb der Literatur umstritten. Zum Teil wird die Angabe des Gesellschaftsgegenstandes in der Satzung kritisiert[758] oder für eine Übernahme des englischen Vorschlags in das deutsche GmbH-Recht plädiert[759] wobei die notwendige Unterrichtung der Öffentlichkeit durch die geplante Einführung eines Europäischen Zentralregisters für ausreichend gesichert angesehen wird, um gleichzeitig eine dynamische Unternehmensentwicklung zu fördern.[760] Dagegen ist die wohl herrschende Meinung[761] und Rechtsprechung[762] der Ansicht, dass die Angabe des Unternehmensgegenstandes notwendig ist, da dieser in erster Linie auch als Informationsquelle Dritter dient, die mit der Gesellschaft in geschäftlichen Kontakt treten möchten und der konkrete Tätigkeitsbereich der GmbH daher möglichst exakt und individuell innerhalb der Satzung wiederzugeben ist, so dass sich die beteiligten Verkehrskreise ein Bild vom Schwerpunkt der Tätigkeit machen können.

Im Hinblick auf die stark familiär geprägte Struktur der private company ist auch der Vorschlag der Kommission[763] zur Einführung einer freiwilligen, außergerichtlichen Streitschlichtung zu begrüßen, um künftig Streitigkeiten zwischen den einzelnen Gesellschaftern beizulegen. Dieser Gedanke entspricht im wesentlichen der in Deutschland mittlerweile umgesetzten Zivilprozessre-

[757] Vgl. hierzu bereits Wallner, JZ 1986, S. 721ff.
[758] Vgl. hierzu bereits Wallner, JZ 1986, S. 721ff; Roth/Altmeppen, § 3 Rdn. 12.
[759] Vgl. Bachmann, ZGR 2001, 359, 360.
[760] Vgl. Bachmann, ZGR 2001, 359, 360.
[761] Vgl. Lutter/Hommelhoff, § 3 Rdn. 5, 6.
[762] Vgl. BayObLG BB 1994, 1811: „Produktion und Vertrieb von Waren aller Art" ist unzureichend: ebenso BayObLG BB 1995, 1814ff für „Betreiben von Handelsgeschäften".
[763] Vgl. final report der steering group vom 26. Juli 2001, Volume I, Part I, The Company in the Modern Economy, Main Proposals.

form, wonach der eigentlichen Hauptverhandlung zunächst eine Güteverhandlung vorgeschoben wird, in der, ähnlich dem Arbeitsgerichtsverfahren, auf eine gütliche Einigung zwischen den Beteiligten hingewirkt werden soll.[764]

Darüber hinaus hat sich die Kommission in einem separaten Abschnitt ihrer Vorlage[765] auch mit der Einführung und Ausgestaltung eines gesetzlich normierten Pflichtenkatalogs für directors befasst, der aus Sicht der Kommission zum einen für die Gerichte bindend, zum anderen dem director als Leitfaden für die tägliche Geschäftsführungspraxis dienen soll, um somit im Ergebnis für Rechtssicherheit zu sorgen und um den Betroffenen ein verlässliches Beurteilungskriterium hinsichtlich der ihnen obliegenden Pflichten an die Hand zu geben.

Die Kommission hat sich bei der Ausgestaltung des Pflichtenkatalogs in erster Linie an den von der jüngeren Rechtsprechung modifizierten, treuhänderischen Sorgfalts- und Treuepflichten orientiert, und die entwickelten Grundsätze in ein gesetzliches Kleid gefasst. So soll beispielsweise der schon in sec. 214 (4) Insolvency Act 1986 verankerte Sorgfaltsmaßstab des directors im Rahmen einer drohenden Insolvenz nunmehr auch ganz allgemein von dem director gegenüber der Gesellschaft anzuwenden sein. Der director muss sich danach sowohl daran messen lassen,

> *„wie ein gewissenhafter und ordentlicher Dritter in der gleichen Position gehandelt hätte",*

als auch daran,

> *„welche Fähigkeiten, Kenntnisse und Erfahrungen er selbst besitzt."*[766]

Wie die nunmehr von der Kommission vorgeschlagene Zweiteilung in einen objektiven und subjektiven Sorgfaltsmaßstab zeigt, ist angesichts des schnelllebigen Wirtschaftslebens und der damit verbundenen gestiegenen Anforderungen an die Geschäftsführer auch in naher Zukunft da-

[764] § 278 Abs. 2 ZPOnF sieht nunmehr vor, dass der mündlichen Verhandlung zum Zwecke der gütlichen Beilegung des Rechtsstreits eine Güteverhandlung vorausgeht.
[765] Vgl. final report der steering group vom 26. Juli 2001, Volume I, Part I, The Company in the Modern Economy, Main Proposals, Chapter 3: The Modern Company: Internal Governance and External Regulation sowie Annex to Volume I, Annex C, Statement of Director's Duties (siehe Anhang).
[766] Vgl. Annex to Volume I, Annex C, Statement of Director's Duties, paragraph 4 Care, skill and diligence: "A director of a company must exercise the care, skill and diligence which would be exercised by a reasonably diligent person with both - a) the knowledge, skill and experience which may reasonably be expected of a director in his position; and b) any additional knowledge, skill and experience with he has."

mit zu rechnen, dass sich der Gesetzgeber wohl vollständig vom subjektiven Element des Sorgfaltsmaßstabs verabschieden wird. Die gesetzliche Verankerung eines objektiven Sorgfaltsmaßstabes würde dann dem Grunde nach der Haftungsnorm des § 43 GmbHG entsprechen. Die Kommission geht jedoch noch einen Schritt weiter, indem sie einzelne, von der Rechtsprechung bereits entwickelte Kriterien für den Maßstab des „ordentlichen Geschäftsführers" gesetzlich normieren will.[767] Hervorzuheben sind in diesem Zusammenhang die auch von der deutschen Rechtsprechung entwickelten Kriterien zur Annahme persönlicher Vorteile[768], sowie zum Ausnutzen von Erwerbschancen der Gesellschaft zum eigenen Vorteil.[769] Vor dem Hintergrund der bestehenden Fülle unterschiedlichster Verhaltensweisen von Geschäftsführern erscheint es jedoch mehr als zweifelhaft, dass die Aufnahme vereinzelter Kriterien dem director tatsächlich als Orientierung für die tägliche Unternehmenspraxis hilfreich ist. Letztendlich wird man die Bestimmung darüber, ob der director tatsächlich eine Sorgfaltspflicht verletzt hat, immer noch im Rahmen eines gerichtlichen Verfahrens klären müssen.

Die britische Regierung hat im Juli 2002 in ihrem White Paper „Modernising Company Law"[770] zum final report der steering group Stellung genommen und zahlreiche Empfehlungen bzw. Reformvorschläge der steering group akzeptiert. Im Hinblick auf den director sind insbesondere die folgenden Feststellungen hervorzuheben:

Bei der Frage in wessen Interesse der director handeln soll stimmt die Regierung uneingeschränkt mit der steering group darin überein, dass der director vorrangig im Interesse der Gesellschaft und der dahinter stehenden Gesellschaftergesamtheit handeln soll. Die Regierung schließt sich damit dem Vorschlag der steering group an, dass:

> *„das Hauptziel für directors der Erfolg der Gesellschaft zum besten gemeinsamen Wohl der Gesellschafter ist, jedoch sollen die directors - den Umständen entsprechend - auch im Interesse der Gesellschaft dafür Sorge tragen, die Beziehungen zu deren Arbeitnehmern, Kunden und Lieferanten zu fördern, den guten Ruf des Unternehmens zu wahren*

---

767 Vgl. Annex to Volume I, Annex C, Statement of Director's Duties, paragraph 6 Personal use of the company's property, information or opportunity; paragraph 7 Benefits from third parties.
768 Vgl. zum Verbot der Entgegennahme von Schmiergeldern RG v. 23.5.1919, RGZ 96, 53.
769 Vgl. zur Vorteilsausnutzung BGH, GmbHR 1983, 300; GmbHR 1977, 43.
770 Cm 5553-I und II.

und den Einfluss des Unternehmens auf die Gemeinschaft und das Arbeitsumfeld zu berücksichtigen.“[771]

Die Regierung befürwortet damit den Vorrang der Gesellschafter.

Dem Vorschlag der steering group, einen gesetzlich normierten Pflichtenkatalogs für directors einzuführen, schließt sich die Regierung - mit vereinzelten Änderungen - ebenfalls an.[772] Die bislang - im Hinblick auf die vom director geschuldeten Pflichten - lediglich allgemein gehaltene section 309 CA 1985 kann damit entfallen. Die Regierung folgt in diesem Zusammenhang auch der von der steering group vorgeschlagenen Zweiteilung in einen objektiven und subjektiven Sorgfaltsmaßstab bei der Beurteilung einer Pflichtverletzung durch den director.[773]

Anders als die steering group spricht sich die Regierung jedoch eindeutig gegen die gesetzliche Normierung einer Pflicht des directors aus, im Fall einer drohenden Insolvenz der Gesellschaft auch die Interessen der Gesellschaftsgläubiger zu berücksichtigen.[774] Die Regierung begründet ihre ablehnende Haltung unter anderem mit der Sorge, dass sich ein director im Falle einer drohenden Insolvenz aus Angst vor einer persönlichen Haftung im Sinne der section 214 Insolvency Act 1986 voreilig zu einer Aufgabe der Gesellschaft entschließt, anstatt zu versuchen, diese zu sanieren. Solch eine Vorgehensweise würde jedoch dem von der Regierung – auch mit dem Insolvency Act 2000 – verfolgten Ziel, eine insolvenzgefährdete Gesellschaft vorrangig zu sanieren, zuwiderlaufen. Die Aufnahme einer insolvenzrechtlichen Gläubigerschutzvorschrift in einen gesetzlich verankerten gesellschaftsrechtlichen Pflichtenkatalog würde nach Auffassung der Regierung zudem zu einer „wenig hilfreichen Verschmelzung von Gesellschafts- und Insolvenzrecht“ führen.[775]

Im Zusammenhang mit der Vergütung des directors stimmt die Regierung mit der steering group ferner darin überein, dass nach wie vor der board of directors für die Festlegung der Höhe der

---

[771] Vgl. White Paper Part II, Para. 3.3: “the basic goal for directors should be the success of the company in the collective best interests of the shareholders, but that [the] directors should also recognize, as the circumstances require, the company`s need to foster relationships with its employees, customers and suppliers, its need to maintain its business reputation, and its need to consider the company`s impact on the community and the working environment.”
[772] Vgl. White Paper Part II, Para. 3.4, 3.5.
[773] Vgl. White Paper Part II, Para. 3.6
[774] Vgl. White Paper Part II, Para. 3.8 – 3.14.
[775] Vgl. White Paper Part II, Para. 3.13: “… but to incorporate it in the statement would unhelpfully conflate company and insolvency law.”

Vergütung des managing directors zuständig bleiben soll. Die Gesellschafter seien durch verschiedene Rechenschafts- und Offenlegungspflichten ausreichend geschützt.[776]

Schließlich schlägt die Regierung vor, die Möglichkeit, auch juristische Personen zum director zu bestellen, zukünftig abzuschaffen.[777] Der Grund, warum die Regierung von dieser Bestellungsmöglichkeit Abstand nehmen möchte, liegt darin, dass für die Öffentlichkeit und für die Behörden oft nur sehr schwer zu erkennen ist, wer die Gesellschaft tatsächlich kontrolliert. Zudem erweist sich die Sanktionierung eines derartigen „Unternehmensdirectors" in der Praxis als äußerst schwierig. Da ohnehin nur ca. 2 Prozent aller directors juristische Personen sind, sieht die Regierung auch keine Bedenken, diese Form des directors in Zukunft zu verbieten.

Auch wenn die oben genannten Reformvorschläge vom englischen Gesetzgeber bislang noch nicht in nationales Recht umgesetzt worden sind, so ist jedoch bereits jetzt zu erkennen, dass sich die beiden, in ihren Grundgedanken unterschiedlichen Rechtssysteme immer weiter einander annähern. Diese Entwicklung sollten sowohl der englische, als auch der deutsche Gesetzgeber dazu nutzen, um im Sinne eines gemeinsamen Rechtsfortbildungsprozesses auf ein einheitliches Rechtssystem hinzuwirken.

---

[776] Vgl. White Paper Part II, Para. 3.21 – 3.23.
[777] Vgl. White Paper Part II, Para. 3.32 – 3.34.

LITERATURVERZEICHNIS

Achenbach, Hans — Aus der 1987/1988 veröffentlichten Rechtsprechung zum Wirtschaftsrecht, NStZ 1989, 497ff

Atenstaedt, Bernd — Deutsche Niederlassungen in Großbritannien, Deutsche Außenhandelskammer London, 13. Auflage, November 2001

Bachmann, Gregor — Grundtendenzen der Reform geschlossener Gesellschaften in Europa, ZGR 2001, 351ff

Bäcker, Roland
Prühs, Hagen — GmbH-Geschäftsführer-Haftung, 2. Auflage, Bonn 2001

Bastuck, Burkhard — Enthaftung des Managements: Corporate indemnification im amerikanischen und deutschen Recht, Köln 1986

Bauer, Jobst-Hubertus
Gragert, Nicole — Der Geschäftsführer zwischen Himmel und Hölle, ZIP 1997, 2177ff

Baumann, Horst — Die Kenntnis juristischer Personen des Privatrechts von rechtserheblichen Umständen, ZGR 1973, 284ff

Baumbach/Fastrich — Kurzkommentar zum GmbH-Gesetz, begründet von Adolf Baumbach, fortgeführt von Alfred Hueck, bearbeitet von Götz Hueck, Joachim Schulze-Osterloh, Wolfgang Zöllner, 17. Auflage, München 2000

Baums, Theodor — Der Geschäftsleitervertrag, Köln 1987

Bayer, Walter | Neue und neuste Entwicklungen zur verdeckten GmbH-Sacheinlage, ZIP 1998, 1985ff

Behrens, Peter | Die Gesellschaft mit beschränkter Haftung im internationalen und europäischen Recht, 2. Auflage, Berlin New York 1997

Beatson/Friedman | Good Faith and Fault in Contract Law, 1995

von Bernstorff, Christoph | Einführung in das englische Recht, München 1996

Beuthien, Volker | Zur Theorie der Stellvertretung im Gesellschaftsrecht, in Festschrift für Wolfgang Zöllner zum 70. Geburtstag, Köln 1998, S.87ff

Biletzki, Gregor C. | Die deliktische Haftung des GmbH-Geschäftsführers für fehlerhafte Buchführung, ZIP 1997, 9ff

Birds, John | Die britische Private Company, in: Roth, Günther H. (Hrsg.), Das System der Kapitalgesellschaften im Umbruch: ein internationaler Vergleich; GmbH, AG und entsprechende Gesellschaftsformen in Deutschland, Frankreich, Großbritannien, Italien, Japan, Kanada, Österreich, der Schweiz, den USA und im Recht der EG, Köln 1990

Blumenwitz, Dieter | Einführung in das Anglo-Amerikanische Recht, 6. Auflage, München 1998

Borrowdale, A. | Butterworths commercial law in New Zealand, 4th edition, Wellington 2000

Boyle, A.J | The corporate dimension, Bristol 1998

Brandes, Helmut — Die Rechtsprechung des Bundesgerichtshofs zur GmbH, WM 1998, 13ff

Brandmüller, Gerhard — Der GmbH-Geschäftsführer im Gesellschafts-, Steuer- und Sozialversicherungsrecht, 13. Auflage, Bonn 2001

Brumwell, James
Mallet, Nick — Haftungssituationen in der private limited company im Vereinigten Königreich, GmbHR 1995, 647ff

Brüggemeier, Gert — Organisationshaftung: Deliktsrechtliche Aspekte innerorganisatorischer Funktionsdifferenzierung, AcP 191 (1991), 33ff

Bücker, Franz-Eggert — Die Stellung des Direktors einer englischen Private Company, dargestellt unter Berücksichtigung der Stellung des Geschäftsführers einer deutschen GmbH, Marburg 1967

Butterworths — Company Law Handbook, London 2000

Cahn, Andreas — Vergleichsverbote im Gesellschaftsrecht, Diss.: Frankfurt 1994

Chitty/Whittaker — On Contracts, General Principles, 7. Auflage, London 1994

Clark, A. — Ultra Vires after Rolled Steel Products (1985) 6 Company Lawyer, 155

Clark, A. — Current Issues on Insolvency Law, London 1991

Cooke, T.E. — Wrongful Trading – Predicting Insolvency (1993), JBL, 338

Cork, Kenneth — Report of the Review Committee, Insolvency Law and Practice, London 1982

Curti, Arthur — Englands Privat- und Handelsrecht, II. Band: Handelsrecht, Berlin 1927

Deutler, Karl F. — Änderung des GmbH-Gesetzes und anderer handelsrechtlicher Vorschriften durch die GmbH-Novelle 1980, GmbHR 1980, 145ff

Dreher, Meinrad — Die persönliche Verantwortlichkeit von Geschäftsleitern nach außen und inner-gesellschaftliche Aufgabenteilung, ZGR 1992, 22ff

Drury, Robert. R. — The Liability of Directors for Corporate Acts in English Law, in: Kreuzer, Karl (Hrsg.); Die Haftung der Leitungsorgane von Kapital-gesellschaften, Fachgruppe für vergleichendes Handels- und Wirtschaftsrecht, 1. Auflage, Baden-Baden 1991

Ebenroth, Carsten Thomas
Lange, Knut Werner — Sorgfaltspflichten und Haftung des Geschäftsführers einer GmbH nach § 43 GmbHG, GmbHR 1992, 69ff

Entwurf GmbHG 1891 — Entwurf eines Gesetzes betreffend die Gesellschaften mit beschränkter Haftung nebst Begründung und Anlagen. Amtliche Ausgabe, Berlin 1891

Farrar — Company Law (Jojn. H. Farrar, Nigel E. Furey, Brenda M. Hannigan, Philip Wylie), 4. Auflage, London, Dublin, Edinburgh 1998

Feldthusen, P. — Economic Negligence, 4. Auflage, Scarborough 2000

Fischer, Robert — Der Missbrauch der Vertretungsmacht auch unter Berücksichtigung der Handelsgesellschaften, in FS für Wolfgang Schilling, Berlin 1973, S. 3ff

Fischer-Zernin, Cornelius — Der Rechtsangleichungserfolg der Ersten gesellschaftsrechtlichen Richtlinie der EWG, Tübingen 1986

Fleischer, Holger — Deliktische Geschäftsführerhaftung gegenüber außenstehenden Dritten im englischen Gesellschaftsrecht - Vergleichende Betrachtungen zu einer aktuellen Grundsatzentscheidung des House of Lords -, ZGR 2000, 152ff

Flume, Werner — Die Haftung des GmbH-Geschäftsführers bei Geschäften nach Konkursreife der GmbH, ZIP 1994, 337ff

Fridman, G.H.L. — Personal Liability of Agent, 1966, 166 N.L.J., 1605ff

Göther, Uwe — Der Geschäftsführer in der Insolvenz der GmbH; Der Einfluss der Insolvenzordnung auf die Rechts- und Pflichtenstellung eines GmbH-Geschäftsführers, Köln 1999

Glass, Harold H. — Ultra-Vires – the saga continues, The Company Lawyer, Vol.11 No.7

Goette, Wulf — Das Organverhältnis des GmbH-Geschäftsführers in der Rechtsprechung des Bundesgerichtshofs, DStR 1998, 943ff

Goette, Wulf	Die GmbH nach der BGH-Rechtsprechung: zivilrechtliche Grundlagen steuerlicher Beratung, München 1997
Goette, Wulf	Zur persönlichen Haftung des Geschäftsführers einer GmbH gegenüber Dritten aus Geschäften, die nach Eintritt der Konkursreife mit ihnen geschlossen werden, DStR 1994, 1048ff
Götting, Horst-Peter	Die persönliche Haftung des GmbH-Geschäftsführers für Schutzrechtsverletzungen und Wettbewerbsverstöße, GRUR 1994, 6ff
Goldenberg, Peter	Corporate powers struggle, Business Law brief Oct. 1989
Goode, R.M. **Hockaday**, A.	Liabilities on Insolvency, in: Cranston R. (Hrsg.) Banks Liability and Risk, London 1990
Goode, R.M.	Principles of Corporate Insolvency Law, 2. Auflage, Oxford 1997
Gower, L.C.B	Gower's Principles of Modern Company Law, von L.C.B. Gower, J.C. Cronin, A.J. Easson, Lord Wedderburn of Charlton, 6. Auflage, London 1997
Grantham, R.	Directors' „Tortious" Liability: Contract, tort or Company Law? (1999) 62 MLR, 33
Grantham, R.	The Tortious Act of the Company (1997), CLJ, 259
Grantham, R.	The Judicial Extension of Directors' Duties to Creditors (1991) JBL, 1

Gray, H.R. — The Contractual Capacity of Limited Companies, (1953) 17 Conv. & Prop Law 217, 218ff

Griffin, S. — Tortious Liability – Directors' Duties (1999) 115, L.Q.R. 36

Gross, Werner — Deliktische Außenhaftung des GmbH-Geschäftsführers, ZGR 1998, 551ff

Grunewald, Barbara — Die Haftung von Organmitgliedern nach Deliktsrecht, ZHR 1993 157, 451ff

Grunewald, Barbara — Die unbeschränkte Haftung beschränkt haftender Gesellschafter für die Verletzung von Aufklärungspflichten im vorvertraglichen Bereich, ZGR 1986, 580ff

Grunewald, Barbara — Wissenszurechnung bei juristischen Personen, in FS für Karl Beusch, Berlin 1993, S. 301ff

Gullik, J.M.
Korbin, D. — The Duties and Responsibilities of Company directors under the Companies Act 1985 and other relevant Acts, 2. Auflage, London 1987

Güthoff, Julia — Gesellschaftsrecht in Großbritannien, 1. Auflage 1993

Habetha, Joachim — Deliktsrechtliche Geschäftsführerhaftung und gesellschaftsfinanzierte Haftpflichtversicherung, DZWiR 1995, 272

Hachenburg — Großkommentar zum GmbH-Gesetz, begründet von Max Hachenburg, 8. Auflage, bearbeitet von Peter Behrens, Rainer Bommert, Reinhard Goerdeler,

Irmgard Heinrich, Georg Hohner, Uwe Hüffer, Günter Kohlmann, Hans Joachim Mertens, Welf Müller, Thomas Raiser, Ursula Stein, Peter Ulmer, Martin Winter, Jürg Zutt, Berlin, New York 1992

Hahn, Jürgen
Swoboda, Michael — Englische „Limited Company“ statt GmbH, GmbHR 1984, 85ff

Halsbury, Hardinge Stanley Gifford — Halsbury`s Laws of England, Vol. 1, London, Butterworths 1952-1964

Hansen, Herbert — Die GmbH als weiterhin umsatzstärkste Rechtsform, GmbHR 2002, 148

Hawke, N. — Creditors´ Interests in Solvent and Insolvent Companies (1998) JBL, 54

Heinemann, Klaus — Pre-incorporation transactions: a comparative analysis, Köln 1990

Heinemann, Klaus — Die Haftung im Gründungsstadium einer Gesellschaft im angelsächsischen Rechtskreis, ZIP 1991, 760ff

Heisse, Matthias — Die Beschränkung der Geschäftsführerhaftung gegenüber der GmbH, Köln 1988

Henrich, Dieter — Einführung in das englische Privatrecht, 2. Auflage, Darmstadt 1993

Henze, Hartwig — Handbuch zum GmbH-Recht, 2. Auflage 1997

Hermann, Marcus — Der Companies Act 1989 in Großbritannien, RIW 1991, 378ff

Hess, Klaus-Peter | Der „ultra-vires“-Grundsatz im britischen Gesellschaftsrecht, RIW 1992, 638ff

Hicks, Andrew | Reforming the law of private companies, 1995, 16 Company Lawyer

Hicks, Andrew | Advising on wrongful trading (1993), 14 Company Lawyer

Hicks, Andrew
Drury, Robert R. | Boucourechliev, Jeanne und Hommelhoff, Peter (Hrsg.), Vorschläge für eine Europäische Privatgesellschaft, Köln 1999

Hirte, Heribert | Anmerkung zum Urteil des BGH v. 6.7.1990, JZ 1992, 258ff

Hirte, Heribert | Abschied vom Quotenschaden: Erweiterte Haftung des GmbH-Geschäftsführers gegenüber Neugläubigern wegen Konkursverschleppung, NJW 1995, 1202ff

Höhn, Reinhard | Die Geschäftsleitung der GmbH, 2. Auflage, Köln 1995

Hoffmann, Dietrich
Liebs, Rüdiger | Der GmbH-Geschäftsführer: Handbuch für die Praxis des Unternehmers und Managers, 2. Auflage, München 2000

Hohloch, Gerhard | Vorvertragliche Haftung nach culpa-in-contrahendo-Grundsätzen auch zugunsten Dritter? – BGHZ 66, 51, JuS 1977, 302ff

Hohloch, Gerhard — Vereinigtes Königreich, in: G. Hohloch (Hrsg.), EU-Handbuch zum Gesellschaftsrecht 1996, Loseblattsammlung, Stand 1998

Holt, W.P.B. — Britisches Gesellschaftsrecht, AG 1973, 183ff

Hommelhof, Peter — Vorschläge für eine europäische Privatgesellschaft: Strukturelemente einer kapitalmarktfernen europäischen Gesellschaftsform nebst Entwurf für eine EPG-Verordnung, Köln 1999

Hoyer, Andreas — Anmerkung zum Urteil des OLG Düsseldorf v. 16.10.1987: Verantwortung des faktischen Geschäftsführers, NStZ 1988, 369ff

Hucke, Anja — Managerversicherungen: Ein Ausweg aus den Haftungsrisiken?, DB 1996, 2267ff

Ihlas, Horst — Organhaftung und Haftpflichtversicherung, Berlin 1997

Immenga, Ulrich — Die Problematik der Anfechtungsklage im GmbH-Recht, GmbHR 1973, 5ff

In der Stroth, Ronald — Das Recht der GmbH bis 1933 - Tatsachen, Entwicklung, Reformvorschläge, 1992

Jaeger, Georg — Der Anstellungsvertrag des GmbH-Geschäftsführers, 4. Auflage, München 2001

John, Uwe — Zum Mißbrauch der Vertretungsmacht durch Gesellschaftsorgane, GmbHR 1983, 91ff

John, Uwe	Der Missbrauch organschaftlicher Vertretungsmacht, in FS für Otto Mühl, Stuttgart 1981, S. 349ff
Kaffiné, Patrick	Begrenzung der Haftungsrisiken des Geschäftsführers einer GmbH gegenüber der Gesellschaft bei Ausführung wirtschaftlich nachteiliger Weisungen der Gesellschafter, Frankfurt am Main 2001
Kaligin, Thomas	Anmerkung zum Urteil des BGH v. 22.9.1982; Konkursdelikt: Tatsächlicher Geschäftsführer in der GmbH als Normadressat, BB 1983, 790ff
Kion, Hans-Jürgen	Die Haftung des GmbH-Geschäftsführers, BB 1984, 864ff
Kisker, Arnd	Die Struktur der deutschen GmbH im Vergleich zur Struktur der englischen Private Limited Company, Münster 1992
Kleindiek, Detlef	Deliktshaftung und juristische Person – Zugleich zur Eigenhaftung von Unternehmensleitern, Tübingen 1997
Kötz, Hein	Trust und Treuhand: Die Rezeption des Trust im deutschen Recht, Hamburg 1963
Kötz, Hein	Die Zitierpraxis der Gerichte, RabelsZ 52, (1988)
Konzen, Horst	Geschäftsführung, Weisungsrecht und Verantwortlichkeit in der GmbH und GmbH & Co. KG, NJW 1989, 2977ff
de Kluiver, Harm Jan **van Gerven**, Walter	The European Private Company?, Baden-Baden 1995

de Kluiver, Harm Jan **van Gerven**, Walter	The private company in the United Kingdom, Baden Baden 1996
Kratzsch, Dietrich	Das „faktische Organ“ im Gesellschaftsstrafrecht – Grund und Grenzen einer strafrechtlichen Garantenstellung, ZGR 1985, 506ff
Krebs, Peter **Dylla-Krebs**, Corinna	Deliktische Eigenhaftung von Organen für Organisationsverschulden, DB 1990, 1271ff
Kübler, Bruno	Die Konkursverschleppungshaftung des GmbH-Geschäftsführers nach der „Wende“ des Bundesgerichtshofes – Bedeutung für die Praxis, ZGR 1995, 481ff
Lange, Oliver	Die Eigenschadenklausel in der D&O-Versicherung, ZIP 2003, 466ff
Lingard, J.R	Corporate Rescues, and Insolvencies? London, Butterworths, 1986
Littbarski, Sigurd	Maßnahmen einstweiligen Rechtsschutzes zum Zwecke der Abberufung eines GmbH-Geschäftsführers, DStR 1994, 906ff
Loose, Peter **Grifiths**, Michael **Impey**, David	The Company Director, Powers, Duties and Liabilities, 8. Auflage, Bristol 2000
Loose, Peter **Yelland**, John	The company director. His functions, powers and duties, 7. Auflage, Bristol 1990
Lowry, John	The Fiduciary Duties of Directors, a Review, London 1984

Lutter, Marcus | Gefahren persönlicher Haftung für Gesellschafter und Geschäftsführer einer GmbH, DB 1994, 129ff

Lutter, Marcus | Das überholte Thesaurierungsgebot bei Eintragung einer Kapitalgesellschaft im Handelsregister, NJW 1989, 2649ff

Lutter, Marcus | Zur persönlichen Haftung des Geschäftsführers aus deliktischen Schäden im Unternehmen, ZHR 1993, 157, 464ff

Lutter, Marcus | Haftungsrisiken des Geschäftsführers einer GmbH, GmbHR 1997, 334ff

Lutter, Marcus | Limited Liability Companies and Private Companies, International Encyclopädia of Comparative Law, Bd. XIII., Tübingen 1998

Lutter, Marcus | Die Gründung einer Tochtergesellschaft im Ausland, 3. Auflage, Berlin New York 1995

Lutter, Marcus | Die GmbH-Novelle und ihre Bedeutung für die GmbH, die GmbH & Co. KG und die Aktiengesellschaft, DB 1980, 1317ff

Lutter/Hommelhoff | Kommentar zum GmbH-Gesetz, von Marcus Lutter und Peter Hommelhoff, 15. Auflage, Köln 2000

Lutter/Zöllner | Zur Anwendung der Regeln über die Sachkapitalerhöhung auf das Ausschüttungs-Rückhol-Verfahren, ZGR 1996, 164ff

Markenesinis, B.S. | An Expanding Tort Law – The Price of a Rigid Contract Law (1987), 103 L.Q.R. 354ff

Markenesinis, B.S. — A Comparative introduction to the German Law of torts, 3rd edition, Oxford University Press 1994

Markenesinis, B.S. — The Law of Agency and Section 9 (2) of the European Communities Act 1972, (1976) 35 Camb. L.J. 112ff

Markenesinis, B.S. — An outline of the law of agency, 3rd edition, Butterworts, London 1992

Markenesinis, B.S. — Tort law, 4th edition, Clarendon Press, Oxford 1999

Medicus, Dieter — Zur deliktischen Eigenhaftung von Organpersonen, in: Festschrift für Werner Lorenz zum 70. Geburtstag, Tübingen 1991, S.155ff

Medicus, Dieter — Die Außenhaftung des GmbH-Geschäftsführers, zugleich Anmerkungen zum BGH-Beschluß vom 1.3.1993, GmbHR 1993, 533ff

Medicus, Dieter — Deliktische Außenhaftung der Vorstandsmitglieder und Geschäftsführer, ZGR 1998, 570ff

Meinhardt, Peter — Der Englische Companies Act 1985, RIW 1987, 10ff

Melchior, Robin — Ausländer als GmbH-Geschäftsführer, DB 1997, 413ff

Mertens, Hans-Joachim
Mertens, Georg — Anmerkungen zum BGH-Urteil vom 5.12.1989, JZ 1990, 486ff

Meyke, Rolf — Die Haftung des GmbH-Geschäftsführers, Köln 1998

Michalsky, Udo — Vergleichender Überblick über das Recht der Kapitalgesellschaften in Großbritannien, DStR 1991, 1660ff

Michalski, Lutz — Missbrauch der Vertretungsmacht bei Überschreiten der Geschäftsführungsbefugnis, GmbHR 1991, 349ff

Müller, Gerd — Zur Haftung des Gesellschafter-Geschäftsführers aus culpa in contrahendo und aus § 64 Abs. 1 GmbHG, ZIP 1993, 1531ff

Neuling, Jasper — Deutsche GmbH und englische Private Company - Monismus oder Dualismus im System der Kapitalgesellschaften, Köln 1997

Nugan, F.J. — Pre-incorporation Contracts, in: J.S. Ziegel, Studies in Canadian Company Law, 1967, 197ff

Ogilvie, M.H. — Case Comment, (1983) 17 U.B.C.L. Rev. 321ff

Ott, Claus
Schäfer, Hans-Bernd — Ökonomische Probleme des Zivilrechts, Berlin 1991

Palandt — Kommentar zum Bürgerlichen Gesetzbuch, bearbeitet von Peter Bassenge, Uwe Diederichsen, Wolfgang Edenhofer, Helmut Heinrichs, Andreas Heldrich, Hans Putzo, Hartwig Sprau, Heinz Thomas, 62. Auflage, München 2002

Palmer, Francis — Company Law, bearbeitet von D.A. Bennet, P.A. Bird, P.L. Davies, J.H. Farrar, J.H. Fletcher, R.C. Morris, G.K. Morse, J.L. Powel, C.M. Schmitthoff, J.H. Usker, London, Edinburgh 1997

Payne, J. The Attribution of Tortious Liability between Director and Company (1998) CLJ, 456

Pennington, Robert R. Pennington`s Company Law, 7. Auflage London, Dublin, Edinburgh 1995

Pennington, Robert R. Reform of the Ultra Vires Rule, The Company Lawyer, Vol. 8 No.3, 103ff

Pennington, Robert R. Directors` Personal Liability, 1987

Pennington, Robert R.
Gansen, Georg Die Gründung einer Tochtergesellschaft in Großbritannien, in: Lutter, Marcus (Hrsg.), Die Gründung einer Tochtergesellschaft im Ausland, 3. Auflage, Berlin 1995, S. 281ff

Perker, Susanne Das Reorganisationsverfahren im englischen Insolvenzrecht im Vergleich zur geplanten deutschen Insolvenzordnung, München 1994

Prentice, Daniel.D. Creditors` Interests and Director`s Duties (1990), 10 OJLS, 265ff

Prentice, Daniel.D. Das Recht der Gesellschaftergruppe in Großbritannien, in: Marcus Lutter (Hrsg.), Konzernrecht im Ausland, Berlin New York 1994, S. 93ff

Pues, Werner Haftungsverhältnisse im Gründungsstadium der GmbH und ihr vergleichbarer Gesellschaften in Frankreich, England, den USA und Kanada, Seggebruch 1981

Radbruch, Gustav Der Geist des englischen Rechts, 5. Auflage, Göttingen 1965

Ransiek, Andreas — Zur deliktischen Eigenhaftung des GmbH-Geschäftsführers aus strafrechtlicher Sicht, ZGR 1992, 203ff

Reese, Jürgen — Die Haftung von „Managern“ im Außenverhältnis, DStR 1995, 688ff

Rennie, Stewart — Boyds: The Legal 500.com, Glasgow, Mai 2001

Rider, Barry — The Corporate Dimension, Bristol 1998

Riedel, Erwin — Gilt die Vorhaftung der Handelnden bei Vorgesellschaften auch gegenüber Gesellschafter-Gläubigern?, NJW 1970, 404ff

Roth, Günther H. — „Schütt-aus-Hol-zurück“ als verdeckte Sacheinlage, NJW 1991, 1913ff

Roth, Günther H. — Das Recht der Kapitalgesellschaften im Umbruch - ein internationaler Vergleich, Köln 1990

Roth/Altmeppen — Gesetz betreffend die Gesellschaften mit beschränkter Haftung (GmbHG), Kommentar von Holger Altmeppen und Günther H. Roth, 4. Auflage, München 2003

Rowedder, Heinz
Schmidt-Leithoff, Christian — Gesetz betreffend die Gesellschaften mit beschränkter Haftung, Kommentar von Heinz Rowedder, Hans Fuhrmann, Hans-Georg Koppensteiner, Josef Lanfermann, Henning Rasner, Fritz Rittner, Klaus Zimmermann, 4. Auflage, München 2002

Ryan, Christopher | Company directors: liabilities, rights and duties, 3rd edition, 1990

Schilken, Eberhardt | Wissenszurechnung im Zivilrecht, Bielefeld 1983

Schmidt, Karsten | Konkursgründe und präventiver Gläubigerschutz, AG 1978, 337ff

Schmidt, Karsten | Gesellschaftsrecht, 4. Auflage, Köln, Bonn, Berlin, München 2002

Schmidt, Karsten
Uhlenbruck, Wilhelm | Die GmbH in Krise, Sanierung und Insolvenz, 2. Auflage, Köln 1999

Schneider, Uwe H. | Die Vermögensschaden-Haftpflichtversicherung des Geschäftsführers einer GmbH, DB 1994, 1123ff

Scholz, F. | Kommentar zum GmbHG, bearbeitet von Georg Crezelsius, Volker Emmerich, Hans-Joachim Priester, Karsten Schmidt; Uwe H. Schneider, Klaus Tiedemann, Harm Peter Westermann, Heinz Winter, 9. Auflage, Köln 2000

Schubel, Christian | Deliktische Außenhaftung der Vorstandsmitglieder und Geschäftsführer, Bericht über die Diskussion, ZGR 1998, 586ff

Schultheiß, Michael | Die Haftung des „shadow director“ einer englischen Kapitalgesellschaft, Der Haftungsdurchgriff auf die beherrschenden Gesellschafter und die Konzernobergesellschaft im englischen Recht, Aachen 2000

Schulze-Osterloh, Joachim — § 64 Abs. 1 GmbHG als Schutzgesetz im Sinne des § 823 Abs. 2 BGB, in Festschrift für Marcus Lutter, Köln 2000, S. 707ff

Sealy, Leonard Sedwick — (1998) 16 Company and Securities Law Journal 176

Sealy, Leonard Sedwick — Directors` „Wider“ Responsibilities - Problems Conceptual, Practical and Procedural (1988), 13 Monash University Law Review, 164

Sealy, Leonard Sedwick — Directors` Duties - An Unnecessary Gloss (1988) CLJ, 175

Sealy, Leonard Sedwick — Cases and Materials in Company Law, 4th edition, London 1989

Sernetz, Herbert — Die Folgen der neueren Rechtsprechung zum Ausschüttungs-Rückhol-Verfahren für zukünftige Kapitalerhöhungen bei der GmbH, ZIP 1993, 1685ff

Shapira, G. — Directors Without a Company and Other Professing Agents, (1973-1976) 3 Otago L. Rev. 309, 315ff

Shearman, Jennifer — Die Gesellschaft mit beschränkter Haftung in England und Wales, GmbHR 1992, 149ff

Sieg, Karl — Zur Außenhaftung des GmbH-Geschäftsführers und zu ihrer Deckung durch Versicherung, VersR 1996, 1210ff

Sieg, Oliver — Tendenzen und Entwicklungen der Managerhaftung in Deutschland, DB 2002, 1759ff

Sieger, Jürgen J.
Hasselbach, Kai
Die Kapitalerhöhung im Schütt-aus-hol-zurück-Verfahren bei der GmbH, GmbHR 1999, 205ff

Sina, Peter
Voraussetzungen und Wirkungen der Delegation von Geschäftsführer-Verantwortung in der GmbH, GmbHR 1990, 65ff

Stein, Ursula
Die Normadressaten der §§ 64, 84 GmbHG und die Verantwortlichkeit von Nichtgeschäftsführern wegen Konkursverschleppung, ZHR 148 (1984), 207ff

Steinbeck, Anja
Besicherung von Gesellschafterverbindlichkeiten durch die GmbH - Missbrauch der Vertretungsmacht durch den Geschäftsführer? -, WM 1999, 885ff

Stoll, Heinrich
Der Missbrauch der Vertretungsmacht, in FS für Heinrich Lehmann, Berlin 1937, S. 115ff

Sudhoff, Heinrich
Rechte und Pflichten des Geschäftsführers einer GmbH und einer GmbH & Co. KG, 14. Auflage, Köln 1994

Sullivan, G.R.
The Liability of Promoters on Pre-incorporation Contracts – Turning the Tables Too Far?, (1983) Conv. & Prop. Law 119ff

Thelen, Werner
Trimborn, Michael
Haftungssituationen in der GmbH in den Staaten des europäischen Wirtschaftsraums (EWR) und der Schweiz, GmbHR 1994, 782ff

Thole, Bernhard
Die geeignete Gesellschaftsform für kleine Unternehmen und Familienbetriebe in England, Berlin 2000

Thümmel, Roderich **Sparberg**, Michael	Haftungsrisiken der Vorstände, Geschäftsführer, Aufsichtsräte und Beiräte sowie deren Versicherbarkeit – Anmerkung zu Directors' und Officers' Policen in Deutschland, DB 1995, 1013ff
Thümmel, Roderich	Möglichkeiten und Grenzen der Kompetenzverlagerung auf Beiräte in der Personengesellschaft und in der GmbH, DB 1995, 2461ff
Thümmel, Roderich	Persönliche Haftung von Managern und Aufsichtsräten: Haftungsrisiken bei Managementfehlern, Risikobegrenzung und Versicherbarkeit, Stuttgart, München 1996
Tillmann, Bert **Mohr**, Randolf	GmbH-Geschäftsführer-Praktikum, 7. Auflage, Köln 1999
Tintelnot, Albrecht	Gläubigeranfechtung kraft Wissenszurechnung insbesondere zu Lasten Minderjähriger, JZ 1987, 795ff
Triebel, Volker **Hodgson**, Stephan **Kellenter**, Wolfgang **Müller**, Georg	Englisches Handels- und Wirtschaftsrecht, 2. Auflage, Heidelberg 1995
Uhlenbruck, Wilhelm	Die Legitimation zur Geltendmachung von Neugläubigerschäden wegen Konkursverschleppung, ZIP 1994, 1153ff
Ulmer, Peter	Verdeckte Sacheinlagen im Aktien- und GmbH-Recht, ZHR 154 (1990), 128ff
van Duzer, P.	HGM Leighton and JRM Lowe Jordans Company Secretarial Precedents 2nd edition, 1997

van Venrooy, Gerd J.	Beeinträchtigung der dienstvertraglichen Freistellung des GmbH-Geschäftsführers von Weisungen durch den GmbH-Gesellschaftsvertrag und durch Gesellschafterbeschlüsse, GmbHR 1982, 175ff
Wallner, Rainer	Der Unternehmensgegenstand der GmbH als Ausdruck der Unternehmensfreiheit, JZ 1986, 721ff
Waltermann, Raimund	Zur Wissenszurechnung – am Beispiel der juristischen Personen des privaten und öffentlichen Rechts, AcP 192 (1992), 181ff
Weber, Ulrich **Burmeister**, Anke	Die Zuständigkeitsverteilung zwischen der Zivil- und Arbeitsgerichtsbarkeit bei Streitigkeiten von Organvertretern mit „ihrer" juristischen Person, GmbHR 1997, 778ff
Westermann, Harm Peter **Mutter**, Stefan	Die Verantwortlichkeit von Geschäftsführern einer GmbH gegenüber Dritten, DZWiR 1995, 184ff
Westermann, Harm Peter	Deliktische Haftung des GmbH-Geschäftsführers, Anmerkung zum BGH-Urteil vom 5.12.1989, DNotZ 1991, 813ff
Wiedemann, Herbert	Die Erfüllung der Geldeinlagepflicht bei Kapitalerhöhungen im Aktienrecht, ZIP 1991, 1257ff
Wilhelm, Jan	Konkursantragspflicht des GmbH-Geschäftsführers und Quotenschaden, ZIP 1993, 1833ff
Winfield/Jolowicz	On Tort, 15. Auflage 1998

Wolff, Lutz-Christian — Bestellung und Abberufung von GmbH-Geschäftsführern im Ausland, ZIP 1995, 1489ff

Zacher, Thomas — Beschränkungen und Missbrauch der Vertretungsmacht des GmbH-Geschäftsführers, GmbHR 1994, 842ff

Ziemons, Hildegard — Die Haftung der Gesellschafter für Einflussnahmen auf die Geschäftführung der GmbH, Köln 1996

Zweigert, Konrad
Kötz, Hein — Einführung in die Rechtsvergleichung, 3.Auflage Tübingen 1996

ENGLISCHES RECHTSPRECHUNGSVERZEICHNIS

A.G. v. Great Eastern Railway, [1880] 5 App. Cas. S. 473

A.G. for Tuvalu v. Philatelic Corpn. [1990] 1 W.L.R. 926, C.A.

Ashbury Railway Carriage and Iron Ltd. v. Riche, 1875 LR 7 HL 653 (672)

Automatic Self-Cleansing Filter Syndicate Co. v. Cuninghame, 1906/ 2 Ch. 34, 45

Barclays Bank Ltd. and Others v. T.O.S.G. Trust Fund Ltd. and Others [1984] BCLC 1 (Ch)

Beck v. Board of Trade Solicitor (1932) 76 SJ 414

Bentley-Stevens v. Jones [1974] 2 All ER 653

Biggerstaff v. Rowat's Wharf Ltd. [1986] 2 Ch. 93

Blackspur Plc. [1998] 1 WLR 422

Bold v. Brough, Nicholson and Hall Ltd [1963] 3 All ER 353

Bolton (Engineering) Co. Ltd. v. Graham & Sons, [1975] 1 Q.B. 159

Brown & Green Ltd v Hays [1920] 36 TLR 330

Buchan v. Secretary of State for Employment [1997] BCC 145

Bushell v Faith [1970] 1 All ER 53

Canadian Aero Service v. Malley [1973] 40 DLR 371 (Can. S.C.)

Charterbridge Corporation Ltd. v. Lloyds Bank Ltd. [1970] Ch 62, 74

Christchurch City Corp. v. Flamingo Coffee Lounge, 1959 NZLR 986 (987)

Cook v. Deeks [1916] 1 AC 554

Cotman v. Brougham, 1918 AC S.514 (515)

Craven-Ellis v Canons Ltd [1936] 2 KB 403

Daniels v. Daniels [1978] 2 All ER 89

Dawson v African Consolidated Land & Trading Co [1898] 1 Ch 6

Dorchester Finance Co. Ltd. v. Stebbings [1989] BCLC 498

Dovey an Others v. Corey [1901] A.C. 477, 483ff

Ebrahimi v. Westbourne Galleries Ltd [1973] AC 360

Elkington & Co. v. Hürter [1892] 2 Ch. 452

Evans & Sons Ltd. v. Spritebrand Ltd. [1985] 2 All E.R. 415

Fairline Shipping Corp v Adamson [1975] QB 180

Foster v. Foster, 1914/ 1 Ch. 532, 542

Freeman and Lockyer v Buckhurst Park Properties (Mangal) Ltd. [1964] 2 Q.B. 480

Glossop v. Glossop [1907], 2 Ch. 370, 374

Greenhalgh v. Arderne Cinemas [1951] Ch. 286, 291

Hedley Byrne & Co Ltd v Heller & Partners Ltd [1964] AC 465

Hogg v. Cramphorn Ltd. [1967] Ch. 254

Huckerby v. Elliot [1970] 1 All ER 189

Imperial Hydropathic Hotel Co, Blackpool v. Hampson [1882] 23 ChD 1

Industrial Development Consultants Ltd. v. Cooley [1972] 1 WLR 443

Interfoto Picture Library Ltd. v. Stiletto Visual Programmes Ltd. [1989] Q.B. 433, 439

International Sales and Agencies Ltd. v. Marcus [1982] 3 AllER 551

Isle of Wight Ry. v. Tahourdin (1883) 25 Ch.D. 320, 329

JH Rayner (Mining Lane) Ltd v. Department of Trade and Industry [1990] 2 AC 418

Kelner v. Baxter [1866] L.R. 2 C.P. 174

Kerr v. Marine Products Ltd. (1928) 44 T.L.R. 292

Kinsela v. Russell Kinsela Pty Ltd (1986) 4 ACLC 215, 223

Kuwait Asia Bank EC v. National Mutual Life Nominees Ltd. [1990] 3 All ER 404

Land Credit Co. of Ireland v. Lord Fermoy [1870] 5 Ch. App. 763

Latchford Premier Cinema Ltd. v. Ennin [1931] 2 Ch. 370

Lee v. Lee`s Air Farming Ltd [1960] 3 All ER 420

Lennard`s Carrying Co. v. Asiatic Petroleum, 1915/ A.C. 705

Morris v. Kanssen [1946] AC 459

Movitex Ltd. v. Bulfield [1988] BCLC 104

Multinational Gas and Petrochemical Co. v. Multinational Gas and Petrochemical Services Ltd. [1983] Ch. 258

Natal Land & Colonization Co. v. Pauline Colliery & Develeopment Syndicate [1904] A.C. 120

Newborne v. Sensolid (Great Britain) Ltd. [1954] 1 Q.B. 45

Nicholson v. Permakraft Ltd [1985] 1 NZLR 242, 248

Norman v. Theodore Goddard [1992] BCC 14

North-West Transportation Co. Ltd. v. Beatty [1887] 12 App. Cas. 589

Pavlides v. Jensen [1956] 2 All ER 518

Quinlan v. Essex Hinge Co Ltd, [1997] BCC 53

Re A & BC Chewing Gum Ltd [1975] 1 All ER 1017

Re a Company [1990] BCC 526

Re a Company, (1986) 2 BCC 98, 951

Read v. Astoria Garage (Streatham) Ltd [1952] 2 All ER 292

Re Arctic Engineering Ltd. [1986] 1 WLR 686

Re a Tasbian Ltd. (No. 3) [1992] BCC 358

Re Barry & Staines Linoleum [1934] Ch 227

Re Bath Glass Ltd. (1988) 4 BCC 130

Re Bird Precision Bellows Ltd, (1985) 1 BCC 99, 467

Re Blue Arrow plc (1987) 3 BCC 618

Re Brazilian Rubber Plantations and Estates Ltd. [1911]; 1 Ch. 425, 437

Re Cardiff Savings Bank, The Marquis of Bute`s case [1892] 2 Ch. 100, 108

Re Carecraft Construction Co Limited [1994] 1 WLR 172

Re City Equitable Fire Insurance Co. [1925] Ch. 407, 426ff

Re Cladrose Ltd. [1990] BCLC 204

Re Claridge`s Patent Asphalte Co Ltd [1921] 1 Ch 543

Re CU Fittings & Anor [1989] 5 BCC 210

Re Cyona Distributions Ltd. [1967] Ch 889

Re Dawson Print Group Ltd. [1987] 3 BCC 322, 324

Re D`Jan of London Ltd. [1993] BCC 646

Re Duomatic Ltd [1969] 1 All ER 161

Re Empress Engineering Co. (1880) 16 Ch. D. 125 (C.A.)

Re English and Colonial Produce Co. Ltd. [1906] 2. Ch. 435

Re Fireproof Doors Ltd [1916] 2 Ch 142

Regal (Hastings) Ltd. v. Gulliver [1942] 1 All E.R. 378

Re Haven Gold Mining Corp, 1882 Ch. D. 151 (152)

Re Haycraft Gold Reduction Co [1900] 2 Ch. 230

Re Horsely and Weight Ltd. [1982] Ch. 442 (C.A.)

Re International Cable Co [1892] 66 LT 253

Re JE Cade & Son [1991] BCC 360

Re J Franklin & Sons Ltd [1937] 4 All ER 43

Re Joshua Shaw & Sons Ltd, [1989] BCLC 362, 364

Re Lo-Line Electric Motors Ltd. [1988] 3 WLR 26, 32

Re London School of Electronics Ltd., (1985) 1 BCC 99, 394

Re Majestic Studios Ltd. [1988] 4 BCC 519

Re MC Bacon Ltd [1988] 4 BCC 425

Re McNulty´s Interchange Ltd. [1989] BCLC 709

Re McQuillan [1989] 5 BCC 105

Re NFU Development Trust Ltd [1972] 1 WLR 1548

Re Northumberland Avenue Hotel Co., [1886] 33 Ch. D. 16

Re Patrick & Lyon Ltd. [1933] All. E.R. 590
Re Produce Marketing Consortium Ltd, Halls v David (1989) 5 BCC 399
Re Purpoint Ltd [1991] BCC 121, at p. 125
Re Ringtower Holdings plc (1989) 5 BCC 82
Re Rolus Properties Ltd. [1988] 4 BCC 446
Re Sevenoaks Stationers Ltd. [1990] 3 WLR 1165
Re Smith & Fawcett Ltd [1942] Ch. 304, 306
Re Stanford Services Ltd. & Ors. [1987] 3 BCC 326
Re Supply of Ready Mixed Concrete [1991] 3. W.L.R. 707, C.A
Re Tasbian Ltd (No 3) [1992] BCC 358
Re Tavistock Ironworks Co. [1876] L.R. 4 Eq. 233
Re T&D (Timber Contractors) Ltd. [1990] BCC 592
Re William C. Leitch Bros. [1932] 2 Ch 71
Rover International Limited v. Cannon Film Sales Ltd [1987] B.C.L.C. 540
Royal British Bank v. Turquand [1843-1860] All E.R. 435
R. v. Georgiou (1988) 4 BCC 322
R. v Grantham [1984] 1 QB 675 (CA)
Salomon v. Salomon & Co Ltd. [1897] AC 22
Scott v. Scott, 1943, 1 All E.R. 582, 584
Secretary of State v. Bottrill [1998] IRLR 120
Selangor United Rubber Estates Ltd v. Cradock (No.3) [1968] 1 WLR 1555
Sevenarts Ltd. v. Busvine [1968] 1. W.L.R. 1929, C.A.
Shindler v. Northern Raincoat Co Ltd [1960] 2 All ER 239
Shuttleworth v. Cox Bros. and Co. (Maidenhead) Ltd. [1927] 2 KB 9
Southern Foundries (1926) Ltd. v. Shirlaw [1940] AC 701, 730
Spartan Steel & Alloys Ltd v Martin & Co (Contractors) Ltd [1973] 1 QB 27
Spencer v. Cosmos Air Holidays (1989), The Times, 6. December 1989
Stein v. Blake [1998] 1 All ER 724
Tate Access Floors Inc. v. Boswell [1991]
Thomas Marshall (Exporters) Ltd. v. Guinle [1978] 3 WLR 116
Trevor Ivory Ltd v. Anderson [1992] 2 NZLR 517
Walford v. Miles [1992] 2 A.C. 128, 138
Watteau v. Fenwick [1893] 2 Q.B. 346
Williams v. Natural Life Health Foods Ltd [1998] BCC 428, 431-432

Winkworth v. Edward Baron Development Co. Ltd [1986], 1 WLR 1512
Worcester Corsetry v. Witting [1936] Ch. 640
Yetton v. Eastwoods Froy Ltd [1966] 3 All ER 353

FSC
www.fsc.org
MIX
Papier | Fördert
gute Waldnutzung
FSC® C083411

Kolibri 360 GmbH
Ferdinand-Jühlke-Straße 7
99095 Erfurt, Deutschland
produktsicherheit@kolibri360.de

Druck:
CPI Druckdienstleistungen GmbH
im Auftrag der
Kolibri 360 GmbH
Ferdinand-Jühlke-Str. 7
99095 Erfurt